37
Mystery

37
Mystery

神明親授—四大法門之「扭轉乾坤法」

神啊！教我如何扭轉乾坤

從驚心悚魄、感人肺腑的故事中，教你找到救人與救命的竅門！

問神達人 王崇禮 博士——著

Mystery.37

神啊！教我如何扭轉乾坤：
從驚心悚魄、感人肺腑的故事中，教你找到救人與救命的竅門！

作　　者　王崇禮
書封設計　林淑慧
特約美編　李緹瀅
主　　編　劉信宏、高煜婷
總 編 輯　林許文二

出　　版　柿子文化事業有限公司
地　　址　11677臺北市羅斯福路五段158號2樓
業務專線　（02）89314903#15
讀者專線　（02）89314903#9
傳　　真　（02）29319207
郵撥帳號　19822651柿子文化事業有限公司
投稿信箱　editor@persimmonbooks.com.tw
服務信箱　service@persimmonbooks.com.tw

業務行政　鄭淑娟、陳顯中

初版一刷　2021年11月
定　　價　新臺幣460元
I S B N　978-986-5496-46-3

國家圖書館出版品預行編目(CIP)資料

神啊！教我如何扭轉乾坤：從驚心悚魄、感人肺腑的故事中，教你找到救人與救命的竅門！/王崇禮著. -- 初版. -- 臺北市：柿子文化, 2021.11
面；　公分. -- (Mystery；37)

ISBN 978-986-5496-46-3 (平裝)

1.占卜 2.民間信仰

292.8　　110017109

好評推薦（依姓名筆劃少至多）

問神達人王崇禮副教授之研究含蓋人文宗教、語文、教育行政、生涯輔導與發展、風險與危機處理、談判策略等，是位博學多能的學者，著有問神、解籤、解夢及生肖運勢等相關書籍多冊。本書即從宗教的角度出發，透過現象、體驗與歸納整理，揭開神壇的祕紗。

本書教授如何擲筊問神，闡述扭轉乾坤之法門，善用擲筊找出根本問題和解決辦法。一般人遇到問題求神問卜，常常因為提出問題的問法不夠精準，或未問到問題的核心，以至於得到神明不清楚的答案，而不知所從。

書中亦有諸多範例，示範請示神明前如何擬定「問題」與「解決問題」的訣竅，進而讓擲筊的結果能夠解答信眾心中疑慮的問題而找到真心。

王崇禮老師藉由本書教大家正確的問神擲筊、抽籤解籤、解夢等知識，讓大眾能自度而後度人。當心中有疑惑而想以擲筊問神的您，本書確實值得細讀與收藏。

——王昭雄，樹德科技大學副校長

「問」是一門學問，可以說「問一個好問題」，勝過苦苦鑽研艱澀的學問。換言之，各行各業中，能提出好的問題，方可迎刃而解手中的困難。

這本《神啊！教我如何扭轉乾坤》，給了我們如何解決一個看似難解的出口。

世事難料，很多事情都有因果，一般人碰到問題無法解決時，常求神問卜，苦想哪個環節出了問題，甚至祈求找到解決方案，可惜問錯方法，絞盡腦汁，難題依舊，終造成遺憾。

科學重視思考的邏輯性，我常認為科學的人文思考與人文的科學思考兩者應該互通。舉本書中「親愛的，你不是要娶我嗎？」一曾姓家人的故事為例，故事著重思考與推理，一步一步邏輯推理，最後抽絲剝繭找到根本問題，雖然最終悲劇結尾，遺憾收場，卻給了我們一個很好的教材範本。

本書的案例重點在於如何問事，如何處理，觀察每個環節的邏輯性，一個一個推論下去，最終使得遺憾之事減少。

誠如王老師所言，宗天宮處理太多案件，之所以把案件變成教材，讓這些教材推廣教育給社會大眾，是要提供社會多一扇門路，可以處理複雜的事情，一起讓整個社會與環境更加美好。

認識王老師已經多年，每次聽他分享案件故事，神奇又有道理，真的希望他把所有這方面的教案寫成書本，讓大家一起努力，建立良善的社會與國家。

——王樂明，萬芳醫院婦產科產科主任

有幸在第一時間拜讀王崇禮老師的新著，除了感佩王老師長久以來以「與神對話」的方式，為眾生開釋解惑，對於王老師以有系統的邏輯思考方式，多方探求神的真正意旨，往往能找出問題根源，直指人心，讓芸芸眾生當下豁然開朗，明路乍現，便覺得應該極力推崇；王老師的用心與努力，讓人敬佩萬分；王老師當面屬序，難以推辭，不揣孤陋，僅略述讀後心得。

本書主軸之一「擲筊有別於一般問世的優點」，案主到宮廟必定充滿無助與困惑，或因成長背景及生活環境，甚至受教育過程影響，對於問題的描述尚難全盤托出，是以，問事人員必須謹慎且多方探求其真意，始能真正闡述案主之問題所在，方收解惑之效。然而，無論當事人如何陳述，其所有一切都必須再擲筊請示過神明，所有答案都是神明允應後方是；而非問事人員說了算，這有別於一般宮廟，是以，問事人員的推理至關重要。

再者，為收事半功倍之效，及精準抓住案主問題所在，書內所示「九大問法邏輯」則揭示了問神奧妙之所在，如果能領略箇中竅門，那將能為案主提供更明確解決之道，而「邏輯推論」則是九大問法的核心關鍵，激發問事者多點觸發邏輯思考。

前面所談的都是如何有效解題，但所有問題的發生，必受各方因素的影響，甚或相互糾結，但是歸咎問題的形成，必有「主因」方才產生現況的「後果」，因此，書內亦提及「特別指示」的問法，也就是先找到主要對象，再依「案件主題」、「籤詩暗示」、「人性現況」去做整體連結性的思考，將更能窺其全貌，而免陷於掛一漏萬之憾；前述三者息息相關，甚或由歷史典故鑑古知今，再以現代人性的思考模式擬定策略。

本書除了解析如何有系統地釐清問題外，最重要的是在釋疑過程中，循序漸進地將問題解決。因此，「階段性歸納整理」在書中亦有相當篇幅的介紹：當一切科學無法解釋的現象，都將之歸諸為神，案主會到宮廟尋求協助，其必經歷一段至為無助的過程，是以，「階段性歸納整理」則是擬定逐步解決方案的綜合評估，為了避免問事淪為漫談，藉由各階段逐一解決問題，亦可避免案主壓力的累積，前面提及案主勢必遇極大的困境，才來尋求協助，於此一階段若能適度解決問題，便更能增強其信心面對問題，此時宮廟便形成了強而有力的支持系統。

本書的所有案例，除了呈現王老師經世濟民、宅心仁厚之使命感外，更讓我們學得「凡事往往都不是我們所看到的那個樣貌，所以必須從靜態資料中，做動態的邏輯行為推論連結」，改變有別於以往的思考模式，方能發掘更深層的問題，若有緣必得遇神明指點，心誠則靈，應驗如雷。

——石慶豐，高雄市殯葬管理處處長

宗天宮自二〇一四年開始創建以來，已經歷經七個年頭，現今各項建設（包含即將動工的地藏王殿）都循序逐步完善，十分讓人欣慰與感動。這期間宗天宮創辦人王崇禮教授，發表過的宗教書籍也十分受市場歡迎，每一本大作我都仔細拜讀過，而今天能再為王老師這本扭轉乾坤大作寫序，真的感到萬分榮幸與激動。激動的原因有二個，原因一：這本十四萬多字的內容是我第一次，除了睡眠時間以外，無縫接軌式的讀到欲罷不能，而且僅僅花一天時間就把它看完。原因二：同原因一，他就是有辦法讓你看到欲罷不能，因為這本書的內容無形中讓你從靜態閱讀轉成動態學習，如此讓人身歷其境，而無法自拔。

回憶兩年前崇禮教授有一次對我說：「兄弟，我們宗天宮有四大法門，依序是：邏輯推論、扭轉乾坤、增長福慧、庇蔭子孫。我已經完成撰寫邏輯推論法門，歡迎下週來聽我的新書發表演講，之後還有扭轉乾坤法門唷！」

我心裡先是一陣歡喜，因為崇禮教授又出書了，又有精彩的故事內容可以看了！再來是對於這四大法門充滿了好奇，因為仔細推敲這四大法門，就發覺有其順序性，先築底而後拔尖，完全充分發揮「己欲利而利人，己欲達而達人」的利他思想，既廣且深。

目前在大學任教統計學科目多年的我，做任何研究都講求實證推論，先前拜讀完崇禮教授《神啊！教我如何把二個聖筊問出三個聖筊》的邏輯推論法門著作後，內心由衷佩服，因為這是把擲筊（神意）與籤詩利用邏輯推論法完美結合的最好教材，也是學習扭轉乾坤法門最佳的築底基礎法門。

這次扭轉乾坤法門的內容，添加許多各種擲筊問法的排列組合推理，以及處理風水的SOP概念，除了可以成為未來志工以及種子教師的學習教材，內容更添加了許多扣人心弦、反思動容的實際案例，大多的實際案例，本人也親歷其中，親眼所見，從發現問題、辯症論治、解決問題、神人合一、無所虛假，十分值得讓人期待與擁有。

崇禮教授這次扭轉乾坤法門大作，實在是我拜讀過最好看的一次！我這樣說也有趣地得來崇禮教授秒口邏輯反問：「你這樣說，是我之前寫得不好看？」我趕緊說明，當然不是呀！相信有讀過崇禮教授著作的讀者們，你們說，是不是同我有一樣的感受?從簡單的生肖農民曆、擲筊、解籤、解夢、到宗天四大法門，都有加以配合真實案例的解說，就是讓人有類似網路追劇，集集精彩又不想等下回分解，不管明早是否要上班上課，就一直不爭氣的按下一集，那種無法自拔的期待感，期待有機會邀請讀者們一起來共享與體驗。

——林宏濱，樹德科技大學休閒與觀光管理學系副教授兼副主任我的學生問神達人王崇禮博士在今年又以一個月的時間完成了這本對當今宗教非常重要的曠世鉅作《神啊！教我如何扭轉乾坤》問神經典教材，一個人的心中如果沒有對案件的輪廓、脈絡、邏輯、問法、處理法有著非常純熟的了解與掌握，要在這麼短的時間內完成一本曠世鉅作，那絕對不可能。因此，從這一點來看，上天賦予我的學生問神達人王崇禮博士問事與建廟的天命是一個正確的選擇，如能秉持宗天正法一直持之以恆地走下去，把救人之法廣施於四海，則必將天祿永昌。

我仔細的閱讀這本書，也愈看愈覺得這本書是當今世上宗教問事最好的一本書，而且沒有之一，書中教大家如何用邏輯推論、觀察力、敏感度、時機辨識法來找問題，而且不只是精準找出問題，還教大家如何因應每個案件的複雜性提供解決辦法，這種不藏私，凡事不唯我獨尊，把神明所教的竅門廣施於大眾，讓所有人可以救人與自救，如此虛懷若谷以及開闊的心胸，我身為王博士的老師，實是敬佩萬分。

這本書還教大家如果遇到祖先有欠點，提供了八個處理祖先的步驟，每一個步驟都仔細地說明，尤其是裡面所講到「除戶核對」以及幾十種「除戶問法」，這是沒有日積月累的實戰經驗絕對寫不出來的，更別說是用一個月的時間。除了處理祖先的欠點之外，也提供了處理風水、神桌、外陰的方法，其中的「除惡勿盡」之觀念我非常欣賞，因為這個觀念才是面面俱到、創造雙贏且可以根治的最佳方法。

上天有好生之德，書中的「借花出世」案件讓我感觸良多，我們老一輩的人大多數都聽過「借花出世」這四個字，不管是我認識的人還是周遭親戚朋友，就有好幾個家庭遇過這種情形，但很遺憾地沒有一個家庭的小孩有機會留下來。所以，當我看完這個案例後，我心中就在想，這本書絕對可以拯救更多的人、更多的家庭，更讓一些父母親從悲痛絕望之中看見一線生機。

感謝上天賦予我的學生王博士如此的天賦，更感謝上天給予這個機會出版這本書，讓眾生遇到問題不再惶惶無助。我心裡面實在是很高興，我的學生王崇禮博士能夠有這種卓越之天祿所賦予的智慧，並把這種非凡的智慧轉成留給後人永恆的宗教問事經典，任重道遠，百年難得一見。

每個人在這一輩子一定要擁有這一本書，在遇到問題或危難時，便可以臨危不亂，也不會六神無主，冷靜地運用書中所教的方法去解決問題，把宗天法門用文字作法佈施，真的是把神明所教的法門發揮到無懈可擊。我相信這本《神啊！教我如何扭轉乾坤》的問事教科書一定可以流傳百世，更絕對相信會開創臺灣道教問事文化的新視野。

再次恭喜王崇禮博士出版這本具有非凡影響力的曠世鉅作，我相信「宗天第二法門——扭轉乾坤法門」已經開始要扭轉更多人的命運了。

——涂水樹，問神達人的老師、國寶級廟宇設計大師

我與王老師年齡相仿，結緣於二〇一八年十月，當時我在屏東縣政府警察局內埔分局服務，一日王老師與友人林金花祕書專程來訪，為討論有關宗天宮與天主教萬金聖母聖殿將共同在萬巒鄉舉辦「當東方聖母遇見西方聖母～讓愛起飛」踩街遊行暨熱氣球草地音樂會活動的各項安全規劃事宜。由於雙方事前規劃得相當完備用心，大家也高度期待這場別開生面的東西方宗教盛會。活動當

天，信眾及遊客萬頭鑽動，包括屏東縣潘縣長孟安、萬巒鄉林鄉長碧乾、天主教高雄教區劉總主教振忠及許多遠道而來的佳賓都到場祝賀，熱鬧之餘也感受到「慈愛」是正信宗教共通的最高神聖理念。

我對王老師的創意發想、縝密的思維及無私無我弘揚道教關懷蒼生、體現大愛的熱誠深感佩服。陸續閱讀過數本王老師所著作的書籍，其著書立言宗旨在於協助民眾，依循信仰的腳步，當期待透過宗教力量尋求解決問題時，可以有一套富有邏輯的問事方法，避免病急亂投醫，掉入詐騙陷阱。

在佛教界，眾所周知佛光山宗風提倡人間佛教！開山宗長星雲大師更直言「佛教就是以人為本的宗教」。其實不論任何類型的信仰都一定要與時代相結合，才能深入人心、家庭與社會，也才有存在的價值。宗天宮王崇禮老師發願建立道教神木，推展媽祖與道教神祇慈悲大愛，服務問事超過二十五載，所遇過的案例無奇不有，聽他娓娓道來的各種辦案實例，極為引人入勝，感佩他在教學工作之餘，仍無私擔任神明與信眾間的橋樑，協助徬徨無助的民眾透過邏輯推理的問事方法，傳遞神明正確旨意，安頓了信眾的身心靈，能勇敢面對人生際遇中種種的不可知，讓陰有所歸，讓陽無所憂。

我想，這不只是一本王老師融合多年來心血結晶的專業問事工具書，閱讀過程中更可以感受到他悲天憫人、弘揚宗天大愛的慈悲心，真心推薦大家細細品讀。

——張文川，嘉義縣警察局主任祕書

我的學生問神達人王崇禮教授之前以一個月的時間寫出宗天四大法門的第一個法門《神啊！教我如何從二個聖筊問出三個聖筊》一書之後，這次又再以一個月的時間寫出宗天第二法門《神啊！教我如何扭轉乾坤》這本書，撰寫速度如此之快，可以說是前無古人，相當不簡單。

這本書的每一個案件都非常精彩，高潮迭起，令人拍案叫絕，我絕對相信讀者只要拿起這本書一讀，就一定不想把書放下來，不只津津有味，且欲罷不能。這本書除了每個案件都精彩萬分外，書中還教大家如何問神，裡面還提供了好幾十種的問法，讓未來有心為神明服務的人可以有問事經典教材作為參考依據。

我的學生王崇禮教授從民國八十五年開始跟著我學習，一直到現在還是會時常來找我解惑，過去我教的風水地理技巧，如果不太常用到且已經逐漸淡忘的話，更是會拿著筆記來找我確定當初所記是否無誤，當我問：「看筆記就好了，不用再跑那麼遠一趟了。」王崇禮教授回答我：「還是確定一下比較好，不然如果我記錯，我給學生的資料就跟著錯，我的學生再把錯誤的資料給他們將來的學生，這樣一錯再錯，誤人子弟又害人一生，始作俑者就是我，我就要背負這誤導的罪孽因果。」我聽完點點頭，拍拍他的肩膀對他說：「你就是有這種學習的態度與性格才有今日的成就。」

我忘不了我曾經給過王崇禮教授一份風水、地理、問事以及各種煞破解法竅門的資料，裡面約有四千多字，王崇禮教授竟然在三天內把全部的內容背起來，就是這種求知欲望，造就了他今日可以一個月寫一本書的功力；這種下筆前已然成竹在胸的能力，倚馬千言，實是百年罕見，身為老師的我實在非常高興，特別高興的是，這本曠世鉅作的問世，終於可以給後代學到更多高深的問神訣竅了。

同時我也相信，很多的神明也會很高興，因為未來神明所要表達的意思終於可以被精準地問出來了，只要人具備了這本書所教的方法與能力，那神明要顯赫祂們的神蹟也就輕而易舉了，因為神厲害什麼都會，而人什麼都不會，神明的能力就會被人所限制住，無法施展出來。所以，要讓神明把能力顯現出來，這本書一定要讀。

「青出於藍勝於藍」，特別是書中「借花出世」的案例，那更是幾乎沒有人知道要怎麼問，更不用說要如何處理了。所以，這本書有教大家當一個孩子在生命危急的時候，要如何請神明護住生命、如何請示問題、如何解決問題，這些竅門真的非常重要，也非常珍貴。

我的學生王崇禮教授可以把二十五年前跟我學習時，將當時有限知識做更有系統的運用與延伸變化，讓後代的人終於可以學到真正的問神精髓，難怪二十五年前港口宮媽祖一直提醒我要好好調教王崇禮這位弟子，還特別對我說，這位年輕人將來任重道遠，所以媽祖真的是選對人傳道了，而我深信不疑。

——張木中，問神達人的老師、風水地理大師

一年多前，在宗天宮和王老師交談時，老師分享了地藏王菩薩託夢交辦的任務，及其整套全面性的身後處理方式，特別是地藏王菩薩慈悲為懷，為現在及未來社會發展變化，不婚、少子、兩性平等、子孫國際化發展、塔位等社會現象大幅增加，所產生的祭祀度化問題，地藏王菩薩指示宗天宮的任務及處理模式，個人聽聞後，萬分感動、非常認同！改變臺灣目前的喪葬文化和模式，特別是「轉魂、轉世、修行」的處理，並結合環保葬法，這才是根本正解！

再度拜讀王老師的新書《神啊！教我如何扭轉乾坤》，在這本書中王崇禮老師不吝分享宗天宮的

獨特且系統的「辯症法」與「論治法」，以實案為例傳授經驗，帶領正面臨人生困境的讀者，亦或對道教問事有興趣的神職人員，對棘手複雜的問題，都能從系統性的邏輯思考，找到問題真因，從容的解決問題，扭轉乾坤。

特別是，王老師一系列的書也在不斷的進化，帶領讀者及神職學生們進步深化，例如整理「事件時間軸」來配合王老師前書所提「時機辨識法」；還有王老師也以實例及準備問題的「問法」，來和讀者分享王老師的思考邏輯推論……等，王老師無藏私的教導和分享，令人佩服，也希望讀者們好好融會貫通！

最後，本書除了問神、處理事情及扭轉乾坤的邏輯推論外，最讓我個人推崇的五個觀念是：

❶地藏王菩薩給宗天宮地藏王殿任務和臺灣喪葬的進化改變。

❷讓陰有所歸、陽無所憂。

❸原因還在、結果不會改變。

❹對外陰的「除惡勿盡」原則。

❺「願」絕不要跟金錢畫上等號。

一年多前，當我聽到王老師分享宗天宮地藏王殿任務及願景時，即決定號召志同道合的朋友，拋磚引玉共同為社會盡一點綿薄之力，所有人非常期待宗天宮可以讓臺灣的道教更上一層樓，任重道遠，加油！

——張登凱，深超光電董事長

遇逆境想要扭轉乾坤並非易事，但也絕非不可能。王老師在新著作《神啊！教我如何扭轉乾坤》中，藉由真人實事的案例分析，傳授如何仔細推敲神意，找出逆境的關鍵，從而解開癥結，進而達到扭轉乾坤。從案例中可知，要扭轉乾坤，最重要的就是要能清楚探索出神明旨意，找出問題的最根本根源，因為問題往往都不是表面上看到的那樣單純。

王老師在書中分享了各種問事技巧（例如建立事件發生的時間軸），依序條列各種可能的擲筊問法，逐步推敲神明旨意。在這個過程中首重邏輯推理，讀者可發現，王老師的每一種擲筊問法，皆以符合邏輯推理作為思考基礎，這是與神明溝通的最重要原則。

本書有三大案例，每個故事情節峰迴路轉，令人稱奇。我深信讀者應該也會和我一樣，在看到這些案例時會有一種欲罷不能的閱讀感受，看完之後又是另一種暢快淋漓的感覺，最終對神明的智慧與慈悲之心肅然起敬。

這些案例包含了信徒常會遇到的各種欠點問題，如除戶、神桌、風水及外陰等等。藉由案例說明，可讓讀者明瞭這些欠點的正確處理方式，避免像案例中的當事人用錯處理方式，不但問題沒有解決，反而累積更多欠點。

特別值得一書的案例，是關於「借花出世」的欠點問題，這個問題雖然很罕見，但一旦發生往往小孩性命不保，造成一個家庭破碎，父母終身遺憾。案例中的小朋友正當在醫院命懸一線之際，地表最強問神達人王老師展開「即刻救援」，在慈悲眾神的協助之下，成功將小朋友從地府中搶救回來，過程驚心動魄，險象環生，比電影情節還令人緊張。

讀者短時間內或許對於書中問事技巧難以融會貫通，精確運用，但只要掌握處理欠點問題的基本原則——找對人、用對方法，扭轉乾坤並非難事。

——莊文議，臺灣大學財務金融系副教授

《神啊！教我如何扭轉乾坤》是問神達人王崇禮教授的最新力作，很榮幸能先睹為快，本書內容結合理論與實務，主要是透過三個實際案例（「我要安神桌」、「親愛的，你不是要娶我嗎？」及「媽咪，妳不要哭……來自醫院的病危通知」）為導引，鉅細靡遺的解析傳授扭轉乾坤的法門，是可以給問事人員及一般大眾共同參考與閱讀。

王教授書中強調問事必須合理化及符合邏輯有果必有因，並宣達「想要扭轉乾坤，就一定要會邏輯推論」之觀念。細看三個實際案例的問事過程，與學術上「問題解決方法」之流程相似；首先必須要把問題具體明確化（即書中的問法），找出事情的問題點（問題的真正原因中，那些可以解決的原因），針對問題點找到適合的解決方法，執行後檢視最新狀態是否有符合期待的目標（如病人清醒等，若沒有達到預期目標，重新再找可能的問題點，直到最後問題解決。

當然，每個人因果不同，諸神菩薩給予的機緣及加持亦不同，但事出必有因，為防患未然，諸惡莫作，眾善奉行，是吾等該有的準則。

——曾宗德，樹德科技大學通識教育學院院長

感謝

誠摯感謝

首先要感謝臺灣首廟天壇上蒼玉皇上帝、臺南關子嶺清虛宮上蒼玉皇上帝、東石笨港口港口宮天上聖母眾神、南鯤鯓五府千歲眾神、嘉義九華山地藏王庵地藏王菩薩、高雄梓官城隍爺眾神的幫忙，屏東萬巒宗天宮才能夠在民國一〇四年從一開始的眾人捐地、興建臨時宮，歷經四年，一直到民國一〇八年主廟體正式動工興建，以及今年宗天宮地藏王殿也正式在興建當中，這段艱辛過程如果沒有上天與眾神明的幫忙，要完成興建廟宇這種艱鉅的任務，難度可以說是非常之高。所以，在此以最誠摯之心感謝上蒼與眾神明在背後的支持與相助，宗天宮沒有讓祢們失望。

其次要感謝萬巒宗天宮天官紫微大帝、觀音佛祖、開基地藏王菩薩、東嶽大帝、天上聖母列位眾神，指導、調教我在問事方面的專業知識，讓我可以更有能力去解決更多及更複雜的案件，謝謝宗天宮眾神明。

接下來我要感謝我的祖父母、父母親、家人、我的太太、小孩的支持與鼓勵，包容我幾乎沒有多餘的時間兼顧到家庭責任，讓我無後顧之憂繼續輔佐神明濟世救人。在此，感謝你們。

我也要感謝我的二位老師，張木中老師、涂水樹老師，在我開始動筆撰寫這本書時，灌輸我多元法門思考方向，使我醍醐灌頂般突破對以往宗教上舊思維的束縛，讓我更有能力把問事的竅門再精進與再進化。在此，由衷感謝我的二位宗教老師。

誠摯感謝宗天宮種子教師、志工、委員、師兄姐

我非常感謝我們宗天宮委員及種子教師團隊，宗天宮只在星期六或日有問事及辦事，所有種子教師都必須犧牲個人的休假、休息及家庭時間，風雨無阻、情義相挺到宗天宮義務幫忙，這種無私忘我、不求名利以及任何回報的上善精神，非常難能可貴。在此，我衷心感謝大家。

誠摯感謝名主持人于美人女士、陳雅倉師兄、宗天宮林宏濱主任委員、執行長王光啟委員、祕書長吳蕊安委員、沈佳蓉委員、陳文雀委員、莊絢安委員、陳萬忠委員、沈尹婷委員、蔡麗茹委員、黃省得委員、黃怡華委員、鄭明忠委員、鄭文聲委員、陳燕輝委員、林姿秀委員、黃如玫委員、陳竣陽委員、許博丞委員、張登凱先生、黃馨媚女士、鄭敏君女士、劉天寶先生、張坤明先生、蔡典原先生、方寬銘先生、陳巧真女士、蘇慧玲女士、陳耀明先生、王幸惠女士、鄭伊秀女士、陳威丞先生。在此，我衷心感謝大家。

誠摯感謝高雄梓官城隍廟與臺灣首廟天壇

誠摯感謝高雄梓官城隍廟主任委員蔡焙璋先生、陳美雲女士、陳豐盛先生、吳明清先生、吳彥宏先生、蘇震輝先生、劉肇樑先生。

也誠摯感謝臺灣首廟天壇董事長徐國潤先生、副董事長卓永崇先生、董事會祕書陳淑鈴女士、董事夏清水先生、常務董事鄭智元先生、常務董事陳炳臣先生。

CONTENTS

一日，來了一位先生要請王老師安神桌，原以為只需挑個好日子，便能把事情搞定。誰知，後續才知這位先生家裡已經安了四次神桌！

這是怎麼回事？

原來這位事主二、三十年間，家庭、事業遭遇慘禍，家人陸續橫死或自殺，生意也失敗……期間事主遍訪各宮廟，為祖先塑金身、把金身放水流、再塑金身、又火燒金身，再三重安神桌，卻讓家運與事業每況愈下。

王老師抽絲剝繭，層層探索本源，最後竟查到了事主的外籍大媽是身穿紅衣上吊自殺而亡，而向神明探詢亡魂所在後，才知大媽亡魂已然成魔……

你將學到的扭轉乾坤法

PART 2

親愛的，你不是要娶我嗎？

185

兒子明明已經在籌辦婚事了，但來問事的這對夫婦，卻想問能否暫停這場婚禮，兒子還有沒有更好的姻緣……

細問後，才知事主的兒子自從訂婚後，夫妻倆才陸續發現未來的兒媳婦有點不對勁，精神狀態有時像著了魔般教人擔憂害怕。

王老師問神求了三支籤，發現其中二支與夫婦之前在南鯤鯓抽的籤一模一樣！神明指示，兒子的婚事未來將有變數，但沒想到這個變數，竟與女友家的神壇有關……

你將學到的扭轉乾坤法

擬定祈求神明安撫欠點的十四大核心問法 252

留意「絕戶」問題 260

PART

3

媽咪，妳不要哭……來自醫院的病危通知

265

二月八日下午二點五十七分，死神來敲門！

那日，王老師接到一通來自梓官城隍廟委員的緊急電話，告知他的侄孫正在醫院搶救，生命指數直直降，全家人完全不知如何是好。情況危急時刻，先向神明祈求保住一命！果然，三個聖筊後，命運產生了變化，孩子小命暫時保住，但神明指示必須「馬上」回宮廟向神明請示欠點問題何在？

但王老師向神明問了三十多分鐘，所有可以想到的問法都問了，卻完全沒有三個聖筊，甚至連二個聖筊也都沒有出現過！直到他靈犀一通，想起了閉關時神明的教授，便請示是否是「借花出世」？叩，叩，叩，三個聖筊……

你將學到的扭轉乾坤法

生命危急時的十六個重要祈求暨問法 275

問欠點的十大基本核心問法 292

前言

讓陰有所歸宿
讓陽無所擔憂

繼《神啊！教我如何把二個聖筊問出三個聖筊》之後，本書《神啊！教我如何扭轉乾坤》的主軸，是在教授大家宗天第二法門——扭轉乾坤法門。本書對於想進一步在問事方面深造，甚至有志於為神明服務的人來說，有七大重要意義：

七大重要意義

首先，既然是扭轉乾坤，就是要把目前所處的劣勢一舉翻轉過來，讓劣勢變成優勢，進而改變我們的命運。想要有能力扭轉乾坤，必須要有與常人不一樣的思維與獨特的思考方式，尤其一定要有非常強的邏輯思考與推論能力，這是一位問事人員遇到案件需請示神明時必須用到，也絕對會用到的。所以，《神啊！教我如何扭轉乾坤》就是要教你**改變以往問神的思考方式和邏輯推論方式**。

第二，大家在問神時，往往問不到幾個問題就問不下去，甚至腦袋一片空白，不知道該如何繼續問。所以，我在書中的案例裡，依據不同的案件或情況分別提供了十多種（加起來數十種）問法，讓讀者知道，當我在問一個案件時，心裡在想什麼、是怎麼分析的、是如何推論的、敏感度來自哪一部分，以及為什麼會這麼問……每個問法，都代表著我的思考方式與邏輯，是非常珍貴的實戰經驗教材。只要熟讀本書，把這些問法熟記於心，再加以整合做問法上的變化，又可以延伸出百種以上的問法！等到你心中存有百種以上的問法時，以後**遇到什麼千奇百怪的案件，就可以馬上知道要用什麼問法、要問什麼問題**。如果能達到這種境界，就不會再像之前那樣，問不到幾個問題就問不下去了。

第三，書中提供的數十種問法不只是找問題的問法，還包括如何解決問題的問法。一位頂尖的問事人員不能只會找問題，還要會解決問題，這樣才能夠真正解決當事人的困境——能夠真正解決當事人的困境，才算是達到扭轉乾坤的境界。

第四，一般人遇到祖先欠點時，大部分的人都不知道該怎麼辦，如此，就算已經問出自己或家中的不順是來自祖先欠點，不會處理也沒有用啊！不用怕，《神啊！教我如何扭轉乾坤》會傳授給大家**處理祖先的八大步驟**，其中包括教你如何核對除戶、如何從除戶看出疑點、如何請示除戶、如何寫神主牌、最後如何請祖魂入神主牌……請大家務必熟讀，如此一來，日後若遇到有祖先欠點的情況，就不會再像之前那樣徬徨無助了。

第五，除了祖先欠點以外，神桌欠點、風水欠點、外陰欠點也是一般人常遇到的，因此本書也教大家這些**常見欠點的問法與處理方式**，讓大家遇到類似的情況時，心裡面能夠知道下一步該如何問，以及接下來又該如何處理。

第六，身為晚輩或許有無法作主來處理家中欠點的情況，不處理的話，自己或家中情況便無法改善，想要處理，卻得不到長輩的同意，以致當事人陷於進退兩難的地步，這種情形其實頗為常見。現在，你不用再擔心這種情況了，《神啊！教我如何扭轉乾坤》會教你**如果自己無法處理欠點時，該怎麼進行解決**。總之，你將會學到，要處理欠點時，有要處理欠點的解決方法，無法處理欠點時，也有無法處理的解決方法，讓大家進退都有路。

第七，本書也教大家**在遇到生命危急或病危之際時，該如何祈求神明、請示神明**，這部分相當重要，因為這種生死一瞬間的情形，只要時間上有一些些的拖延，也許結局就是天人永隔。我不願再看到那麼多人因此而傷心欲絕，夜夜以淚洗面，久久還無法走出親友、摯愛往生的痛苦，而本書的第三個案例，就是在教大家遇到這種情況時該怎麼處理。

宗教除了教化大眾，也要讓大眾在危急之時有自救的本領；宗教絕對不能有「沒有你就不行」這種狂妄與傲慢的態度與觀念。

本書分享的，全是我二十五年來的實戰經驗，這些救人與自救的訣竅與竅門，是宗天第二法門最大的價值、精髓所在，是有錢也買不到的無價之寶。

每尊神明都有每尊神明的頂尖強項，教我扭轉乾坤法門的神明很多，除了宗天宮天官紫微大帝、觀音佛祖、天上聖母列位眾神外，我也非常感謝宗天宮開基地藏王菩薩和東嶽大帝，教了我很多思考方式與邏輯推論方式，特別重要的是，二尊神明強化了我的思考能力。就是因為有宗天宮開基地藏王菩薩和東嶽大帝這種「超凡卓越」的思維，才會有宗天宮地藏王殿的存在。

因此，本書也一定要讓大家知道宗天宮地藏王殿的來龍去脈，更要讓大家知道宗天宮地藏王殿存在的重要性與意義性。

「宗天宮地藏王殿的重要性與意義性，就是要解決臺灣有史以來沒有人想到要解決的問題，以及沒有人會解決的問題。」這就是地藏王菩薩和東嶽大帝對我所說的：「身為一位問事人員，要有與常人不一樣的思維方式、思考方式，先不說是否能超凡卓越，但至少要不俗與不凡。」我永遠記得這句話，所以才必須讓大家知道宗天宮地藏王殿的由來，及其意義性與重要性。

宗天宮地藏王殿的由來

屏東萬巒宗天宮地藏王殿在歲次辛丑年農曆三月二十七日（國曆五月八日）申時進行興建工程奠基動土大典，而宗天地藏王菩薩是在民國一〇八年歲次己亥年農曆九月二十三日丑時正式開光，我再把日子往前推，那就要從民國一〇八年五月那個時候的一個夢開始說起了，當時我夢到……

地藏王託夢

有位出家人拿著一把法杖走進宗天宮，當時我正在問事。我問出家人：「請問你是？」出家人說：「我是宗天宮地藏王菩薩。」

我很驚訝地說：「我們宗天宮是媽祖廟，沒有地藏王菩薩耶，你是不是走錯廟了？」

出家人回答：「沒走錯，是上蒼玉旨與地府地令指派我來當宗天宮開基地藏王菩薩。」

聽到這個回答，我好奇地接著問：「那麼，你來宗天宮當地藏王的用意是什麼？」

他微笑地對我說：「上蒼與地府指派我來宗天宮要完成幾件重大任務。

第一、協助宗天宮辦理祖先問題。

第二、處理信徒陰症、卡陰、外陰狀況。

第三、處理祖先冤情，導致後代子孫受連累案件，協助洗刷冤屈。

第四、協助三年一度萬人大法會更加圓滿。

除了這四項重大任務以外，還有就是興建宗天宮地藏王殿。」

一聽到還要興建地藏王殿，我馬上對出家人說：「No！No！No！要蓋地藏王殿，除非你告訴我用意及意義是什麼，否則我沒辦法蓋地藏王殿。」

出家人聽完我的話，微笑著牽著我戴佛珠的那隻手走出宗天宮。此時，宗天宮旁邊的停車場大約聚集了三、四千人，這些人都穿著白色衣服，當中大約七成是女性，三成是男生。

這個時候，出家人招手叫一位站在比較前面、身穿白衣的長者過來，長者走過來便開口對我說：「王老師，可以請你收留我們『這四種人』嗎？」

當時我還丈二金剛摸不清楚什麼狀況，便問白衣長者：「『這四種人』是誰？」

「王老師，你有看到那一位嗎？那一位女性是沒有結婚、沒後代而往生的；那一位是離婚未再嫁而往生的；那一對夫妻只有生女兒，沒有生兒子；旁邊站的那一對夫妻是完全沒有生孩子，也就是沒有後代的。王老師，你不覺得對這些人，尤其是女性，很不公平嗎？」白衣長者繼續對我說，「王老師你想一想，你處理祖先這麼久以來，一定知道未婚的女性在往生後是不允許入家中神主牌的，她們被迫離開家，年代一久，兄弟姊妹的後代早已忘記有這位姑婆神主的存在了。離婚未再嫁而往生的女性也一樣，沒有了夫家，娘家的神主牌也進不去，也是要被迫必須離開家的！將來這二種人要何去何從？你說，這公平嗎？」

我想了一下，點點頭說：「對，這二種人是不能入家中或娘家的神主牌，確實是很不公平沒錯。」

白衣長者繼續指著旁邊的人說：「這對夫妻只有生女兒，沒有生兒子，他們的女兒如果都嫁出去了，那娘家的神主牌怎麼辦？有可能一起帶去男方家供奉嗎？絕大部分男方家中都不願意接受從娘家帶過來的神主牌供奉在自己的家裡。所以，這對夫妻以及祖先牌位未來要何去何從？這對夫妻則是沒有生後代的，他們這一代如果往生了，這一房就正式成了絕戶，那他們夫妻的神主牌誰要供奉呢？不就等同於無主的神主了嗎？」白衣長者傷心地說。

我聽完後，心頭生出一股說不出的悲傷，這四種人往生後的神主魂魄，確實不知道要怎麼辦。要何去何從，尤其是未婚往生，以及離婚未再嫁而往生的女性，現今社會都是把這些人的神主放在一般稱為「菜堂」的佛寺或寺廟裡面。但是，再下一代呢？早已不知道有這麼一位姑婆的神主存在這個世間上，這不就等於是一種「無主的神主牌」。

「王老師，請你務必要收留我們這四種人，不要讓我們變成無主神主，好嗎？」白衣長者講完後，出家人便走了過來，牽著我的手對我說：「這就是臺灣長久以來的問題，一直以來都沒有人想到要如何處理，只有你可以處理這種困難，所以上蒼與地府才派我來宗天宮教你處理這件事，解決這四種人的悲傷與哀愁。」

我毅然對出家人說：「好，如果是因為這個宗旨而蓋地藏王殿，那再怎麼困難，我都一定會把地藏王殿蓋起來。」

我一講完，出家人跟白衣長者便一起走過來牽著我的手，對我說：「好，那就萬事拜託了。但除了收留這四種人以外，後面還有一個重大任務，等時機到了會再跟你說。」

我本來還想追問二人，他們所說的那個後面的重大任務是什麼時，夢就醒了。

向神明請示確認

夢醒之後，我覺得這件事情滿重大的，便召集所有種子教師來宗天宮請示媽祖，看是否確實有這麼一回事。

我與所有種子教師點香稟報完神明整個夢境之後，便開始請示宗天宮媽祖。

請示媽祖時，就單單只問二個非常直接且清楚的問題。

第一個問法

「奉請宗天宮天官紫微大帝、佛祖、聖母列位眾神，弟子昨晚有一個夢境，已經一一向列位眾神稟報，因覺得事關重大，所以弟子很直接請示二個問題。這個夢是否確實真的在指示有一尊地藏王菩薩要來當宗天開基地藏王菩薩，如果確實是這樣的話，請給弟子三個聖筊。」

擲筊的結果是：叩，叩，叩，馬上出現三個聖筊。

我接著繼續問第二個問題

第二個問法

「奉請宗天宮天官紫微大帝、佛祖、聖母列位眾神，這個夢是否也確實指示宗天宮開基地藏王菩薩來蓋地藏王殿，是要來解決將來這四種人的神主，以避免這四種人淪落為無主神主，如果確實是這樣的話，請給弟子三個聖筊。」

擲筊的結果是：叩，叩，叩，又馬上出現三個聖筊。

天啊！看到二個問題連續出現六個聖筊，當時氣氛真的十分震撼，為什麼呢？因為——

❶大家完全沒想過宗天宮還會有一尊地藏王菩薩。不過，神明看到了這個問題，並且真的要開始來解決這個幾百年來一直存在的問題——神明的智慧真的不是我們人可以想像的。

❷這四種人的神主，尤其對女性真的很不公平，地藏王菩薩真的是高瞻遠矚，眼光看得非常遠。

❸宗天宮神明和未來的地藏王菩薩真的很偉大，這種願力實在非比尋常——竟發願要度這四種人！

❹所有種子教師忽然之間覺得責任變得更重了。不過，沒有關係，只要能夠配合神明，解決這種幾百年來從來沒有人做過的大事，再苦，大家都會覺得很值得，也覺得很殊榮。

此時，我對所有種子教師表示，眼下還得請示神明有沒有其他指示。請示的結果又有三個聖筊，但神明表示「其他指示」要用起乩方式來指示，因為當中還有很多細節，更重要的是，除了這四種人的處理方法外，還有一個更重大的任務，而這個任務用擲筊方式並無法問得很精準與具體。

於是我對種子教師說：「既然確實有一尊地藏王菩薩要到宗天宮來，我們就優先完成地藏王菩薩金身雕刻之事，等開光圓滿之後，再請地藏王菩薩起乩指示接下來那些更多的複雜細節，以及那個

『更重大的任務』」到底是什麼。」正是如此，民國一〇八年歲次己亥年農曆九月二十三日的丑時，宗天宮開基地藏王菩薩正式開光。

第一種任務：度四種人和處理做法

在宗天宮開基地藏王菩薩開光圓滿之後，我與所有種子教師就安排一個假日，祈求地藏王菩薩起乩指示另一個重要任務到底是什麼。

到了起乩的當天早上，地藏王菩薩正式起乩，並對當場所有人指示宗天宮地藏王殿的第一種任務。首先，將來宗天宮地藏王殿要設牌位區，主要的目的是要度四種人：

❶未婚沒後代而往生的女性（俗稱姑婆）。
❷離婚未再嫁而往生的女性。
❸只有生女兒，沒有生兒子的夫妻。
❹沒有生後代的夫妻。

宗天宮地藏王殿將來要度這四種人，主要原因是，當中有些人無法進入本家的神主牌，有些是既沒夫家也無法進入本家神主牌，有些是沒後代供奉神主牌，有些是女兒嫁出去之後無法把神主牌帶到夫家。最重要的是，這些人往生後，日子一久，不是沒後代供奉，就是自己兄弟姊妹的後代也早就忘記家中曾有這一位祖先牌位的存在，導致牌位一直放著，就這樣過十年、百年也沒人理會，更沒有人記得要祭拜，這對亡者本身及本家的後代子孫都不好。因此，宗天宮地藏王殿要做就要做到完美、完善，讓亡者及後代子孫都沒有後顧之憂。

宗天宮地藏王菩薩接著指示以下內容：

❶將來這四種人的牌位從放進宗天宮那天算起，為期五年，「五年後，也就是第六年」，吾聖駕（宗天宮地藏王菩薩）將幫這些人辦理「轉世及修行」，讓亡者及其後代家人皆可以放心與安心。這樣一來，就不會有「無主神主牌」的情況發生。這四種人辦理「轉世及修行」後，牌位即可拿下，如此就能空出位置，讓更後來的這四種人在往生後，牌位得以放進宗天宮地藏王殿。

❷這四種人的神主牌位如果要放進宗天宮地藏王殿，宗天宮一律要幫忙核對除戶，並且把這四種人祖先的欠點完完全全處理好後再放進來。完全沒有欠點的神主牌放進宗天宮地藏王殿，亡者才能真正安心，後代子孫或兄弟的家運也才會順利，如此才是兩全其美。

❸宗天宮地藏王殿裡面每個神主牌上，都會有一盞「祖蔭迴向甘露燈」，就像陽世的人點光明燈一樣。「祖蔭迴向甘露燈」的用意，是讓祖先的祖德更加光明；祖先就像是一棵大樹的根，後代子孫就像枝葉，根部完整、健壯，枝葉才會長得茂盛，後代子孫的運勢才會更旺。至於沒有後代的神主，「祖蔭迴向甘露燈」則會照亮其他房兄弟姊妹的家運。

❹宗天宮地藏王殿每年都會幫放在地藏王殿的神主做法會，誦念《地藏菩薩本願經》、《普門品》、《藥師經》和《父母恩重難報經》，迴向給父母親及本家祖先，感謝父母親養育的恩情。

❺其中如果有「絕戶」的——就是指這一房所有人已經全部往生（夫妻、小孩全部死亡），「會絕戶必有原因」，宗天宮會幫這戶調查清楚是否是欠點造成絕戶，並會幫忙處理欠點，處理好之後再放進宗天宮地藏王殿，以防這個欠點去影響到其他房的兄弟姊妹。

第二種任務：處理樹葬、海葬等及其做法

宗天宮地藏王菩薩指示完地藏王殿的第一種任務之後，接著指示宗天宮地藏王殿的第二種任務。地藏王菩薩指示，臺灣喪葬文化日益在改變，現今社會很多人因經濟或其他因素考量，而選擇環保葬法，如樹葬、花葬、海葬等，但大部分的人都不知道人有三魂：一魂在神主牌內、一魂在地府、一魂則在風水內（土葬在棺木內，進塔在骨灰罈內）。選擇環保葬法當然可以，但一定要先把骨灰罈內這條骨魂先妥善處理，處理好之後，骨灰才能進行環保葬法。

所以，宗天宮地藏王殿的第二種大任務，就是要協助選擇環保葬法的人，妥善處理好骨灰內這條魂，讓這條骨魂圓滿轉世修行，讓亡者安心，也讓後代無後顧之憂。處理骨灰之魂做法如下：

❶宗天宮地藏王殿內必定要設一間「**轉魂殿**」，轉魂殿內要有一座「**轉魂臺**」。

❷轉魂殿就是專門處理骨灰內這條魂的所在，屆時由吾聖駕（宗天宮開基地藏王菩薩）親自起乩設法處理轉魂。

❸由吾聖駕親自使用一盞「法燈」，將骨灰內這條魂接引到西方修行或轉世。

❹處理骨灰內這條魂轉世修行之後，吾聖駕會再親自「加持與加敕亡者」，其意義就是告訴亡者過去種種譬如昨日死，讓亡者這條魂可以安心與放心。

❺「加持與加敕亡者」後，骨灰或骨骸內這條魂就算正式妥善處理圓滿，隨後便可以正式採用環保葬法來處理喪葬事宜。

地藏王菩薩指示完這五點後，忽然對在場的所有人說：「大家看不到二十年後會有什麼情況發生，但是神明知道二十年後即將出現什麼情形。

臺灣過去因遷葬而撿出非常多無主的骨灰進入公家納骨塔，這些無主骨灰罈一來沒有後代可祭拜，二來沒有家屬可認領，三來不管時間經過多久，這些無主骨灰罈依然還是在納骨塔裡面。沒有人想到要處理這個問題，更沒有人會處理這個問題，而這個問題會造成將來納骨塔的塔位不足，如此一來，後面往生的亡者便會沒有塔位可進。

有些人或許認為，再蓋新的納骨塔不就可以解決這個問題了嗎？但是，再過一段時間，塔位還不是一樣會滿？因此，根本的解決之道，應該從骨灰這個問題來處理，這才是根治。

就是因為臺灣目前要面臨到這些問題了，上蒼以及地府才會賜天旨、地令，指派吾聖駕來宗天宮擔任地藏王菩薩，主要就是處理蒼生這二大任務。天運走到何時，神明則會順應天運，妥善安排處理蒼生即將會遇到的困境。所以，眾弟子、信女，大家想一想，宗天宮是不是應該要幫忙後代子孫，解決這個百年來一直無法解決、也沒有人會解決的問題呢？

宗天宮是一間『以天為宗』之廟宇，要有『智者見於未萌』的能力，也要幫助眾生處理這二大從來沒有人想到要做的重大任務，這才是宗天宮建廟的宗旨。神、人一起配合，讓陰陽二界的眾生都可以走向光明之路，只要讓陰陽二界的眾生都可以走向光明之路，再苦都是值得的。」

最後地藏王菩薩指示：「眾弟子、信女，既然要蓋宗天宮地藏王殿，就要發揮地藏王殿的功能，我們要造福社會，首先要收留這四種人的神主，讓這四種人還在陽世時，不用擔心他們往生後魂魄將何去何從，以及解決後代子孫一塔難求的大問題，這才是宗天宮地藏王殿存在這世上的最大意義。眾弟子、信女，吾聖駕知道這樣大家會很辛苦，但只要能夠幫忙解決後代這個大問題，再辛苦也是值得的，希望大家不要辜負上天與地府對宗天宮的期望。今天已經起乩很長一段時間了，乩身體力有限，待日後有機會，再起乩對大家指示更深入的一些細節，後會有期。」

地藏王菩薩退駕之後，我的眼眶已經泛著淚光，因為我確實沒想過這種轉魂的問題。於是，我對大家說：「我現在內心感動莫名，宗天宮地藏王菩薩發願，原來是在度這四種人以外，還要協助那些現在在納骨塔裡的無主骨灰罈，幫忙這些無主骨灰轉魂後選擇環保葬法，如此一來，又可以增加非常多塔位給後面往生的人使用，使亡者與後代子孫都能平安。我們一定要盡全力配合地藏王菩薩，來解決臺灣這數百年來，沒有人想過、也沒有人做過、更沒有人處理過的大事。」

我繼續對大家說：「各位種子教師，我知道，這樣一來我們以後一定會更累，也或許會更沒有休息的時間，但為了能讓這四種人得到安息之處，以及配合地藏王菩薩妥善協助處理往生者骨灰內的那條魂，使陽世子孫、亡者皆可以安心、放心，這樣我們再辛苦也是值得的，不是嗎？我們這一輩子，難得有這個機會可以協助神明處理這二大艱難任務，並造福後代，也不枉我們此生來這世上走這麼一回了。」

在場的所有種子教師眼淚都流了下來，紛紛對我說：「老師，我們所有人犧牲假日時間、家庭時間來宗天宮為神明服務，不求什麼，只求能夠輔佐神明濟世救人。現在地藏王菩薩發願要度這四種人，我們內心非常感動，尤其是未婚沒後代而往生的女性、離婚未再嫁而往生的女性，這二種人往生之後往往無法入家中的神主牌，必須要放在外面，一旦年代時間久遠，本家的人恐怕早就忘了曾經有這個人的牌位存在，真的是會變成無主的神主。

其實我們的家人、周遭的親朋好友當中，也有很多是這四種人的其中之一或之二，如今有一個地方可以讓這些人不用擔心往生後將何去何從，尤其是神主進入地藏王殿五年後，宗天宮開基地藏王菩薩還會親自為這些神主辦理轉世及修行，讓我們這些祖先以後不再是無主的神主，甚至還協助目前的無主骨灰轉魂，以及協助亡者家屬使用環保葬法，這的確是臺灣現今社會需要面對的問題。老師，我們一定會盡全力輔佐宗天宮地藏王菩薩完成這個大願。

老師，我們很慶幸可以生在這個年代，因為終於有宗天宮地藏王殿可以處理這二大問題了，老師你不用擔心，我們一起加油，一起來完成這個使命，讓陰陽二界各有依歸。」

我滿心感動，對所有種子教師說：「謝謝大家的幫忙，謝謝大家！」

接著我和所有種子教師點香對宗天宮開基地藏王菩薩說：「奉請宗天宮開基地藏王菩薩，弟子和所有種子教師已經完全明白地藏王菩薩要興建地藏王殿的意義，弟子和所有種子教師非常佩服並感謝地藏王菩薩發這二個大願，這二大任務確實是臺灣目前的大問題。所以，請地藏王菩薩不用擔心，弟子與所有種子教師一定會遵照祢的指示，再辛苦，我們也會跟隨祢完成這項艱鉅的任務，所有人會輔佐眾神明濟世救人，一者度這四種人，使這四種人在陽世時不用擔憂魂歸何處，在往生後不再擔憂無後人祭拜；二者幫無主骨灰轉魂，使這些無主骨灰之魂得以轉世與修行，更使後代往生者不必擔憂一塔難求的困境。弟子與所有種子教師會堅守這個承諾，輔佐地藏王菩薩完成這二個大願，一直到弟子與所有種子教師陽壽終老之時。」

解決問題，為後代留下一個沒有負擔的環境

這就是我所說的地藏王菩薩與東嶽大帝超凡與卓越的思維，神明想到的問題是一般人沒想到的，看到的問題更是未來即將要面臨到的問題，就因為這樣，才有宗天宮地藏王殿二大重要任務的出現。

第一個任務是度以下四種人：

❶未婚沒後代而往生的女性（俗稱姑婆）。

❷離婚未再嫁而往生的女性。
❸只有生女兒，沒有生兒子的夫妻。
❹沒有生後代的夫妻。

第二個任務是幫現今在納骨塔裡的無主骨灰轉魂後再進行環保葬，讓這些無主骨灰之魂可以轉世或修行，不再面臨無人祭拜的窘境，也可以協助一些想選擇環保葬的亡者家屬將其骨魂轉世或跟隨神明修行，使後代子子孫孫，縱使是經過千百年後也不用擔心沒有塔位的情況。

這二大問題確實是當今社會已經或即將面臨的問題，趁我們這一代有能力解決，就趕緊在我們這一代解決，不要再把這個麻煩問題留給下一代，畢竟下一代能不能解決還是一個未知數。宗天宮地藏王殿已在歲次辛丑年農曆三月二十七日（國曆五月八日）進行興建工程奠基動土大典，接下來就要開始興建。我們宗天宮不求什麼，唯一求的，就是為後面往生的人以及後代子孫留下一個沒有負擔的環境。這一輩子難得有這個機會，可以協助神明處理這二大艱難任務，可以造福後代千百年，也不枉我們此生來這世上走這麼一回了。

誠摯邀請全國的朋友為我們加油及支持，讓我們更有力量來解決將來需要面對的問題。我們一起加油，一起來完成這個重大的使命，讓陰有所歸宿，讓陽無所擔憂，讓陰陽二界各有依歸——這才是宗教。

屏東萬巒宗天宮，在此謝謝大家。

宗天第二法門——

扭轉乾坤法門

「扭轉乾坤」，顧名思義就是原本處於劣勢，一舉把整個情勢翻轉過來，讓情況大大改善，使命運可以不再坎坷、使運勢發展走得更順。

不過，要扭轉局勢，必須要有能力找到真正的問題，找到了真正的問題後，還要有能力解決，否則問題還在，結果是不可能改變的——這是一個不變的真理。就如同一個醫生看病，是不可能在病人真正的病根還未找到之前就知道要開什麼藥，只有確定知道病人的病因後才能對症下藥；藥用對了，病人的情況才會改善。

想扭轉乾坤，要會用擲筊找根本問題和解決辦法

然而，不管是找問題或找解決問題，全部都要會問神明問題，也就是用擲筊請示神明。具體一點來說，就是用擲筊方式來問問題、找問題，然後問出解決問題的方法，最後才能夠扭轉乾坤。

擲筊請示神明，首重**邏輯思考、邏輯推論和系統思考**，這就是為什麼宗天四大法門第一本要先講邏輯推論法門（《神啊！教我如何把二個聖筊問出三個聖筊》）的主要原因。懂得如何擲筊請示神明後，便進一步把自己現階段所處的劣勢翻轉過來，所以《神啊！教我如何扭轉乾坤》你一定要看！

本書會教你非常多、非常豐富的方法、竅門、技巧、問法，以及問題的解決法，讓你遇到問題時，可以輕而易舉地運用本書裡面的方法，找到真正的問題、解決問題，不管是處於什麼樣的劣勢，都能夠「輕而易舉」的扭轉乾坤！

扭轉乾坤法門針對複雜、有欠點特別有效率

由於「扭轉乾坤」是翻轉目前所處的劣勢，使情況轉好，所以這個法門在複雜而有欠點（諸如外陰、祖先、風水、栽花換斗、蓋運……等）的案件一定會用得到（一般較簡單的案例一樣會用到扭轉乾坤法門，只是複雜的案例本就難辨，但如果懂得扭轉乾坤法門，處理起來就會更得心應手）。

找出欠點並加以處理，才有機會扭轉乾坤，這就是「問題（原因）還在，結果不會改變」的道理。從我問事這麼多年的經驗來看，除非是陽壽已到、病入膏肓、問題拖太久導致無法處理，或是連神明都表示無能為力的狀況，否則大部分的情況都可運用「扭轉乾坤法門」試一試。

接下來，本書將以三個重要的案例，來分享如何運用「扭轉乾坤法門」，在過程中，大家會發現我在使用「扭轉乾坤法門」時，會不斷地運用「邏輯推論法門」，這也是神明在我閉關時，即表明無法跳過「邏輯推論法門」，而直接學習「扭轉乾坤法門」的原因，因為找不出真正的問題，在給出解決方法時就可能會出錯——有時只能帶來短暫的效果，但嚴重者的話，可能會衍生出更多的問題。

PART

1 我要安神桌

原以為只是安神桌的小事，誰知再三請示神明後，最後竟查到祖先成了魔……

從故事中你將學到……

這一天，跟往常一樣，早上八點不到，所有種子教師就在屏東萬巒宗天宮為這天要處理的案件做預先準備。九點一到，他們便按照自己所負責的工作各就各位，開啟這天的第一個問事。

我往外面一望，進來的是一位先生，再低頭看一下桌上的問事單，上面寫著蔡先生。我主動打了招呼，「蔡先生，你好，今天要問什麼呢？」

蔡先生回答說：「老師，我家裡想要安神桌，不知道是否可以請你來我家幫忙安神桌？」

「請問你家是住大樓，還是透天的房子呢？」只要是信徒請我去安神桌，我的第一個問題一定是這個，這是因為**一般透天厝安神桌的方向，大部分跟房子的坐向一致，大樓則不一定，會看室內的環境格局，再來決定神桌要安在哪個地方。**

蔡先生回答：「我家是透天的。」

「房子的方位是？」我接著問。

「坐西朝東。」

「嗯……那可以。今年的年煞不是煞西，如果今年的年煞是煞西，坐西朝東方位的房子就不能安神桌了。那麼，你有預計想要在什麼時候安神桌嗎？」我一邊翻閱擇日書，一邊詢問蔡先生。

蔡先生回答：「看老師的時間，我都可以配合，只是我有一件事想請問王老師。」

安了四次神桌？

看問題的觀察力與敏感度

「什麼事？請說。」

「如果請老師來安神桌，那麼，我家現在這個神桌要怎麼處理呢？」蔡先生問。

聽到這個問題，我馬上抬頭問：「你的意思是說，你家現在已經有神桌了，是這樣嗎？」

「對。」蔡先生回答。

我很好奇地接著問：「既然你家已經有神桌了，為什麼還要再安神桌？是原本的神桌舊了，要換一個新的嗎？」

「不是耶，我家這個神桌還滿新的，只是之前一直安得不好，所以想請王老師來幫我再安一次神桌。」蔡先生回答。

原本沒有多想的我正專注地翻閱擇日書，想挑一個吉日、吉時，聽到他這麼一說，我隨即闔上擇日書，確認地問道：「之前一直安得不好，所以要請我去再安一次神桌？」

此時，蔡先生才說：「老師，我家其實已經安過四次神桌了。」

「安過四次的神桌了？」我感到有點驚訝。

蔡先生回：「對！之前已經安過四次神桌了，如果加上這次請你來安的話，就是第五次。」

我把闔上的擇日書放下，皺起眉頭，雖然看不到自己的表情，但我知道我的神情一定變得有點嚴肅。我直盯著蔡先生，心裡暗想，「怎麼會有一個家庭前後安了四次神桌？這不太可能啊！」我決定先把這個疑惑搞清楚，沒弄清楚前絕對不能去安神桌，這太怪了，一點都不合理啊！

我問蔡先生：「你家為什麼會安四次神桌呢？照理來說，一般人家不太可能安那麼多次神桌的。

如果是原本的神桌舊了想要汰舊換新，或是因為搬新家而要在新家買新神桌安座，頂多也是再安一次。你家既不是換新神桌，也沒有搬家，安到四次神桌真的很怪！方便問你，家裡過去安那麼多次神桌的原因嗎？」

我的問題才落下，蔡先生便長長嘆了一口氣，「王老師，事情是這樣的。我家的家運這二、三十年來一直很不好，老是出事情，我的事業也不太好。期間，我去問過很多宮廟，後來一位老師說是我們家的神桌有問題，導致家神待不住，跑掉了，所以就請那位老師來家裡重新安神桌。安完後過了一段時間，家運也沒有改善，於是我又去其他宮廟問，結果又說是我家神桌有問題。雖然我有表示家裡的神桌剛安完沒多久，但對方堅持問題就出在神桌沒有安好，於是又安了第二次。第二次神桌安完隔了一段時間，不只家運沒起色，連事業也都開始頻出狀況，此時朋友介紹我去另一間宮廟問事，得到的答案還是說神桌有問題。老實說，我已經開始感到奇怪了，怎麼老是說神桌有問題，但這方面我不懂，還是只能老師說怎樣我就照做，於是又安了第三次。結果家運不但沒有起色，我的事業也都快破產了，我很害怕全家的生活經濟受到連累，到時連三餐都成問題，就詢問朋友，看他有沒有認識其他比較厲害的老師，於是我又被介紹去了另一間宮廟……」

聽到這邊，我沒等蔡先生告訴我結果就直接問：「結果還是神桌有問題？所以再安第四次？」

蔡先生點了一下頭說：「對，不過，這一次，對方不只說神桌有問題需要重新安一次，還提到我家家運、我的事業不好的另一個原因是：家中的神主牌不能跟神明一起放在神桌上，祖先跟神明起了衝突，才導致神明待不住，所以必須在神主牌與神明的中間放一塊隔板隔開，說這樣陰陽才不會起衝突。因此，我們又安了第四次神桌，順便處理了家中的神主牌，也在祖先與神明中間放了隔板。王老師，這就是我家前後總共安過四次神桌的原因。」

「所以，你家的神主牌也處理過了？」我問。

「對啊。」蔡先生雙手一攤，無奈地回答，「王老師，你知道嗎？這二、三十年來，我走遍大小宮廟，能做的都做了，能處理的也都處理了，但就是愈處理，家中的事情就愈多，而且還是接二連三的出事。不瞞你說，來宗天宮之前，我其實還有去一間神壇問事，結果還是說神桌有問題！這一次，我不想再像過去那樣魯莽行事，回家後想了好幾天，但你也知道，有些話說歸說，當人已經窮途末路時，只要眼前有一絲機會，還是會想要試試，搞不好真的是神桌有問題，才影響到家運和我的事業，如果真是這樣，那麼，不重安神桌，家運跟事業的問題不就無解？我想，說不定前四次看不到成效，是因為沒找到專業的老師，神桌根本沒有安好！所以，我下定決心，如果真的需要再安第五次的神桌，這次我要拜託你親自來幫忙安，等再久也沒關係。總之，我一定會等王老師你有時間的時候來幫我安神桌！」

聽完蔡先生的敘述，我搖搖頭，也終於了解他家安那麼多次神桌的原因，「蔡先生，謝謝你對我這麼信任，但要先跟你說聲抱歉，我現在沒有辦法答應幫你安第五次神桌。根據我的經驗，一個家庭絕對不太可能安那麼多次神桌，會安那麼多次，背後必定有原因。簡單講一個邏輯，你因為家運一直很不好，以及你本人的事業每況愈下，才前前後後安了四次神桌，前面這四次，每一位老師幫你安神桌，主因是因為你家神桌有問題，以及蔡家祖先有問題，對吧？」

蔡先生回答：「是的。」

「你都已經針對找到的問題（神桌、祖先）處理過了，可是家運和事業卻還是沒有改善，甚至問題還愈來愈多，接二連三的出事，那麼，我們是不是可以合理的推論，前幾次所找到的問題是不是都找錯了？

更具體地來說，如果根本問題找對了，解決方法也對了，照理講，你的家運跟事業應該會改善，而你今天也不會來找我了。這樣推論對吧？但是，實際情況是你今天來宗天宮找我了，那不就是你的家運跟事業沒有得到改善，既然沒有改善，不就等於根本問題還沒找到？這個概念，就像是一個人去看了好幾個醫生，症狀卻一直還在——這表示病灶根本沒有找到，病灶沒找到，就會導致用藥不對；用藥不對，才會導致這個人的症狀未能得到改善。

因此，我覺得這件事情並不單純，建議你先別急著安第五次神桌。要我幫你安神桌沒有問題，不過現階段最重要的是，先找出過去『安那麼多次神桌卻沒有效的原因』，這個原因沒找到，就算我幫你安了第五次神桌，也不會有效果。這也是我時常在教導宗天宮種子教師的重要問事觀念——原因還在，結果不會改變。」

家人橫死，事業一落千丈

到目前為止，雖然已經大致了解蔡先生家安了四次神桌的原因——他的家運跟事業長久以來一直在出問題。不過，這還遠遠不足以完全掌握整個案情。要掌握整個案情，就必須要先知道家運不好的原因。那麼，首要之處就是了解他家過去發生了什麼事，這是擲筊問事的基本程序，而這個程序也是決定問出來的結果準不準確的重要因素之一，一定要注意。

於是，我對蔡先生說：「根本原因沒找到之前，就算安了神桌也不會有效果，因為這個原因才是導致你的家運跟事業不好的主因，我不會像其他人一樣沒找到原因就幫你安神桌，所以我建議，重點應該是先找出這個原因，你覺得呢？」

蔡先生說：「王老師，我今天會來找你，就是完全相信你，我知道你跟大部分的老師不一樣，看問題以及找問題的角度非常有邏輯，我會完全配合你，你說怎麼做，我就怎麼做，萬事拜託了。」

「好，既然這樣。那麼，我先請問你，你剛說你的家運及事業長久以來問題不斷，我想了解一下家裡發生過什麼事，凡事都要知道因果關係，所謂『家運是因，反映出事業狀況的是果』，事業是受到家運所影響，一旦知道這種因果關係的關聯性，才清楚現在該先掌握哪一個重點，也就不會讓自己的分析順序顛倒混亂。正因為如此，我才會先詢問你家中發生過什麼事？」

蔡先生聽完恍然大悟說：「喔，原來是這樣，好，謝謝王老師。」

於是，蔡先生開始敘述家裡過去所發生過的事……

「王老師，事情是這樣的，我們家之前原本還算不錯，不管是家人狀況、事業或經濟，不過，有一天我正值壯年的大哥騎車外出，在路上停紅燈，綠燈亮正要開始發動車子時，忽然被一輛高速闖紅燈的車子給撞上，我哥哥身受重傷，當場昏迷，救護車緊急送醫院搶救，最後還是不治身亡。我大嫂知道消息後，悲傷欲絕，他們的孩子都還小，面對先生車禍身亡的噩耗，一時之間真的無法接受，終日在靈堂前以淚洗面，我也一樣，因大哥車禍身亡而傷心不已。

傷心之餘，我想到大嫂一個人要獨立賺錢撫養全家，便告訴自己這輩子要協助大嫂扛起重擔，幫忙撫養我的侄子、侄女，直到他們長大成人、成家立業。無奈的是，禍不單行，天也不從人願，後來我們的家運就開始起了微妙變化，坦白說就是走下坡，我自己的生意也一落千丈，我也有太太、小孩要撫養，生意不好到連自己的家庭都快照顧不了了，更別說還要幫忙照顧我往生大哥的家庭……」

講到這裡，蔡先生神情滿是哀傷與愧疚，眼眶裡都是淚水，他繼續說了下去。

「全家生活陷入困境，父母的身體又出狀況，家裡面發生那麼多事情，說真的，我也不知道該怎麼辦。有一些朋友建議我去問神，我認為這也是一個辦法，畢竟除了這條路，我也沒其他路可走了，所以，我就開始了到處求神問卜的日子。

王老師，我跟你說，我去問過的宮廟真的很多，處理過的事情數都數不清，金紙也燒過很多，更別說花的錢有多少了！可是，到現在問題完全沒有改善，甚至變得愈來愈差，問到最後，我已經失去了信心。忽然間，我心裡生出一個想法：『如果我去信仰其他宗教，會不會命運就會從此改變？我的人生會不會自此變好？』直到有一天，我在《新聞挖挖哇》上看到王老師講案例時，提到『處理問題一定要先找到問題的根源』這句話，讓我非常有感覺，自那時候起，我就認定只有王老師才有能力幫我處理。所以，這一、二年來，我一直在等你，今天終於等到這個機會，拜託老師一定要幫幫我，救救我蔡家。」

「你別這麼說，我會盡力的。」我這樣回覆蔡先生。

展開時機辨識法

關於「時機辨識法」，我在《神啊！教我如何把三個聖筊問出三個聖筊》中已經講過，這是我閉關時神明所教的一種調查案件的竅門之一，想要精準掌握整個案件的來龍去脈及事件發生的順序，就一定要學會這個竅門。

學會「時機辨識法」，不只有助於釐清事件與事件之間是否有關聯性，更重要的是，能避免指鹿為馬的荒謬事發生。一旦具備了這種邏輯能力，想要把一件案件問得很精準，就不是難事了。

問神達人的叮嚀

時機辨識法是「邏輯推論法門」中很重要的一個訣竅，許多案例都會用得到。

時機辨識法有助於釐清事件與事件之間是否有關聯性，更重要的是，能避免指鹿為馬的荒謬事發生。

另外，建立事件時間軸是問事時很重要的一個步驟，正確的時間軸可以幫助我們分析推論出根本的問題，以及事件和事件的關聯性，甚至也有助於我們進一步檢視所擲出的三個聖筊合不合理。

我接著對蔡先生說：「你剛剛已經大致說明了過去蔡家所發生的事。根據我二十五年來的問事經驗，一個家庭會有人發生意外死亡、自殺、橫死這類憾事，背後大都必有原因，才會導致蔡家家運低落、陸續發生不幸。當然，也可以進一步的推論，這是否是造成你事業一落千丈的主因之一。」

此時，蔡先生提問說：「會不會是祖先有欠點？」

我回答道：「我猜測，你之所以說祖先有欠點，應該是因為你過去有處理過你家的神主牌，既然會處理神主牌，那就是有人跟你講說你們蔡家祖先有欠點，所以你才會處理。不然，我相信你一定不敢隨便亂處理，對吧？」

「對，沒錯。」蔡先生肯定的回答。

我接著說明下去，「根據經驗，我比較確定的是，如果真的是祖先有欠點，一般來說不至於會讓子孫發生橫禍或自殺。蔡先生，你仔細想一想，子孫發生橫禍、意外、自殺，對祖先有什麼好處？自己的後代子孫發生這種不幸，祖先會快樂嗎？肯定不會。所以，我們在問事、思考問題時，一定要具備『合乎常理的判斷』能力。什麼是合乎常理的判斷？比方說，如果當時是我幫你問事，而神明又真的指示蔡家祖先有欠點，再加上你告訴過我蔡家有人意外死亡，那麼，我一定不會認為是單純的祖先欠點，而是有「外力」介入，才造成這種不幸。就算祖先真的有欠點，那也是『次因』，而非『主因』；主因是外力，次因是祖先，外力先影響祖先，然後外力再接著影響子孫（外力使祖先無法保佑子孫），所以，說祖先有欠點並沒有錯，但它絕對不是主因。這種主、次因的觀念和判斷，我們（尤其是問事人員）一定要掌握好，才不會判斷錯誤、倒果為因，甚至發生遺漏『案件裡還有更重要的線索卻沒找到』的情況。」

我繼續詢問蔡先生：「你剛剛說過去你問過很多宮廟，也處理過很多事，除了安四次的神桌和處理祖先牌位這二個我已經知道的，你還有處理過哪些呢？」

於是，蔡先生較細節地描述了這段期間的經過。

由於家裡過去二、三十年來發生了太多事，期間蔡先生也去過很多宮廟詢問，直到問到一間宮廟後，處理了家中的神主牌，他以為事情會得到解決，但家運卻一樣不好，於是又去了另一間宮廟問。這間宮廟的老師來到蔡家後說，必須打開神主牌，蔡先生就照他的話做。打開神主牌後，對方看到當中一位祖先，馬上就指著祂對蔡先生說：「你們家的家運這麼不好，都是因為這位祖先在干擾，祂剛剛跟我說，祂已經成仙了，卻沒有金身，所以祂才干擾到家中這麼不寧，目的就是要你們幫祂雕刻一個金身。」

聽完之後，蔡先生嚇了一跳，趕緊回家把老師講的話跟父親說，父親回說：「既然祖先已經成仙，要一個金身，還跟那位老師說了，那我們就幫祂雕刻吧！」

故事聽到這邊，我開始緊張起來，趕緊打岔問蔡先生：「你們最後有雕刻嗎？」

「有，我隔天馬上就去找了那位老師，請他幫忙雕刻金身。一、二個月後，金身雕刻完成，也請回家中供奉了。」蔡先生回答。

「哦……」我只應了這一聲，什麼話也沒說，只是接著問他：「然後呢？」

在供奉這個金身幾個月後，蔡先生感覺到，家中的事不但沒有解決，反而有愈來愈嚴重的趨勢，他的爸爸也一直在問：「金身都已經雕刻好了，也很誠心地供奉，怎麼家運還是那麼不好，是我們拜得不夠誠心嗎？還是說哪裡讓祂不滿意了？你要不要再去問一下？」

其實不只蔡爸爸這麼想，蔡先生也感到懷疑，都已經照祖先的話做了，怎麼家中的事情還是這麼多。所以，他去了另一間宮廟問，主訴的問題是：「都已經照著這位祖先所交代的做了，祂還有哪些不滿意的地方，或者是我們哪裡做得不夠好？」一問之下，這間宮廟的老師卻說：「你們怎麼都亂聽！過世的人怎麼可以當神，過世的人要當神就已經是不可能的事了，哪有可能還成仙？你們家運會這麼不好，主要原因就在這裡，不能胡亂雕刻金身啦，不要黑白來啦，唉呀！」

他嚇一跳，趕緊詢問老師：「那我們現在要怎麼辦？」

結果，那位老師竟然回答說：「趕快把金身丟掉，否則要出事了啦！」

「可是要丟去哪裡啊？」

「放水流，讓水沖走！」那位老師很嚴厲地說。

蔡先生聽到這樣的回答，整個人都傻了。「怎麼事情會變成這樣？一下子說成仙了，必須雕刻金身；一下子說不可能成仙，金身要放水流？」這兩個答案簡直完全相反！蔡先生當下被搞得一頭霧水，不知道該怎麼辦，只好又回去跟父親說明詢問的結果，父親了解過後對他說：「這樣喔！既然不能拜，那就趕緊把金身請走，那位老師有說要請去哪裡嗎？」蔡先生這才跟父親表示，那位老師的建議是放水流，讓水沖走。

聽到這邊，我又開始緊張了，趕緊追問：「那……你們……後來有把金身放水流嗎？」

「有，隔天一早，我馬上把金身拿去丟在河裡，最後它漂流去了哪裡，我就不知道了。」蔡先生簡短的回答。

對於事情這樣的發展，我其實已經在心裡打冷顫，真的很令人感到不可思議！不過，再細想了一下，一間宮廟說祖先成仙了要雕刻金身，一間說祖先不可能成仙要趕緊把金身丟掉，這樣天差地別的答案，難怪蔡先生會不知道該怎麼辦。

其實，不只是蔡先生，我相信很多人也有這種經驗，同樣一件事情問了好幾間宮廟，得到的答案卻都不一樣，的確會不知道要聽哪一間的。不過，就人性上來看，十之八九都會選擇聽到會讓你害怕的那一間——因為你怕會出事。

我深吸一口氣，繼續問：「接下來呢？把金身放水流之後，家中的情況是變好或變差呢？」

蔡先生無奈地回答說：「王老師，如果變好，我就不會來找你了呀！金身放水流之後，家中的情況變得更差，出的事愈來愈多。我的生意是最明顯的，之前已經很不好了，這次之後事業更是一落千丈，跌得更快，跌到我幾乎已經快生活不下去了。」

「說的也是，如果情況變好，就不會來找我了。」我點點頭，請蔡先生繼續講下去。

看到蔡先生幾乎已經快生活不下去，朋友又介紹說有一間宮廟很厲害，要帶他去。當時他對未來的路很徬徨、擔心，真的不知道該怎麼走，所以就一口答應了朋友。到了這間宮廟，蔡先生主要還是問家運和事業——其實他自始至終最在意的就是家運跟自己的事業——同時，也跟該宮廟的老師說了過去曾經雕刻金身又放水流的事。

那位老師一聽到蔡先生他們把金身放水流，滿臉驚訝，差點從椅子上跳了起來，「你怎麼可以把金身放水流！你家運不順跟事業不好，全都是你亂丟神像惹的禍，這下事情麻煩了、事情大條了！」

一聽，不安的念頭立刻浮上心頭。不會又做錯了吧！天啊，怎麼又是這樣？這到底怎麼了？怎麼每次講的都不一樣，一下子成仙要雕刻金身，他就雕刻了金身，一下子說不可能成仙要把金身放水流，他也乖乖把金身放水流，這次又說家運跟事業不順全是亂丟神像惹的禍，難道又要再雕刻一次？他小心地問：「那……我已經把金身丟了，現在該怎麼辦？」

果然和蔡先生猜的一樣，那位老師用很緊急的口氣說：「你要趕緊再雕刻一個金身，然後把丟掉的那個金身裡的神請回來，不然，你蔡家的家運跟你的事業都很難再好起來！」

蔡先生的冷汗瞬間冒出，再一次跟對方確認：「所以……還要再雕刻一個？」

「對，你現在只能這樣做了。」

聽到這個答案，蔡先生整個人簡直傻了！一直問自己說：「真的還要再雕刻一個金身嗎？還要嗎？我回去要怎麼跟爸爸講這件事？」

沒有等蔡先生把事情說完，我又打岔問他：「你又雕刻了一個金身嗎？」

蔡先生沒有說話，只有安靜地點了點頭。

「那麼，再加上這次，不就已經雕刻第二次金身了？」我滿臉不可思議地問。

蔡先生說：「對。」

「所以，現在這個金身還在你家裡供奉著？」

「沒有，這尊已經沒有了。」

蔡先生的這個回答出乎我的意料，當下我還真的沒有意會到他這句話的意思。「什麼？這尊已經沒有了？什麼意思？」

「唉……王老師，當時那位老師對我說，如果我再不雕刻第二個金身的話，我家的家運跟事業很難再好起來，我真的有被嚇到，於是，我就……就真的再雕刻第二次金身。」

「可是，你剛剛說這個金身已經沒有了啊？」我還是感到一頭霧水。

「對。」蔡先生繼續說明下去，「王老師，你知道嗎？在我雕刻第二次的金身之後沒多久，我爸爸就中風了，我爸爸中風已經讓我很難過了，隔沒多久我媽媽突然也被診斷出有腦瘤，又沒多久，我媽媽的胃長了不好的東西，除此之外，我的生意更是一落千丈……我們全家都陷入愁雲慘霧中，我真的也慌了，不知道該怎麼辦。所以，我去找另一位朋友，問他有沒有認識其他比較厲害的宮廟可以問事，後來他帶我去另一間神壇，那邊的老師告訴我要趕緊把第二次雕刻的金身燒掉，因為金身裡面沒有正神，金身燒掉之後必須再重新安神桌，這也就是我們家第四次安的神桌，所以，我才會剛剛跟老師說，這個金身已經沒有了。」

「所以你把第二個金身燒掉了？」我緊張的追問。

「對。」

「天啊！那燒掉之後，你家裡的情形如何呢？」我擔憂地問。

「金身燒掉之後，家運完全沒有變好，我的事業也到了無力可回天的地步，當中最讓我傷心的是，燒掉之後沒多久，我爸爸就往生了，近幾年，我媽媽也往生了。可以說，我們家中的問題，從以前一直不好到現在，而且現在比以前還慘。王老師，你知道嗎？這二、三十年來，我為了處理這些問題，已經花費了幾十萬，期間又經歷過父母的過世和其他家人的往生，我也已經從有希望問到非常失望，對道教失去了信心，所以我之前才會想：『如果去信其他宗教，是不是就不會有這些問題？是不是我家的命運就會改變了？』我原本是要放棄的，既然沒有辦法改變什麼，也只能認命。不過，或許是上天垂憐，我今年不只有掛上號，在參加宗天宮的中元普渡時，也有在普渡三個聖筊的名單中，讓我覺得人生又燃起一些希望。所以，千言萬語還是那句話，拜託王老師救救我蔡家！」

聽完蔡先生一家過去發生的事情，我心裡也很難過，他一個人獨自面對家中的這些苦難，奔波那麼久，不但狀況沒有改善，甚至還製造出更多難以解決的問題。我對他說：「聽你過去家中所發生的事和你處理過的那些事，說真的，除了感到很不可思議，我心裡更多的是擔心。這樣子好了，今天先來請示你家的家運好了，先看看有沒有什麼問題。至於安神桌這件事，現在反而是最不重要的了，我們把這件事擺在最後面處理。」

問神達人的叮嚀

一名問事人員，在聆聽當事人描述問題時，一定要具備的素質和態度：

❶ 當事人來問事時，首先要問清楚他想要問的問題。

❷ 培養邏輯思考，敏銳地提出問題疑問與癥結。

❸ 仔細聆聽問事者的描述並陸續整理重點，當事人所遇到的事情簡單、複雜百百種，問事人員應與當事人確認疑問與細節，避免聽解錯事情；有時也會需要針對疑問詢問當事人，是否有未描述的重要經歷細節。

❹ 問事人員提出解答建議方向時，也要同時徵詢問事者是否認同？認同才繼續進行下去──雙方對問題要先有共識，才能往下一階段進行。

❺ 邏輯推斷，大膽假設，小心求證。

我接著說：「不過，現在必須要先整理好整個事件發生的時間順序。時間軸很重要，這是我在問事當中最注重的事，一旦弄錯事件發生的時間順序，就會發生你之前遇到的那些事，比如說，之前你去宮廟問事所問到的結果，至少我就覺得有一點不合邏輯，也就是你的家運跟事業不順是亂丟、亂燒金身造成的。

蔡先生，你家運不順的時候根本就還沒有這個金身——也就是說，在金身來之前，你家早就不順了，那麼，家運和事業不順怎麼會跟金身有關連性，對吧？就算這個金身真的有問題，也是後來再製造出來的另一個問題，屬於次因，不是主因。單就這一點，我就覺得不合理，當時你可能是太緊張或太擔心了，才沒能思考到這一點。

至於事業跌得速度快，甚至後來到了一落千丈的程度，是在第一個、第二個金身之後，這一點倒是可以稍微跟金身做關聯性的連結，但應該也不是主因。」

「對耶，沒錯。在第一次雕刻金身之前，我們家就已經不順了，我當時怎麼沒想到這一點！老師，你分析問題的角度真的跟別人不同，很合乎邏輯，難怪要掛王老師問事的號這麼難掛。王老師，現在真的萬事拜託了！」蔡先生回答。

整理「事件時間軸」

「蔡先生，我再請問你。聽完你整個過程後，我先試著畫出事件發生的時間順序，應該是：在你大哥車禍往生後，家運及事業開始不好，然後你才去問出要雕刻一個祖先的金身；接著，你把金身放水流，之後又再雕刻第二次的金身，這次之後，你父親中風，母親發現腦瘤、胃長不好的東西，再來就是你的事業跌得速度更快了，甚至一落千丈；之後，你又燒掉第二次雕刻的金身，燒掉後你父親就往生了，又過了些時候，你母親也往生，這樣子對嗎？」

「對。」蔡先生回答。

好，那麼，蔡先生家這一連串的事件的時間軸是這樣的：

蔡大哥車禍身亡 → 家運及事業不好 → 第一次雕刻金身 → 金身放水流 → 第二次雕刻金身 → 父親中風、母親發現腦瘤及胃長不好的東西、生意一落千丈 → 燒掉第二次雕刻的金身 → 父親往生 → 母親往生

從這時間軸看起來，我發現幾個問題：

❶蔡先生的家運、事業和他大哥車禍身亡，都是在第一次雕刻金身之前就已經發生，由此判斷，這二件事跟後來雕刻的金身沒有關連性。

❷家中如果有人意外死亡、橫死、自殺，要知道「事出必有因」，根據時間軸來分析，這個「因」在第一次雕刻的金身前就已經存在了。

❸金身雕刻之後，蔡先生的父親、母親的身體才出問題，接著蔡先生的事業更加一落千丈，最後父、

母親接連往生。由此可以判斷，蔡先生父親、母親的身體、他的事業，跟金身的關聯性變得比較強了。不過，事業是原本就不順的，只是在金身事件之後，跌得速度才開始加快，由此可以推論，金身是次因，不是主因；前面的主因加上後面的次因，才會造成衰敗的速度加快。

❹ 綜合上述三點來做分析與歸納，至少出現二個很明顯的問題：

Ⓐ 雕刻金身之前，家運及事業不好與蔡先生大哥發生車禍身亡的原因是什麼？

Ⓑ 雕刻完金身後，家裡也確實一直持續發生問題且更惡化，所以金身確實很有問題。

我跟蔡先生仔細說明根據「時機辨識法」所初步擬出的四點分析。

「由這四點的分析可以看出，金身本身確實是一個問題，因為在金身雕刻之後，家裡面確實一直在出現狀況，除此之外，當你把這個金身放水流，第二次雕刻後又再燒掉，也確實又製造出另一個嚴重的問題。

這個金身有問題我們可以理解，但是，你大哥車禍身亡是發生在雕刻金身之前。所以，我們一定得調查，有這個金身之前，家裡到底有沒有什麼欠點，就像我剛剛所說的：一個家庭會發生這些重大意外，大部分都事出有因。所以，請問蔡先生，在你大哥發生車禍之前，家裡有神桌嗎？有其他神明的金身嗎？」

「沒有耶，我們家沒神桌也沒神明，只有拜神主牌。」

「好，那我們要再修正一下時間軸，在最前面加上神主牌。」我說。

家中拜神主牌 → **蔡大哥車禍身亡** → **家運及事業不好** → **第一次雕刻金身** → **金身放水流** → **第二次雕刻金身** → **父親中風、母親發現腦瘤及胃長不好的東西、生意一落千丈** → **燒掉第二次雕刻的金身** → **父親往生** → **母親往生**

然後繼續說：「那麼，接下來我先幫你請示宗天宮神明，看看你蔡家的家運到底有沒有問題。」

向神明請示問題何在

擬定問題的訣竅

要請示神明之前，心中一定要先擬好要問的問題，否則很容易就會發生「問神明問到一半就不知道該怎麼問下去」的情形，所以擬好要問的問題，是非常重要的。同樣的，當實際問題是什麼問出來後，接下來也要擬好「如何解決問題」的問題，這樣才是一個頂尖問事人員該有的專業素養——既有能力幫人找問題，也有能力幫人解決問題。

教導大家如何擬定「問出問題」的問題，同時也教導大家擬定「如何解決問題」的問題，這二大專業知識，就是本書最大的價值之一，同時也正是宗天第二大法門——「扭轉乾坤法門」。有心要走為神明服務這條路的人，務必要時時自我提醒，不要當那種「只懂得如何問出問題，但不會問找出解決方案」的問事人員，當然，也絕對不要當那種「既不懂得如何問出問題，也不知道如何問出解決方案」的問事人員，不論哪一種，都是害人害己也害到後代子孫！

擬定問題三訣竅

	擬定問題的訣竅	說明	「我要安神桌」案例說明
1	以事件時間軸為依據基礎	一定要根據時間軸裡事件所發生的時間順序做邏輯推論，這樣才能了解並找到真正的問題是在哪個範圍當中。	
2	找出事件的起始點	從時間軸中找出「當事人以往都沒事，而在Ⓐ哪個時間點之後、Ⓑ做了哪一件事之後，或是Ⓒ去了哪裡之後……才開始出現問題，這樣才能精準找到真正的連結點來。	雖然蔡先生的家運及事業非常不順的情況，是發生在雕刻金身之後，但是蔡大哥出車禍身亡，則是發生在雕刻金身之前，因此我們又需要確認蔡大哥出車禍身亡之前，家中有沒有早就已經存在的欠點。
3	找出事件在不同時間的問題點（亦即找出有沒有家人也出現問題）	知道當事人在Ⓐ哪個時間點之後、Ⓑ做了哪一件事之後，或Ⓒ去了哪裡之後開始出現問題，還必須調查除了當事人，有沒有其他家人也發生過一些奇怪的問題；如果有家人比當事人還要更早出現問題，那麼，時間點就還要再往前查找，因為這樣才能夠避免漏掉其他重要的問題。	雖然蔡先生的家運及事業非常不順是發生在雕刻金身之後，但蔡大哥出車禍身亡是發生在雕刻金身之前，所以就要再問蔡大哥出車禍身亡之前，還有沒有其他家人也意外死亡。如果有，事件的起始時間點就要再往這位家人意外死亡「前」追查，看看有沒有早就已經存在的「隱藏欠點」，這一點也相當重要。

我先向蔡先生說明了請示神明前三個擬定問題的訣竅，他聽完後對我說：「王老師，我之前從未見識過宗教問事有如此嚴謹的邏輯思考，真不愧是問神達人！」

我回答他說：「其實，這是我在閉關時媽祖教我的，如果能因應實際案例下去做變化應用，這種邏輯思考方式可以讓我們找到真正的問題，預防遺漏掉任何一個隱藏的問題。好，擬定問題的訣竅知道了之後，現在我就開始擬定等一下要問神明哪幾個問題。」

根據案情核心擬訂問題

切記，在設定請示神明的問題時，擬定問題的三個訣竅是主要核心，在擬定問法時，一定要同時兼顧這三大核心，以及時間軸中的每個時間點之後發生過什麼事。

這些便是設定問題的重點所在，後面我所條列出的每一個問題，都是根據這個大原則在問事前所擬定的，同時我也會讓大家知道，我在擬定問題，向神明請示這個案件問題何在時，當時的邏輯是什麼，以及我在想什麼。

此外，問事人員一定要學會靈活變化地去請示神明，不一定要按照我所寫的順序問。舉例來說，你可以不用問❶跟❷項而直接問第❸項，或是直接問神明第❻項、甚至是第❿項，以此類推。總之，你可以相互變化使用，但一定要「合乎邏輯的問法順序」，至於什麼叫合乎邏輯的問法順序，後面我會陸續說明。

主要的問法如下：

❶既然時間軸裡面涉及到家運不好，我們可以請神明出家運籤詩。
❷既然時間軸裡面涉及到事業不順，我們可以請神明出事業籤詩。
❸既然時間軸裡面涉及到家運及事業不順，我們也可以請神明出家運兼事業籤詩。

問法❶～❸主要是依照當事人的狀況做籤詩配對的問法。接著，既然從時間軸裡面已經有看出「奇怪的地方」（欠點），我們也可以這樣問（問法❹～❻）：

❹既然時間軸裡面涉及到家運不好及有欠點的疑問，我們也可以請神明出家運兼欠點籤詩。
❺既然時間軸裡面涉及到事業不順及有欠點的疑問，我們也可以請神明出事業兼欠點籤詩。
❻既然時間軸裡面涉及到家運、事業不順及有欠點的疑問，我們也可以請神明出家運兼事業兼欠點的籤詩。

如果以上六項問題都沒三個聖筊，而時間軸裡面又已經有看出奇怪的地方（欠點），我們當然也可以直接問是「什麼欠點」（問法❼～⓫）：

❼既然時間軸裡面有看出金身是欠點的疑問，我們也可以直接請示神明蔡家家運這麼不順，是不是金身這個欠點造成的？

❽既然時間軸裡面有看出金身是欠點的疑問，我們也可以直接請示神明蔡先生的事業一落千丈，是不是金身這個欠點造成的？

❾既然時間軸裡面有看出金身是欠點的疑問，我們也可以直接請示神明蔡家的家運不順以及蔡先生的事業一落千丈，是不是金身這個欠點造成的？

❿既然時間軸裡面有看出蔡大哥車禍身亡前家中只有拜神主牌，我們也可以直接請示神明蔡大哥車禍身亡是不是家中「最早那個神主牌」的欠點造成的？

⓫既然時間軸裡面有看出蔡大哥車禍身亡前家中只有神主牌，以及後來的金身有問題，我們也可以直接請示神明蔡大哥車禍身亡與後來蔡家的家運及事業不順，是不是家中「最早那個神主牌」以及金身，這二個的欠點所造成的？

如果前面這十一種問法都無法擲出三個聖筊，就要有敏感度去想到，這個欠點可能重大到必須向玉皇上帝請旨授權（問法）：

⓬如果以上十一項還是沒有問出能擲出三個聖筊的答案，依我的經驗，裡面一定有重大的欠點。所以，可以這樣問：「還是蔡家裡面有重大欠點，而這個重大的欠點必須要向玉皇上帝請旨授權讓神明指示？」如果是這項的話，那就必須要向玉皇上帝請旨。待上蒼准許之後，再繼續請示神明上面❶至❻項的問題，或是就直接請示第❼、❽、❾、❿、⓫的問題。

如果問第⓫個問題時有得到三個聖筊，那就是證實欠點有二個：神主牌與金身。同樣的，這也證實蔡家最早的那個神主牌是有外力介入的，而非單純的祖先欠點而已，因為就像我之前說的，祖先是不太可能讓子孫發生橫禍，這個時候，當然就還要問出這個外力是什麼？

再次提醒，會問「最早那個神主牌」的問題，主要是因為我們從時間軸裡發現，蔡大哥車禍身亡之前，家裡並沒有任何金身、也沒有神桌，只有拜蔡家的神主牌，而這個神主牌也只放在一張普通桌子上面而已。蔡大哥出車禍前，蔡家只有一個神主牌，因此才會針對神主牌請示神明看看是否有問題，這就是問這個問題的主要原因，同時也反映出時間辨識法的重要性。

此外，這裡還有一個重要觀念要讓大家知道，**問事人員必須要有細膩與縝密的心思，一旦在時間軸裡發現了疑點，不要嫌麻煩，務必要再請示神明，才會比較保險**，答案到底是或不是、對或不對，是神明在指示的，並不是我們人說了算。

這個案件最複雜、同時也是一般人最想不到的地方，就是導致蔡家家運及蔡先生的事業這麼不順、難以解決，是因為有「二個地方重疊了」：

❶是蔡家「最早的神主牌」，神主牌若有欠點，一定會影響到蔡家的家運。

❷後來才有的金身如果也有欠點，當然也一定會影響到蔡家家運及蔡先生的事業。

這二個地方「重疊」影響到蔡家家運及蔡先生的事業——像這樣同一個問題被重複影響二次，通常「病情都會很嚴重」，一個問題還沒解決，接著又被另一個問題影響——說白一點，就是一個傷口還沒好，又被另一個外力影響這個傷口，導致傷口潰爛得更加嚴重。這樣的案例提醒了我們，病急亂投醫的後果真的很可怕，一定要慎之又慎，三思而後行。

聽完我問事之前的整個思維架構後，蔡先生說：「王老師，這二、三十年來我走過很多宮廟，沒有一間是像你這樣分析案件的，每個環節真的都很像在辦案、在推理案件，我今天真的大開眼界了，學習到一門很寶貴的邏輯分析課程。」

我回蔡先生說：「謝謝你，其實大部分的問事觀念跟邏輯推理都是閉關時媽祖教的，等到宗天宮落成之後，我會開班授課，把這些寶貴的觀念傳承給有心想學習的人，培養出更多優秀的問事人員，來輔佐神明濟世救人，這是宗天宮建廟的願景之一，也是我個人的心願之一。現在我們已經至少擬定了十二個要問的問題了，接下來我就正式開始幫你請示神明。」

首先，第一個問題我這樣問：

「奉請宗天宮天官紫微大帝、觀音佛祖、天上聖母列位眾神，今天蔡弟子因為過去蔡家家運在這二、三十年以來一直不順，目前事業方面也一落千丈，弟子剛剛有大約整理了一下蔡家過去所發生事件的時間軸，確實有發現幾點問題，所以現在要開始請宗天宮列位眾神，請眾神明慈悲指示。是否請神明先賜蔡家的家運兼事業籤，讓弟子先了解一下蔡家家運與事業的狀況。如果神明已經答應要賜蔡家家運兼事業籤的話，請給弟子三個聖筊。」

擲筊的結果是：三個聖筊。

問神達人的叮嚀

在擲筊請示神明問題而「奉請神明」時，如果不確定如何說，可以先確定該廟的主神，如果該廟的主神是關聖帝君，那就可以說「奉請XX宮關聖帝君列位眾神」。

我為什麼會先問家運兼事業籤呢？從蔡家的過去和時間軸中，我其實知道蔡家是有欠點的，我為什麼不直接問神明有沒有欠點，甚至直接問是不是哪一個欠點呢？因為我想再多了解蔡家家運狀況的複雜程度，如果從家運兼事業籤詩中顯示出來，就能提醒自己，之後繼續問欠點時，是要從「個別問欠點」或「整體問欠點」下去問。這個「個別問」、「整體問」是什麼意思呢？之後我會說明P75。這樣的順序只是我的問事習慣，如果要直接問欠點，是可以的喔。

至於之前我強調過，要問的問題要符合「合乎邏輯的問法順序」P67，這裡用蔡先生的案子來說明。既然從時間軸知道蔡家家運跟蔡先生的事業有問題，你很可能會請神明賜家運兼事業籤詩，此時如果沒得到聖筊或只有一個聖筊，就「不能」再請神明賜家運兼事業的籤詩，一個問題重複問二次、甚至好幾次，是問事的大忌，也是不合乎邏輯的問法順序。神明已經沒有要賜家運兼事業籤詩了，**千萬不要再問一模一樣的問題**，我看過很多人最後雖然有問出三個聖筊，但那是相同的問題重複問好幾次的結果──這種答案百分之百一定不準確，大家務必牢記這一點。

相對的，如果一開始請神明賜家運籤沒有任何聖筊，請示賜事業籤也沒有任何聖筊，那就可以問神明是否有要賜家運兼事業的籤詩，答案也許就會有三個聖筊——這當中的邏輯是：神明要同時指示家運跟事業這二個項目的事，因為這二個項目互相牽連。這樣才是「合乎邏輯的問法順序」哦！

我對蔡先生說：「既然神明要賜你家運兼事業的籤詩，那我們先把籤詩抽出來再說。」

神明總共賜了二支籤詩，第一支丁酉籤，第二支丁卯籤，二支籤詩配對在「家運兼事業」，這表示神明指示：❶籤詩只能往家運和事業的方向下去解；❷蔡先生的事業跟家運的確有牽連。

第❶支

丁酉籤

姜太公渭水河釣魚、姜子牙為武吉掩卦

欲去長江水闊茫，前途未遂運未通，如今絲綸常在手，只恐魚水不相逢。

解籤歸納：目前不宜，問題重重

第❷支

丁卯籤

朱弁落冷山、孫悟空大難水災

前途功名未得意，只恐命內有交加，兩家必定防損失，勸君且退莫咨嗟。

解籤歸納：欠點

抽到這二支籤詩後，我對蔡先生說：「這二支籤詩果然在指示，蔡家家運和你的事業確實是受到欠點所影響。此外，欠點可能是二個或二個以上，至於是什麼欠點、幾個欠點，都還要再請示過神明，現在，我先幫你解這二支籤詩。

首先，神明要告訴你，不僅你的家運很低迷，事業也很不如意，你目前的情況就彷彿身處大海當中，茫茫看不清楚方向，所有的問題（欠點）就好像一團絲線交纏在一起，錯綜複雜，甚至已經到了打結的地步——『如今絲綸常在手』這個詩句，就是指欠點多到像一團絲線打了好幾個結，所以我剛剛才會說欠點有二個或二個以上。而且，就是因為這些錯綜複雜的欠點，才導致蔡家家運和你的事業都很不順，就像魚離開了水而無法生存那樣；只要這些欠點還存在，你的家運跟事業就不會好轉，所以勢必要找出欠點並加以解決。要解決問題，最重要的關鍵就是把這些打結的欠點解開，而且是從那個『最主要的癥結點』開始解，把這個主要的結解開，剩下的結自然就會跟著解開；結一旦解開，家運跟事業要重見光明便指日可待了。」

我繼續對蔡先生說明：「從神明所賜二支籤詩的內容來看，跟你描述家裡過去發生與處理過的情況，以及我剛剛所整理時間軸裡的情形有吻合，蔡家的家運跟你的事業確實是被欠點影響到，而且欠點也許有二個，甚至更多。」

蔡先生很緊張地問：「王老師，那現在我該怎麼辦？」

「蔡先生，你先不用擔心，我們現在就來找出這些錯綜複雜、已經打結的欠點，就如同神明所說的，如果不先找出這些欠點並且好好處理，你的家運跟事業就不會好轉。」

蔡先生點點頭，「好，那就拜託王老師了！」

欠點有好幾個?!正式請示欠點

大家是否還記得，前面我先請神明先賜蔡家家運兼事業籤的主要原因嗎？因為我認為籤詩可以顯示蔡家家運的複雜程度，好提醒自己後續要問欠點時，該從「個別問欠點」或是「整體問欠點」下去問？現在我就來跟大家解釋。

當我們從時間軸中觀察到這個案情很單純，那麼，問欠點時就可以個別問是不是這個欠點；相對的，如果從時間軸裡觀察到這個案件很複複雜，以蔡家的例子來說，至少我們會懷疑神桌、祖先、金身這三個欠點，那麼就可以「整體問欠點」，也就是說這三個欠點一起問——這是當年我閉關時，神明傳授如何問欠點的一個重要技巧。

媽祖教導我：「弟子，如果你察覺到一個案件裡面有二個以上的欠點，你可以用『整體問欠點』的方式請示神明，也就是用你的智慧來節省很多問事時間，至於你問的答案到底是不是、對不對，這統統都是由神明來回答，並不是由人說了算。」

蔡家這個案件，我就察覺到至少有三個欠點，所以我是用「整體問欠點」的方式來請示神明。

我是這樣問的：

「奉請宗天宮天官紫微大帝、觀音佛祖、天上聖母列位眾神，剛剛神明已經賜蔡弟子家運兼事業籤詩，二支籤詩裡已確定蔡家的家運及蔡弟子的事業確實是受了欠點影響，而且欠點不只二個，甚至已經錯綜複雜到打結的地步。所以，現在請宗天宮列位眾神慈悲指示，這些欠點到底是什麼？這些欠點是不是祖先、神桌、燒掉的金身這三個？如果是這三個欠點的話，請給弟子三個聖筊。」

擲筊的結果是：二個聖筊。

二個聖筊代表答案接近百分之八十，至於其餘百分之二十是什麼呢？有可能是「不只三個欠點」，也有可能「只有二個欠點」。神明不會講話，所以我們一定要有足夠智慧去揣測神明在想什麼，要揣測神明在想什麼，就要用刪除法來交互擲筊測試，解讀得到的筊數來找出端倪，最終答案一定會出來。

什麼是「刪除法來交互擲筊測試」，舉例來說，我最原始問的祖先、神桌、燒掉的金身這三個欠點，所以我們可以用三個欠點相互增（可能有更多欠點）、減（可能欠點沒有那麼多），來列問題請示神明。以下幾個問題就是當時我用刪除法所擬的四個問題。

❶可能不只有這三個欠點，而是祖先、放水流的金身、燒掉的金身、神桌這四個欠點，因為放水流的金身也有可能是一個欠點。

❷可能不只有這三個欠點，而是祖先、燒掉的金身、神桌、風水這四個欠點（為什麼加入風水這個選

項？因為蔡大哥及蔡先生父母都是在家中有欠點的那段時間內往生的，難保往生後所處理的風水不會出差錯，所以問風水也是很合理的）。

❸可能只有祖先、燒掉的金身這二個欠點，至於放水流的金身、神桌本身並沒有欠點。

❹可能只有祖先、放水流的金身這二個欠點，而燒掉的金身、神桌本身並沒有欠點。

於是，根據這四個問題，我繼續請示宗天宮神明：

「奉請宗天宮天官紫微大帝、觀音佛祖、天上聖母列位眾神，還是這些欠點是祖先、神桌、放水流的金身、燒掉的金身這四個，如果是這四個欠點的話，請給弟子三個聖筊。」

擲筊的結果是：沒有聖筊。

當我加入「放水流的金身」的欠點元素進去，卻沒有任何聖筊，那就代表神明不是指放水流的金身，那百分之二十講的不會是放水流的金身。所以，我接著這樣修改問法：

「還是這些欠點是祖先、燒掉的金身、神桌、風水這四個欠點，如果是這四個欠點的話，請給弟子三個聖筊。」

擲筊的結果是：三個聖筊。

加了風水的選項後，三個聖筊出現了，我立刻詢問蔡先生：「你父母親跟你大哥是土葬還是火化進塔的？」

「是火化進塔的。」

「好，既然是火化進塔的，那麼，欠點應該是在講方位的問題。現在，導致你家運不順和事業一落千丈的四個欠點已經找到了，接下來，我再請示神明看看還有沒有其他的欠點，以防有漏掉的欠點沒找到。」

我繼續請示宗天宮媽祖，「奉請宗天宮眾神，除了這四個欠點——也就是祖先、燒掉的金身、神桌、風水——以外，還有其他欠點嗎？如果有的話，請給弟子三個聖筊。」

擲筊的結果是：沒有聖筊。

沒有聖筊，就表示沒有其他欠點了，接下來最後一個步驟，就是詢問神明還有沒有其他指示。於是，我繼續請示神明：

「奉請宗天宮天官紫微大帝、觀音佛祖、天上聖母列位眾神，現在蔡家四個欠點都已經找到了，眾神明還有其他指示嗎？如果有其他指示的話，請給弟子三個聖筊。」

擲筊的結果是：二個聖筊。

問神達人的叮嚀

問有無其他指示時，如果出現二個聖筊跟三個聖筊，其中差別何在？問事二十多年以來，我認為這種問題是最難問的，因此，接下來就要教大家：當問神明是否有其他指示，而得到了「有其他指示」的筊數（二筊或三筊）時，該怎麼繼續問下去？

我們在擲筊問事時，在所有問題都已經請示結束之後，最後就是要問神明還有沒有其他的指示，此時，大家一定會遇到以下情況，有時候會出現二個聖筊，有時候會出現三個聖筊，當然，也會完全沒有聖筊或一個聖筊，這很簡單，就代表沒有其他指示了。但是，如果神明給我們的是二個聖筊或三個聖筊，那麼，我們就要知道神明給二個聖筊跟三個聖筊的差別在哪裡，這樣我們才可以抓到方向繼續問下去。

當你問是否有其他指示時，如果得到二個聖筊，便是以你問的上一個問題再延伸問下去；如果是三個聖筊，就代表這個其他指示跟上一個問題沒有關係，神明要講的是另一件事情。

以蔡家所問的問題為例，問有無其他指示時出現二個聖筊，那麼，這二個聖筊就表示在講「欠點的延伸」。說真的，這個訣竅還滿難用文字敘述讓所有人完全明白我想表達的內涵，需要等到宗天宮開班授課時，用面授方式才能夠教到精髓，因為這必須配合當時的案例、上一個問問的是什麼問題來說明，至少要看過二十個案例以上的教材，才能吸收到精髓。

不過，觀念一定要先知道：**當你問是否有其他指示時，如果得到二個聖筊，便是以你問的上一個問題再延伸問下去；如果是三個聖筊，代表這個其他指示跟上一個問題沒有關係，要講的是另一件事情。**

在蔡家的事情上，請示神明「是否有其他指示」時得到二個聖筊，表示就上一個問題再延伸問下去，上一個問題是問欠點，所以神明要講的就是「有關欠點的事」再延伸。注意，這件事絕對不會「還有其他欠點」，為什麼呢？因為我們已經問過是否還有其他欠點，而且神明也沒有給任何聖筊，這就表示已經沒有其他欠點了——這個觀念，大家一定要搞清楚！

回到蔡家的案例，出現了二個聖筊，便是在講「欠點的延伸」，之前我們問到的欠點有四個，所以接下來，我們就針對這四個欠點去做延伸。於是，我進一步思考：祖先、燒掉的金身、神桌、風水這四個欠點當中，有哪一個是神明比較有可能會再特別交代的？

以我過去的經驗，祖先跟燒掉的金身是比較需要注意的，其他二個還好，神桌頂多是退掉再重新安座，風水則是重算方位再進塔，就複雜程度來說，神明最有可能有其他交代事項的，應該是祖先和燒掉的金身。燒掉的金身裡如果有外陰進入，那就會是一個嚴重的欠點，神明是不是要講這方面的事呢？祖先的重點，則是在於除戶，難道神明是想提醒除戶方面的事？二者都有可能，所以，我必須直接請示神明，確定神明到底指的是什麼。於是，我開始請示：

「奉請宗天宮天官紫微大帝、觀音佛祖、聖母列位眾神，其他指示是不是在講這個燒掉的金身，如果是的話，請給弟子三個聖筊。」

擲筊的結果是：沒有聖筊。

燒掉金身沒有聖筊，於是我繼續請示：

「還是這個其他指示是在講祖先這方面，如果是的話，請給弟子三個聖筊。」

擲筊的結果是：二個聖筊。

出現二個聖筊，代表是祖先方面的問題了，於是我進一步請示：

「奉請宗天宮天官紫微大帝、觀音佛祖、聖母列位眾神，這個其他指示是不是在講祖先除戶這方面，如果是的話，請給弟子三個聖筊。」

擲筊的結果是：二個聖筊。

出現二個聖筊，表示是祖先除戶方面的問題，於是我繼續請示：

「奉請宗天宮天官紫微大帝、觀音佛祖、聖母列位眾神，還是在講祖先除戶這方面要仔細核對，裡面會有一個看不見的大隱情，如果是的話，請給弟子三個聖筊。」

擲筊的結果是：三個聖筊。

三個聖筊終於出現了，原來神明的其他指示，講的就是除戶裡面會有一個看不見的大隱情。這裡要注意了，神明會做這樣的特別交代，一定有祂們的原因跟考量，所以，接下來在核對除戶時，就一定要特別小心地去檢視。

階段性的歸納與整理

我對蔡先生說：「問到現在，我先把整個問事過程做一個歸納整理，這樣你對整個問事過程才能夠更清楚。首先，你蔡家的家運跟你的事業這二、三十年來的不順，主要是由四個欠點所造成的，也就是祖先、燒掉的金身、神桌、風水。雖然欠點看起來很多，不過，神明如果可以找到問題，就一定有解決的辦法，這一點你倒是不用擔心。

神桌和風水這二個欠點，我們放到後面處理，現在要請你先去申請除戶證明，然後趕緊拿給我，我們會盡快核對，因為剛剛神明有指示，除戶裡面有一個看不見的大隱情，其他三個欠點神明都沒做特別指示，所以我想，除戶裡面一定有大問題。因此，我們把核對除戶列為第一個要處理的事，第二再處理燒掉的金身。

蔡先生，你現在先去申請除戶，然後回家把家裡神主牌內的資料抄下來，再連同除戶資料一起給我們，其餘那三個欠點，我們之後再一個一個解決。」

蔡先生說：「好，我等一下馬上去申請除戶證明，很感謝王老師今天的幫忙，讓我們蔡家又有了一線機會，從最開始到現在，我真的大開眼界，我之前去問的宮廟，都沒有像這樣把問題一一抽絲剝繭跟做邏輯推論的。

不瞞你說，其實到現在我還是感到非常震撼，也十分敬佩，老師你把科學觀念融入在宗教問事上面，二者結合，真的是獨一無二，現階段的宗教問事，真的要像你這樣，宗教的素質才會提高，再一次感謝王老師。」

「你客氣了，今天幫你問事，用的都是媽祖、眾神教我的觀念，我也希望把這些觀念再傳承下去，讓後代有心想為神服務的人學到一些更深入的問事技巧。」我回答蔡先生。

蔡先生的案件，到目前為止已經找出了四個欠點，神明也特別指示，除戶裡面要注意一個看不見的隱情。

神明的這個交代，讓我一直耿耿於懷，所以我一直提醒自己，蔡家的除戶一定要仔細的檢視與核對，千萬不能有任何遺漏的地方，否則不只處理起來沒有效果，甚至還有可能會前功盡棄。

宗天宮在處理祖先問題時，有獨門的處理八步驟，蔡家處理祖先的過程，也是經過這八個步驟，下面我會一一跟大家詳細解說這一系列曲折又離奇的過程。

開始處理祖先的問題

獨門的祖先處理步驟

把靜態的資料證據做動態的連結推論

大家千萬要記住，核對除戶是一門非常重要的技術，不只需要有一顆細膩的心，更需要有嚴謹的邏輯推論能力。

處理祖先事宜，絕對不只是根據除戶證明上面的資料去請示神明而已，這是非常膚淺的見解——只看到表面的問題。我們一定要學會從除戶裡面去「推論」（Inference），找到根本原因，才能根治問題——因為事情並不總是它呈現出來的那個樣貌，一定要學會如何把靜態的資料證據做動態的連結推論。這一點，比什麼都重要，祖先問題能不能處理好的關鍵，九八%決定於這份除戶資料的「完整推論性」。

以蔡先生這個案例，便是學習核對除戶非常好的一個範例，更重要的是，我想藉這個案例讓大家知道，我們核對除戶的方向是什麼？核對除戶時，我們又在想什麼？

針對核對除戶，宗天宮已經規劃好一門「除戶核對技巧課」，只待宗天宮落成後，就可以正式教學。這二十五年來在處理祖先欠點方面，各種複雜程度的除戶，大部分我都遇過了，所以可以肯定的說，這是要成為一名問事人員前的「必修課程」，問事人員如果不會核對除戶，根本沒有資格幫人處理祖先的欠點問題。

未來宗天宮正式開設這一門課，學習者務必好好地上這門必修課，這個課程是一門系統性課程，缺一堂課很有可能就會前後銜接不上，因此上這門課的學生不准缺席、不准翹課，也不准被當！也許大家會問：「王老師，可以請假嗎？」請假當然可以，但請假不准再用「我女朋友的奶奶常常往生」這個非常令人傷心到想要哭哭的荒謬理由，記住了喔！

在還沒開班設課前，我可以在這裡先教大家，一旦神明指示祖先有欠點時，後續要怎麼處理、除戶要怎麼核對的基本概念，至於更專業、深入、錯綜複雜的除戶，就只能留到開班時再教授有心學習這門學問的人。因此，這個章節非常重要，可以說是除戶核對的預修課程，希望大家在閱讀這個部分時務必要專心。

這個技巧是我當年閉關時媽祖所教的，我一直運用到現在，加上這幾年宗天宮媽祖及宗天宮開基地藏王菩薩又再教我一些更深入的技巧，我把之前既有的技巧結合了這幾年神明所教授的更深入進化知識，便成了宗天宮獨門處理祖先的步驟。

處理祖先八步驟

❶先申請除戶證明 →
❷把家中目前神主牌裡面的資料抄下來 →
❸開始核對除戶，把核對結果記錄在核對表格上 →
❹根據除戶核對結果正式請示神明 →
❺依據正確除戶資料請示完神明後，重新寫正確的神主牌 →
❻正式祭拜並請祖魂回來依附在神主牌內 →
❼請示神明，祖先是否都已經回來、是否已經圓滿，這一定要有三個聖筊 →
❽如有三個聖筊，代表祖先正式處理圓滿

這八個步驟缺一不可，因為每個步驟環環相扣，一旦缺少一個步驟，勢必會造成程序及證據鏈中斷，這樣就會影響到處理效果。在核對除戶的過程當中，一定會發現一些疑點，這時候，我們會隨時用電話跟當事人作進一步的了解及詢問，所以過程是需要一些時間的。

如果信徒嫌麻煩，不想配合那麼多繁瑣的步驟，一心只想求簡單、快速處理，而不想根治處理的話，那麼，可以去找別人處理，一切隨緣，不強求。若果真如此，我們就不會再幫這位信徒處理祖先的事，因為宗天宮要處理就要處理得有效果，更要對得起自己的良心。

——核對除戶五步驟

蔡先生回去之後，當晚就先把家中神主牌的資料抄下來，隔天早上立刻到戶政機關申請除戶證明，再連同神主牌資料拿到宗天宮給我們。

我們一拿到資料，便開始排入核對行程，正式著手進行核對。我對蔡先生說：「蔡先生，如果在核對除戶的過程當中有發現疑點，我們會打電話跟你釐清一些問題，希望你不要嫌麻煩，如果你只想要快速處理好，我們就沒辦法幫你處理了。」

「不會，不會，王老師，我一定會遵照你的指示來做，我已經等了好幾年，好不容易才等到讓老師你處理，我會按照你的程序來做的。」蔡先生回說。

我點頭說：「好，既然這樣，我們會開始安排核對你的除戶資料，核對完成後再通知你來正式請示除戶。」

步驟❶以一個人為基準，追溯釐清歷代直系祖先與其旁系親屬

核對除戶一定要先以「一個人為基準點」開始核對，蔡先生的爸爸已經往生。我們必須先知道蔡先生的爸爸是哪一位，這個可以問當事人，確認以後，就可以從蔡先生的爸爸開始核對，除戶資料裡面一定會有。

確定基準點蔡爸爸之後，接著查蔡爸爸的配偶是誰，根據除戶上面的資料，我們發現蔡爸爸在娶蔡媽媽之前，已經娶了一位外籍太太，名字叫安娜，安娜往生後，才再娶蔡媽媽的，所以蔡媽媽是第二任妻子。到目前為止，蔡爸爸、蔡媽媽這一代就算核對完成，不過，安娜是否有孩子必須問清楚，因為除戶當中並沒有這方面的資料。

在蔡先生家，蔡爸爸是第三代，當基準點（第三代）完成後，接著再往上追溯一代追查。除戶資料上會有「父母欄」，我們可以從這個欄位知道蔡爸爸的父、母是誰——即蔡先生的阿公、阿嬤——這就是第二代。

以此類推，蔡爺爺的父母欄就是蔡曾祖父和蔡曾祖母，這就是蔡家的第一代。

蔡家的除戶資料裡只到蔡曾祖父母這一代，這是日據時代留下來的資料，再上去就查不到了。由此推論，蔡先生是蔡家的第四代。

步驟❷ 清查歷代直系祖先與其旁系親屬資料中是否有「倒房」的記載？

查是否有「倒房」這一點很重要。除戶資料裡會有備註欄，備註欄上面會記載XXX死亡，核對人員要特別檢視備註欄上這位寫XXX死亡的出生年和死亡年。

蔡先生的除戶資料裡，顯示蔡爸爸有一位弟弟和一位妹妹倒房；弟弟生於民國二十六年，民國二十九年死亡，所以，弟弟就是三歲死亡；妹妹生於民國二十八年，民國三十年死亡，所以，妹妹就是二歲死亡——女生的倒房又叫「姑婆」。

男生往生統稱叫「考」，女生往生稱之為「妣」，這二位倒房是蔡爸爸那一代，是蔡爸爸的兄弟姊妹（蔡先生的小叔叔、小姑姑），因此是屬於第三代的倒房。此外，小時候就夭折的寫「亡故考」或「亡故妣」，後面我會仔細教大家正確的寫法 P159。總之，在核對除戶的時候，所有的備註欄都要檢視一遍，以免忽略掉重要線索。

步驟❸ 詢問當事人是否有除戶資料未記載的倒房事件？

有一種倒房「一定」要詢問當事人：在過去，有時候生下來的小孩沒多久就夭折，而家人通常會沒報戶口就草草火化或埋葬，甚至是交由葬儀社處理，但不知道是怎麼處理的，最後連埋在哪裡都不知道——以上這些，都是很嚴重的欠點。因此，我們在核對除戶的時候，一定會問當事人，以前祖先有沒有那種生下沒多久就夭折也沒報戶口的情形。

如果有，那一定要處理。但有時候，連當事人也「不清楚或不知道」，那也沒關係，我們可以請示神明。

總之，一定要問有沒有這種情形，以避免有漏掉的倒房，如果不幸漏掉了，就算處理好其他的祖先問題也沒多大功用。所以，一定要問一下比較安心，也較能對得起自己的良心。

步驟❹ 查明歷代直系祖先與其旁系親屬是否有離婚、失蹤者，以及這些人是否算倒房？

根據蔡先生所提供的除戶資料，我們還看到一位女士記載「死亡」，根據父母欄，我們知道她是蔡先生大哥的女兒，其備註欄上面寫著「離婚」。

請注意，凡是寫離婚的（日據時代可能是寫「離緣復戶」或「離緣復籍」），都要再問當事人，這位離婚的女性後來有無再婚、有無後代，如果年代已久沒有人可以問了，最好要請示一下神明這位需不需要處理。

為什麼要問這個問題呢？

因為如果沒有再婚，也沒有子嗣，那麼，這位就某種程度來看便等同於「倒房」，就算不是當事人的直系，我們也會幫忙處理，不然也會成為無主神主。

這類備註欄寫「離婚」、「離緣復戶」或「離緣復籍」的情形，宗天宮遇過非常多次，除此之外，還有「離婚後再婚也有再生孩子」、「離婚後沒再婚，但有跟別人生小孩」、「離婚後沒再婚，但跟別人生小孩後自殺」、「離婚後招贅一位先生進來（俗稱『招夫』），跟招贅進來的先生有生小孩，後來把這位先生趕出去，再招贅一位先生，然後也生了小孩」等等，真的不勝枚舉。

對於這些案例，大家是不是覺得很複雜？就是很複雜，神明才會指示「祖先有欠點」；也是因為就是那麼複雜，才會要問事人員學核對除戶。道理就是這麼簡單！但也不用擔心，再怎麼複雜，宗天宮都有辦法從靜態的除戶資料，一一抽絲剝繭做動態的連結推論，更有辦法幫你一一解決。

以上四個步驟只是基本的技巧，如果你核對的除戶裡只有這四個步驟，那真的可以算是一份簡單的除戶！不過，我們不可能永遠只會遇到簡單的除戶，多少都要面對到千奇百怪的除戶，因此，如果想要成為問事人員，更高深的核對技巧是一定要學習的。比方說，我們也曾經以長男、次男這種出生別下去追查到令人乍舌的真相。然而，只用文字敘述的方式來說明，實在很難讓大家領略所有的奧妙，因此，還是要開班授課時親自來上課，才能真正學到精髓。

步驟❺交叉比對神主牌裡的資訊

完成步驟❶至步驟❹後，蔡家的除戶基本輪廓就已經出來了。接下來，就是把核對的結果寫在核對表格上面，核對表格如下頁所示（因名字個資問題，以下皆使用化名）。然後，我們要將「處理祖先八步驟」中第二個「把家中神主牌裡面的資料抄下來」的資料，即當事人家中神主牌裡目前拜的那幾位祖先，寫在表格最上方「已奉祀祖先」欄位中。

最後，我們要交叉比對這些資料，如果當中有問題，就可以看出來——這一點非常重要，也是一定要做的步驟。

以蔡家的除戶表格來看，蔡家大房（蔡大哥這房）該拜的直系血親只有四代八位，分別是：蔡曾祖父、蔡曾祖母、蔡祖父、蔡祖母、蔡爸爸、安娜、蔡媽媽、蔡大哥。

如此一來，蔡家祖先基本的二大問題就很明顯了。

❶在已奉祀祖先那一欄，直系血親中的第一代蔡曾祖父、蔡曾祖母並沒有在神主牌裡面，代表蔡家並沒有拜到第一代的祖先。

❷在已奉祀祖先那一欄，還多出四位沒有出現在除戶資料裡面的祖先，分別是林小明、陳阿美、趙小天、石阿英，這四位是不該拜的祖先，以防萬一，我們需要詢問當事人蔡先生這四位的來歷。

——發現除戶疑點

到目前為止，已經完成了核對蔡家除戶資料的步驟，接著就是要把疑點記下來，待蔡先生下次來時詢問他本人，並且正式請示神明蔡家祖先的問題。

宗天宮除戶核對表

已奉祀祖先（神主牌位奉拜方式：　　　　　　　　）

蔡祖父　蔡祖母　蔡爸爸　安娜　蔡媽媽　蔡大哥　林小明　陳阿美　趙小天　石阿英

考	第一代	妣	
蔡曾祖父		蔡曾祖母	

考	第二代	妣	
蔡祖父		蔡祖母	

考	第三代	妣	
蔡爸爸	安娜	蔡媽媽	蔡小叔叔三歲死 蔡小姑姑二歲死

考	第四代	妣	
蔡大哥			

考	第五代	妣	
			蔡大哥女兒

第五代蔡女士（除戶記載離婚者，需調查是否有再婚、有無後代）

其他：

信徒姓名：

電話：

地址：

臉書帳號：

核對：　　　　　　核對日期：　　　　　　覆核：

根據蔡家的除戶核對資料，需要釐清的疑點有：

❶蔡爸爸的第一任外籍太太安娜往生前是否有後代？

❷林小明、陳阿美、趙小天、石阿英這四位是誰？為什麼會寫進神主牌裡面拜？

❸第三代的蔡小叔叔跟蔡小姑姑這二位倒房，之前是否做過任何處理？

❹第五代離婚的蔡女士（蔡大哥的女兒）有無再婚？有無後代？

這四點都是我們在核對蔡家除戶時看到且必須要釐清的疑點，此外，大家不要忘記了，**宗天宮媽祖指示要注意除戶裡有一個看不見的大隱情**，所以，我在思考的是：「難道這個大隱情就藏在這四個疑點當中？或是在這四點之外？」總之，神明指示的這句話我一直放在心上，小心翼翼檢視著除戶資料裡的每個隻字片語。

上吊自殺的大媽

核對完除戶大約二個禮拜後，便正式通知蔡先生來宗天宮請示祖先除戶的事。當天一早，蔡先生如約而來，並坐到我旁邊。

待他坐定，我對他說：「蔡先生，除戶資料已經核對完成，首先要讓你知道核對的結果，還有在核對除戶時發現的幾個問題，這些問題需要當面跟你釐清與確認，如果這些問題沒有釐清，等一下請示神明蔡家除戶問題時，精準度一定會有很大的誤差。」

除戶核對的結果是：蔡家第一代祖先是蔡曾祖父，娶蔡曾祖母，然後生第二代的蔡祖父，蔡祖父娶了蔡祖母，然後生第三代的蔡爸爸。「好，到這裡，除戶資料有記載你爸爸先娶一位外籍太太，名叫安娜，安娜往生後才再娶你媽媽。第三代的蔡爸爸生了第四代蔡大哥，也就是你大哥。因此，蔡家，也就是你大哥這一房，該拜的祖先是四代，含括你大哥在內，總共是八位祖先。」

問題是：蔡家目前在拜的神主牌裡，有四位並沒有在除戶裡，分別是林小明、陳阿美、趙小天、石阿英，而第一代祖先蔡曾祖父、蔡曾祖母該在裡面卻沒在裡面——第一代祖先該寫進去卻沒寫。

「好，蔡先生，多出來的這四位，你知道是誰嗎？」我問蔡先生。

「這……王老師，這四位我不知道是誰耶。」蔡先生搖搖頭。

「不知道是誰，那為什麼會把他們寫進去呢？」我繼續問。

蔡先生說：「我也不知道，當初這個神主牌是從我們堂哥那邊抄過來的，那邊寫怎樣，我們就直接抄過來。」

「嗯，我知道了，大部分的人都是這樣做——從其他長輩那邊的神主牌直接抄過來，從沒想過如果那邊是錯的，這邊抄過來的也是錯的，於是錯的神主牌又傳給下一代，下一代就跟著繼續錯下去。錯誤的神主牌就這樣傳了下去，而沒人知道當中錯誤的循環。」我繼續說：「蔡先生，你不是有處理過一次神主牌嗎？當時沒發現這個問題嗎？」

蔡先生說：「沒有耶，當時那位老師處理的時候，就只有把神主牌裡面的資料重新再寫一次，沒有像這樣先申請除戶然後再核對。」

「只有重寫的話，其實不算是處理，因為沒先找到錯誤的地方就重寫進去，還是一樣跟著錯！沒關係，這回我就一次幫你解決。」我繼續對蔡先生說，「除戶資料裡有記載，你爸爸這一代裡有二位倒房，一位是男生三歲死亡，一位是女生二歲死亡，是你爸爸的弟弟、妹妹，依輩分你要稱這二位叔叔及姑姑，這二位你知道嗎？以及過去有處理過或立過牌位嗎？」

蔡先生回答：「這二位我不知道耶，沒聽說過。」

「好，既然你不知道，就一定沒有處理過，既然這樣，就要請示神明這二位要如何處理。」我對蔡先生說，「蔡先生，目前為止我們已經確定，蔡家有缺第一代的祖先、多出四位不該拜的祖先，以及這二位倒房，接下來我還有二個問題，一個是這位離婚後死亡的蔡女士，一個是你爸爸的第一任太太——安娜。」

我指著核對表問蔡先生說：「第五代有一位蔡女士離婚後死亡，我們看這位蔡女士的父母欄上面父親的名字是你大哥，所以，這位離婚死亡的蔡女士是你大哥的女兒，也就是你的侄女，對吧？」

「對，沒錯，是我侄女。」

「那你侄女有後代嗎？」我接著問。

「沒有，我侄女離婚後回家，沒多久就自殺了。」

「啊？自……自殺？」

「對，王老師，我侄女離婚後回娘家，沒多久精神狀況就開始不穩定，然後某一天就在住處的頂樓跳樓身亡。我大嫂真的很難過，早年喪夫，晚年喪子，我真的很可憐我這位大嫂，她這一生真的很坎坷，唉。」蔡先生傷心地搖搖頭敘述著。

聽蔡先生這樣說，我心裡在思考：離婚後命運就歸娘家，又是自殺的，沒有再嫁也無後代而往生，在某種程度上也算是倒房。那麼，這個家裡有一位意外死亡，一位是自殺死亡，而且還是父女，這件事真的是不單純。

因此，時間軸上面的事件我必須再更新第三次了。更新如下：

家中拜神主牌 → 蔡大哥車禍身亡 → 家運及事業不好 → 第一次雕刻金身 → 金身放水流 → 再第二次雕刻金身 → 父親中風、母親發現腦瘤及胃長不好的東西、生意一落千丈 → 燒掉第二次雕刻的金身 → 父親往生 → 母親往生 → 蔡大哥女兒離婚後跳樓自殺

「好，你侄女的情況我清楚了，最後就是你爸爸的第一任外籍太太，叫安娜的這一位，她有後代嗎？」我接著問蔡先生。

蔡先生對我說：「我這位大媽也是自殺，是上吊自殺。」

「蛤！也是自……殺，上吊自殺？是發生什麼事嗎？不然怎麼會上吊自殺？」我訝異地問。

這個時候，蔡先生才落寞地一一敘述他這位大媽過去所發生的事，是他從母親那邊聽來的……

蔡爸爸早年是一名船員，有一年，他跑船到國外的某一個島，在那邊認識了島上一位酋長的女兒，名叫安娜。這位酋長本身會一些巫術，專門為島上的村民處理一些法事，其中，他還會使用一種稱為血咒的巫術，這種血咒專門挑月圓當天晚上的十二點（也就是陰陽相隔的時候）施法，此時法力會最強大——蔡爸爸在那個島上親眼看過這位酋長施行血咒，當時島上有一位村民身染一種傳染病，據說無藥可醫，他在病得很重、幾乎奄奄一息時，被其他村民抬來找這位酋長。

酋長看了看這位奄奄一息的村民，然後用雙手摸他的額頭，當酋長的手摸到這位村民的額頭時，身體忽然像發抖一樣，頭晃得很厲害，就像被附身的樣子。事實上，這位酋長真的開始像被附身一樣大叫，口中念念有詞。

這件事情剛好發生在月圓當天的晚上，大叫聲驚動了村民，大家一窩蜂的跑到酋長家看個究竟，蔡爸爸當時就住在酋長家旁邊的一間小屋裡。

圍觀的村民愈聚愈多，差不多到晚上十二點時，酋長拿了二碗血，但不知道裡面是什麼血。酋長將其中一碗給了他女兒安娜，然後端起另一碗往口中含一口血，手指著月亮比來比去；安娜就跟在酋長旁邊，同樣口中也含一口血。然後，酋長站在這位奄奄一息的村民頭部上方，安娜則站在村民的腳下方。

酋長指著月亮比畫完後，把口中那口血往村民臉上噴，接著換安娜噴，她則是把血噴在腳部。這個動作一直持續了大約十幾分鐘，最令人不可思議的是，每噴一口，這位生病的村民就用一種很淒厲的恐怖叫聲哀號，那種哀號很像是狗在吹狗螺——凹嗚凹嗚的那種聲音，而且音調很高，頻率又快。

十幾分鐘後，那位生病的村民漸漸平靜了下來，那種像是吹狗螺的聲音也漸漸變小，最後一動也不動的躺在地上，這時大家才發現，那位村民已經死了。安娜從小就傳承了酋長的一些巫術，也有在幫島上村民處理一些巫術儀式。

隔沒幾天，酋長來找蔡爸爸，說他女兒跟蔡爸爸有緣分，要讓兩人結婚。蔡爸爸沒有多想就答應下這門婚事，於是兩人先在島上舉辦結婚儀式。結婚後隔了幾天，蔡爸爸就把安娜帶回了臺灣。

不過，因為風俗民情習慣的不同，有一次安娜跟蔡爸爸的家族起了嚴重爭執，長輩一氣之下打了她。安娜以前在島上是個受人尊敬的酋長女兒，怎能忍受被欺負，甚至被打。於是某天晚上，她在一氣之下把房間裡所有的衣服全部燒掉，所有棉被、枕頭全都剪破，房間裡面擺了一張桌子，上面擺滿了像在島上舉辦血祭儀式的那些雕像、祭品、器具，然後她割破自己的手指取血，在一張紙上寫滿了字……

聽到這邊，我忍不住問蔡先生：「知道紙上寫些什麼嗎？」

蔡先生說：「不知道耶，根據我爸的形容，有一些看起來像文字，有一些像符號，甚至有一些很像是他當年在島上看過酋長畫在紙上的那種文字。然後，我大媽安娜穿著一身紅衣，在房間上吊自殺了。等到隔天家人發現時，已經來不及了。接下來，還發生了一件很可怕的事，就在把遺體解下來時，我大媽的口中竟然掉出一支『鎖口針』。」

我眼睛睜大，十分訝異的說：「從遺體口中掉出一支鎖口針？」

「對，鎖口針。」蔡先生斬釘截鐵地回答我。

我繼續問：「你有看過那支針？」

「有，我媽媽後來還有拿給我看，是純金做的。」

我簡直不敢相信聽到的事！「鎖口針」又稱「禁口針」，是宗教、信仰上才會使用的針，只是，一般人怎麼會用這種東西？而且還是從遺體的口中掉出來的！天啊！現場聽到蔡先生講這一段往事的所有人，無不感到毛骨悚然。

蔡先生繼續說：「後來，處理完我大媽的後事後就將她下葬了。之後我爸爸才又娶了我媽媽。」

我接著問蔡先生：「那麼，你大媽現在還是葬著的嗎？」

蔡先生說：「對，可是年代太久遠了，我們全家都已經不知道我大媽的墳現在在哪裡，也找不到了。我大媽去世一段時間後，家運就開始產生變化，直到我大哥車禍身亡。我爸爸才開始覺得家運變得不好，所以我們才到處求神問卜，就是那個時候，之前宮廟老師才對我們說這位大媽已經成仙，要幫她雕刻金身，我爸也真的去雕刻一個金身，這就是我們家金身的由來。所以，我從小就知道家中有個『大媽』，是父親的第一任外籍配偶，而這個大媽也有被寫進我家中的神主牌中。」

聽完後，我對蔡先生說：「我了解了，原來你說祖先成仙的金身，就是指你大媽安娜。」

「對，沒錯。」蔡先生說。

我繼續對蔡先生說：「因為到現在我才知道你大媽的事，也才知道這個金身就是你大媽安娜的金身。因此，時間軸上面的事件，我必須要再修改，進行第四次更新。」修改更新如下：

家中拜神主牌 ↓ **大媽安娜上吊自殺** ↓ **蔡大哥車禍身亡** ↓ **家運及事業不好** ↓ **第一次雕刻大媽安娜金身** ↓ **金身放水流** ↓ **第二次雕刻大媽安娜金身** ↓ **父親中風、母親發現腦瘤及胃長不好的東西、生意一落千丈** ↓ **燒掉第二次雕刻大媽安娜的金身** ↓ **父親往生** ↓ **母親往生** ↓ **蔡大哥女兒離婚後跳樓自殺**

第四次的時間軸修改並更新之後，我看著時間軸上所發生的每個事件，搖搖頭，心裡暗想：「天啊！一個家庭裡面，竟然同一戶就有三個親人的死因這麼離奇；上吊死亡，車禍死亡，跳樓死亡，這……非常不單純了。」此時，我又想起宗天宮媽祖所指示的「除戶裡面有一個看不見的大隱情」，以蔡家的狀況來看，確實不單純，但這個隱情是藏在哪裡呢？

那些糾纏不清的不幸事件

釐清事件發生的先後順序

蔡家的案情整理到這個階段，除了令人感到不可思議，還是不可思議，真的沒有其他形容詞可以形容我當時內心的感受。不只有我覺得訝異，連在旁邊協助的宗天宮種子教師們都聽得目瞪口呆，下巴幾乎都快掉下來了！只不過，訝異歸訝異，案子還是要處理好。

我對蔡先生和在場學習的種子教師說：「現在，我們要把時間軸裡面發生的事件，依照時間順序拉出來，然後再來揪出真正的源頭及關鍵，這樣才不會造成『指鹿為馬』的錯誤。」

於是，我開始把所有發生的事件拉出來，一一畫出事件發生的時間軸，為的就是試圖還原當時整個事情所發生的輪廓。事件發生的時間順序如下：

❶大媽穿紅衣服上吊自殺。
❷蔡大哥車禍過世。
❸家運、事業不順。
❹雕刻大媽安娜金身。
❺大媽安娜金身放水流。
❻第二次雕刻大媽安娜金身。
❼蔡爸爸、蔡媽媽身體開始出現狀況。
❽事業一落千丈。
❾燒掉第二次雕刻大媽安娜的金身。
❿父母後來往生。

⓫蔡大哥的女兒跳樓自殺。

⓬蔡家家運低迷到現在。

大家從這邊的事件發生時間順序，有沒有發現什麼端倪？

＊❶、❷、❸項跟金身沒有關連性，這三項是還沒有雕刻金身之前就發生的。

＊❼、❽、❿、⓫、⓬項都是在雕刻了金身之後才發生的。

＊之前有查到，蔡家家運有被「之前的欠點」跟「後面的欠點」重複影響到，這一點不可忽略。

我對蔡先生及種子教師說：「大家還記得，上次媽祖有說，蔡家除戶裡面有一個看不見的大隱情，今天所有聽到的事，都是在核對完除戶之後才知道的，你們有沒有聯想到什麼？有沒有看出什麼端倪呢？」

我指著我畫的時間軸跟大家說：「大家注意看這邊，❼、❽、❿、⓫、⓬項都是在雕刻了金身之後發生的事，所以可以推論這五項跟金身有關連性。但❶、❷、❸項呢？這三項跟金身沒關聯，如果蔡家沒有欠點，那蔡先生的大媽為何會上吊、蔡大哥為何會發生車禍死亡？家運跟事業為何不順？這就是之前我一直強調的，一定要在時間軸裡面找到當事人在做什麼事之後、在什麼時間點之後才開始出問題。❶、❷、❸項發生前，家中就只有那個神主牌，所以我懷疑神主牌極可能有問題。

此外，我之前也說過，一般家庭如果有發生意外、橫死、自殺，皆事出有因，而蔡先生的大媽在上吊前，蔡家只單純供奉祖先牌位，並沒有神桌跟任何金身，若單純是祖先的問題，不可能會指點子孫車禍身亡、不可能讓子孫上吊自殺，這樣對祖先有什麼好處？因此應該不是單純祖先的問題。

這就是問事的敏感度！從這裡我已經看出，在蔡先生的大媽上吊前、蔡大哥出車禍前、家運和事業不順前，家裡早就有另一個欠點存在了，這個欠點，就是造成蔡先生的大媽安娜自殺死亡、蔡大哥車禍身亡，以及家運跟事業不順的主因，而雕刻的大媽金身，只是後來再延伸出來的另一個欠點，導致家運、事業衰敗的速度加快——也就是禍上加禍。這就是我常說的『在解決問題的同時又製造出另一個問題，問題加上問題，導致所有問題打結了』。」

蔡家的案子難就難在這裡，所有的問題全打結在一起，必須一個一個找出來，又必須按照時間的順序找問題，一旦漏掉一個問題，蔡家的家運及蔡先生的事業一定很難改善。

鎖定最源頭的問題

案件整理到這邊，我愈想愈覺得不對勁，甚至到了十分奇怪的地步。

「蔡先生，本來今天請你來的主要目的，是要準備請示蔡家祖先的除戶，但現在並不能先請示除戶的問題，應該要先找到蔡家發生這麼多不幸事件的主因，找到這個主因並解決之後，我們再接著請示除戶的問題，這樣的順序才對，也比較合邏輯。我再講具體一點，就是蔡家的最初那個問題要先解決，不然就算神主牌處理好了，神桌也安座好了，效果一定還是不會很好，甚至連家運要起運都很難，因為還有一個最原始的欠點持續影響著家運。」我對蔡先生說，「所以，今天蔡家的除戶我們先暫時不請示，希望你不要介意喔！」

蔡先生回答說：「不會，不會，王老師你不要這麼說。你願意幫我，我心裡已經非常感激了，更何況從第一次請示神明到今天，親眼看老師對我家過去所發生的事，做一連串的邏輯分析與推論，我真的打從心裡面萬分佩服。我過去這二、三十年來到處求神問卜，還沒見過任何一位老師可以像你這樣鉅細靡遺的分析問題，我心裡面真的認為，宗教問事應該要像這樣才對。

王老師，你剛剛分析時，我就一直在回想我爸爸跟我說過的話，我爸說我家還沒有神主牌之前家境不錯，一直到有神主牌及我大媽上吊和我大哥車禍往生後才開始出問題，所以你剛說我大媽和我大哥死亡前應該就有欠點存在，這一點我覺得真有道理。

所以，我很感謝王老師，只要老師你交代要怎麼做，我一定完全配合，再一次謝謝你的幫忙，萬事拜託了。」

「好，既然你不介意，那我們就正式開始請示神明，蔡家發生那麼多不幸的主因到底是什麼？」

於是我開始請示神明：

「奉請宗天宮天官紫大帝、觀音佛祖、聖母等列位眾神，今天本來是要請示眾神明蔡家除戶的問題，但是今天弟子在為蔡弟子說明核對除戶的結果時，又聽到蔡弟子補充敘述蔡家的一些過往，弟子聽完深深覺得這裡面肯定有不單純的地方，再加上第一次眾神明也有指示交代弟子，核對蔡家除戶的時候，要特別注意裡面有一個大隱情，因此今天決定先暫時不請示除戶問題。弟子認為，要先把造成蔡家發生那麼多不幸的主因找出來並解決，然後再接著請示除戶，這樣才對。剛剛弟子已經有畫出時間軸和事件發生的順序，總共有歸納出幾點可疑的地方，請宗天宮眾神明慈悲指示。」

我繼續請示：「首先，蔡家最早發生的不幸事件是蔡弟子的大媽安娜全身穿紅衣，然後在房間擺一個案桌，案桌上面有雕像及祭品等，接著上吊自殺，而且竟然從遺體的口中掉出一支鎖口針，這一點真的很不可思議。

然而，安娜上吊自殺前，蔡家只有神主牌而已，並沒有神桌和任何金身。眾神明之前在弟子閉關時教過弟子，家中若有人發生橫死、意外、自殺，皆事出必有因。

此外，弟子閉關時眾神明也教過，祖先若真的有欠點，不至於指點到後代子孫發生那麼多不幸，所以這必定有外力介入，而當時蔡家的家中只有神主牌，所以弟子想請示宗天宮眾神明，會造成安娜上吊自殺的主要欠點，是不是當時蔡家這個神主牌已經有不好外陰占據了，才會造成家中這個悲劇，如果是這樣的話，請給弟子三個聖筊。」

擲筊的結果是：叩，叩，叩，三個聖筊。

宗天宮神明毫不含糊，第一個問題就給了三個聖筊。看到三個聖筊出現，我對蔡先生說：「導致你大媽安娜上吊自殺的主因是這些外陰，也就是當時你蔡家家中最原始的那個神主牌已經被外陰占去了。如果只是單純祖先欠點，是不會這麼嚴重的，這跟我當時閉關的時候媽祖教的觀念是吻合的。」

說完，我轉頭對在場的種子教師解釋，「安娜上吊的原因已經找到了，大家還記得我之前教過的一個觀念，這個觀念我在演講時也常講到——凡遇到信徒家人有發生意外、自殺、橫死，就一定要問一個專業的問題，那就是：這些意外、自殺、橫死的人死後，魂到底在哪裡？這一點非常重要，重要在哪呢？如果魂沒找到，代表神主牌內沒有這個往生者的魂，墓或骨灰罈也沒有這個往生者的魂，也就是說這些地方是空的，拜也沒用。這其實就是我們平時所知的，如果有人意外死亡，就需要引魂或招魂的原因。」

解釋完後，我對蔡先生說：「你大媽上吊的原因找到了，現在我趕緊幫你請示神明你大媽的魂現在在何處。」

「好，好，感謝王老師。」蔡先生緊張地回答。

在安娜的魂那邊……

擬定問「魂在何處」的十大問法

問「魂在何處」絕對是一位頂尖的問事人員才會問的問題，一般人根本不知道要怎麼問，甚至不知道要問這樣的問題，所以，我很感謝媽祖在我閉關時，針對這個問題特別教導了我。

除了要有能力問出魂在何處，更重要的是，還要有能力配合神明把魂給「找回來」或「要回來」，這才是一位頂尖的宗教問事人員該有的專業能力素養。

現在，我就把這些問法訣竅傳承下去，讓更多的問事人員、有心想為神明服務的人學到這些卓越的技巧，以配合神明去幫助一些意外死亡、自殺、橫死的往生者，早日找到回家的路。

問魂在何處的問法普遍有十種，這裡以蔡先生的大媽安娜為例來說明。

問法❶「奉請宗天宮天官紫微大帝、觀音佛祖、聖母列位眾神，蔡弟子的大媽安娜因為是上吊身亡，所以弟子現在要請示列位眾神，這位安娜的魂現在在何處？如果神明查到這位安娜的魂現在已經有在家中神主牌內的話，請給弟子三個聖筊。」

備註這個問法一定要先問，因為如果有三個聖筊，就代表魂有在神主牌內，代表神主牌沒問題，既然沒問題，魂有在神主牌內，那麼大部分也會在風水處（墓或骨灰罈內）那邊，不太可能魂在神主牌內，卻不在風水處內，否則就不太合邏輯。魂有歸本位，就比較安心了。那麼，有沒有可能魂不在神主牌內，卻在風水處（墓或骨灰罈內）那邊呢？有，家中神主牌如果被外陰侵占，確實是有可能回不了家，而外陰一般不太會去侵占風水處。所以問法❶如果沒有三個聖筊，那就問問法❷，以此類推。

問法❷「還是神明查到安娜的魂現在在墓那邊（因為安娜是土葬），如果在墓那邊的話，請給弟子三個聖筊。」

問法❸「還是神明查到安娜的魂現在地府，如果在地府的話，請給弟子三個聖筊。」

問法❹
「還是神明查到安娜的魂現在枉死城，如果在枉死城的話，請給弟子三個聖筊。」

問法❺
「還是神明查到安娜的魂，現在是在當時上吊身亡的那個家附近的小廟，如果在家附近的小廟的話，請給弟子三個聖筊。」

問法❻
「還是神明查到這位亡者的魂，現在在當初死亡地點的附近小廟，如果在當初死亡地點的附近小廟的話，請給弟子三個聖筊。」

備註 請注意，問法❻不是在講安娜，這個問法是在補充其他意外死亡、橫死、自殺的案例。比如來問的信徒的家人是在某個路上發生車禍死亡、某個地方出意外、某個地方自殺，這個問法指的就是當時事發地點附近的小廟，而安娜是在家裡面上吊自殺的，所以不應該問這個問題。

問法❼
「還是神明查到這位亡者的魂現在被扣在家裡的神明爐裡面，如果是被扣在家裡的神明爐裡面，請給弟子三個聖筊。」

備註 要問問法❼的前提是，神明指示家中的神桌已經被外陰占據，才會有這種可能性。

問法❽

「還是神明查到這位亡者的魂現在被扣在家裡的神尊金身裡面，如果是被扣在家裡的神尊金身裡面，請給弟子三個聖筊。」

備註 要問問法❽的前提是，神明指示家中的神尊金身已經被外陰占據，才會有這種可能性。

問法❾

「還是神明查到這位亡者的魂現在被扣在家裡的公媽爐裡面，如果是被扣在家裡的公媽爐裡面，請給弟子三個聖筊。」

備註 要問問法❾的前提是，神明已經指示家中的神主牌已被外陰占據，才會有這種可能性——神主牌被外陰占據了，魂魄才有可能被扣在公媽爐中。以蔡先生的大媽安娜來說，問這個問法是合邏輯的，因為宗天宮神明已經指示蔡家的神主牌被外陰占去了。

問法❿

「還是神明查到這位亡者的魂現在被扣在家裡的神主牌裡面，如果是被扣在家裡的神主牌裡面，請給弟子三個聖筊。」

備註 要問問法⑩的前提是，神明指示家中的神主牌已經被外陰占去了，才會有這種可能性。另外，問法⑩和問法❶的差別在於，問法❶是魂魄「安住在神主牌」，問法⑩則是問是否是「被外力扣在神主牌」。

這十個問「魂在何處」的問法，是我閉關時媽祖教的，也是絕大部分魂所依附的地方，只要把這十個問法熟記於心，百分之九十八以上意外死亡的魂在哪裡，都可以找到。待問出魂在何處後，接著就是配合神明把魂給「找回來」或「要回來」，這是訣竅中的訣竅、法門中的法門，用文字敘述只能寫個皮毛，寫得太多，一旦有人會錯意或誤解文字本意就不好了，所以要很小心，否則很可能「不只魂找不回來，甚至會愈離愈遠」。

不過，大家倒可以先學幾個基本方法，其餘更深入的方法，等開班授課時我再親自傳授，因為裡面的變化真的很大。等到開班授課時，大家別忘了帶這本書來上課。

「魂在何處」十大問法

「魂在何處」設定方向	說明
1 在神主牌內	這個問法一定要先問，因為如果有三個聖筊，就代表魂有在神主牌內。但家中神主牌如果被外陰侵占，魂有可能回不了家，而在風水處。至於外

		陰會不會去侵占風水處，有是有，但比較少。所以問法❶如果沒有三個聖筊，那就問問法❷。
2	在風水處	風水處即墓或骨灰罈內。如果沒有三個聖筊，那就問問法❸。
3	在地府	如果沒有三個聖筊，那就問問法❹。
4	在枉死城	如果沒有三個聖筊，那就問問法❺。
5	死亡時住家附近小廟	一般的小廟比較會有外陰聚集，因為有些人會將不想拜的神、流浪神明擺進小廟內。所以，小廟通常會有比較多的外方孤魂依附在裡面。
6	死亡地點附近小廟	亡者在某個路上發生車禍死亡、某個地方出意外、某個地方自殺，這個問法指的就是當時事發地點附近的小廟。
7	被扣在家裡的神明爐裡	前提是，神明指示家中的神桌已經被外陰占據，才會有這種可能性。
8	被扣在家裡神尊金身裡	前提是，神明指示家中的神尊已經被外陰占據，才會有這種可能性。
9	被扣在家裡的公媽爐裡	前提是，神明指示家中的神主牌已經被外陰占據，魂魄才有可能被扣在公媽爐中。
10	被扣在家裡的神主牌裡	前提是，神明指示家中的神主牌已經被外陰占去了，才會有這種可能性。問法❿和問法❶的差別在於，問法❶是魂魄「安住在神主牌」，問法❿則是問是否「被外力扣在神主牌」中。

我根據神明所教授的「魂在何處」十個問法，一一向神明請示詢問後，竟然發現蔡家大媽的魂，其實是在這十個地方以外的地方，超出了閉關時媽祖所教的這十個地方！

由此可知，蔡家的案件真的是非常非常的複雜，也非常非常的難問。只是，不管案子如何複雜，還是一定要絞盡腦汁處理好，這是宗天宮的使命，也是問事人員的責任。

我請示宗天宮眾神明，主要是為了要找到蔡先生大媽安娜的魂如今在何處，找到之後趕緊把魂給找回來，因為牌位裡如果沒有安娜這條魂，後續蔡家神主牌根本就無法處理，就算處理了，也一定沒有效果。

然而，一連問了這十個地方，竟然沒有一個地方有三個聖筊，我心裡暗想：「這不可能啊！不可能連這十個地方都沒有啊！」這下子事情大條了，我一時之間真的想不到還有哪個地方可以問。

安娜的魂現在到底在哪裡啊？

我只好轉頭過去問坐在我旁邊記錄的種子教師：「剛剛我問的那十個地方，有哪幾個地方神明有給二個聖筊？」

種子教師回答：「老師，你剛問到『風水處』及『上吊那個家附近的小廟』，這二個地方神明各給二個聖筊。」

風水處、上吊那個家附近的小廟這二個地方，神明各給了二個聖筊？那麼，神明的意思不就在暗示，是風水處，但又不完全是風水處；是上吊那個家附近的小廟，卻也不是完全是上吊那個家附近的小廟。

神明不會講話，只能用二個聖筊的情況來暗示，我們在擲筊問事的時候，一定要注意那些曾經出現過二個聖筊的答案；取這個答案當中的一部分去延伸，三個聖筊就會出現了。於是，我再一次請示宗天宮眾神明：

「奉請宗天宮天官紫微大帝、觀音佛祖、聖母列位眾神，『風水處』、『上吊那個家附近的小廟』這二個地方各有二個聖筊，是不是安娜的魂現在依附在當時埋葬地附近的小廟裡面？如果是在當時埋葬地附近的小廟，請給弟子三個聖筊。」

擲筊的結果是：叩，叩，叩，三個聖筊。

這三個聖筊出現時，我心裡其實很訝異：「什麼？安娜的魂竟然會依附在當初她埋葬地附近的小廟！」只不過，安娜的墳墓已經不知道在哪裡了，這個答案真的讓我始料未及。

神明已經指示出答案了，我於是對蔡先生說：「現在我們已經知道你大媽安娜的魂在何處了，至於後續要怎麼做，等一下我們會再繼續請示神明。現在，接著請示你大哥的事，由於你大哥是車禍身亡的，所以要請示神明你大哥會發生車禍的原因，然後再接著問你大哥的魂現在在哪裡。」

於是，我繼續請示宗天宮神明：

「奉請宗天宮天官紫微大帝、觀音佛祖、聖母等列位眾神，現在弟子要請示神明的是，造成蔡弟子的大哥車禍身亡的原因。蔡弟子的大哥車禍身亡的原因是跟家中被外陰占去的那個神主牌有關連性嗎？如果有的話，請給弟子三個聖筊。」

擲筊的結果是：沒有聖筊。

這個答案沒有聖筊，所以可以推論蔡大哥車禍往生跟家中的神主牌沒有關連性。不過，我心裡已經開始擔憂起來：「既然沒有關連性，為什麼會發生車禍身亡這種遺憾事？難道還有其他原因？」

想到這裡，我腦中不知怎麼搞的，忽然浮出安娜口中掉出鎖口針的畫面，再加上我內心一清二楚，蔡先生的大媽全身穿紅衣上吊而亡，絕對是屬於含恨而亡，而含恨而亡的怨氣都相當重，甚至還會有回來冤報子孫的情形，我過去也辦過非常多類似案件——這也是最不好處理的一種報冤案件。

更重要的是，蔡先生的大哥車禍身亡是在大媽安娜上吊身亡之後才發生的！坦白說，我一開始是不想要朝冤報這方面下去問的，但問到現在，不朝這方面下去問是不行的，因為該問的原因我都問過了，而神明都沒有給出任何聖筊。

於是，我決定修改問法請示神明：

「奉請宗天宮天官紫微大帝、觀音佛祖、聖母等列位眾神，剛剛弟子請示蔡弟子的大哥車禍身亡的原因，是不是跟家中被外陰占去的神主牌有關聯性，卻沒有任何聖筊。現在弟子要繼續請示，蔡弟子的大哥車禍身亡的原因跟這位安娜有關連嗎？如果有的話，請給弟子三聖筊。」

擲筊的結果是：二個聖筊。

看到二個聖筊出現，我的眉頭深鎖了起來，二個聖筊雖然代表方向接近了，但同時也表示，我心裡面那個擔憂是對的，事已至此，不直接挑明問神明不行了。

於是，我直接就請示宗天宮神明：

「奉請宗天宮天官紫微大帝、觀音佛祖、聖母等列位眾神，弟子剛剛請示蔡弟子的大哥車禍身亡是跟這位安娜有關連，神明給了二個聖筊，還是這個關聯性是這位安娜當時含恨而死是屬於有冤報，是這個關連性嗎？如果車禍身亡是屬於冤報的話，請給弟子三個聖筊。」

擲筊的結果是：叩，叩，叩，三個聖筊。

天啊，果然是冤報，這下子麻煩了，不直接跟蔡先生明說不行了。我只好一臉嚴肅的向蔡先生說：「蔡先生，從剛剛請示神明的結果，你大哥發生車禍的原因是跟你大媽有關連，這個關連就是冤報，而這個冤報的確可能會發生在後代子孫身上。」

蔡先生的表情瞬間黯淡了下來，眼眶也紅了，一句話都說不出來，看到他這樣，我繼續說：「蔡先生，事情已經過了那麼久了，人死也不能復生，你不要難過，既然神明已經指示出你大哥車禍身亡的原因，現在最重要的是找到你大哥的魂在何處，趕緊把魂給找回來，不然你大嫂家中那個神主牌裡沒有你大哥的魂，骨灰罈那邊也一樣沒有魂，二個地方都是空的，這樣拜也是白拜的。」

蔡先生收拾起那感傷的心情對我說：「好，那拜託王老師了。」

由於蔡大哥是車禍身亡，加上神明已經指示蔡家最初的神主牌已經被外陰占去，照邏輯推論，是不會在神主牌裡面，因此我第一個問法就沒問是不是在神主牌內，而是先問：

「奉請宗天宮天官紫微大帝、觀音佛祖、聖母列位眾神，現在弟子已經知道蔡弟子的大哥車禍身亡的原因，是這位安娜的冤報造成，那麼，弟子接著要請示神明的是，蔡弟子的大哥當初是車禍身亡，所以必須要請宗天宮眾神明詳查並指示這位的魂現在在哪裡？蔡弟子的大哥的魂現在是不是還在當時發生車禍的地點，如果是的話請給弟子三個聖筊。」

擲筊的結果是：沒有聖筊。

「還是神明查到蔡弟子的大哥的魂現在在地府，如果是的話請給弟子三個聖筊。」

擲筊的結果是：沒有聖筊。

「還是神明查到蔡弟子的大哥的魂現在在枉死城，如果是的話請給弟子三個聖筊。」

擲筊的結果是：沒有聖筊。

奇怪的事又發生了，我一樣把這十個問法都問過了一遍，縱使有些問法是不合邏輯的問題，可是我都還是問了，不僅沒有一個答案是有三個聖筊的，甚至出現了跟剛剛在問安娜的魂在哪裡時的情況一樣，也就是只有風水處、當初死亡地點的附近小廟這二個地方有二個聖筊。

我先暫時停止問事，因為我需要時間思考，神明到底想要告訴我什麼，不然以當時那種超複雜的擲筊結果，真的會讓問事人員愈問愈離題，愈問愈懷疑自己的人生。

我覺得奇怪的點是：為何在風水處會有二個聖筊？在風水處就是在風水處，不在風水處就不是在風水處；不是沒任何聖筊，就是三個聖筊，為什麼風水處神明只給二個聖筊？問事時面臨到這種情況，真的要靜下心來冷靜思考，神明到底在暗示我們什麼，不然真的無法繼續問下去。不論如何，我們一定要找出蔡先生大哥的魂在何處，這是我們的使命。

我思考了大概二分鐘，整理出三個可能的方向：

❶既然是冤報導致車禍死亡，那就往「冤報」的方向思考。

❷風水處、當初死亡地點的附近小廟，這二個地方分別都只有二個聖筊，所以，把這二個地方各取一半來整合解釋，那就是——風水處的附近小廟。

❸整理❶跟❷的結果是「冤報風水處的附近小廟」，看起來怎麼那麼像「在安娜的魂那邊」……

我對蔡先生說：「來，我們繼續請示，我大概知道神明要講什麼了。」

於是我繼續請示宗天宮眾神明：

「奉請宗天宮天官紫微大帝、觀音佛祖、聖母列位眾神，蔡弟子的大哥車禍身亡的原因就是這位安娜的冤報造成，而魂在『風水處』、『當初死亡地點的附近小廟』這二個地方也只有二個聖筊，那蔡弟子的大哥的魂現在是不是被一群外陰扣在安娜墓地附近的一間小廟裡，如果是被扣在安娜墓地附近的小廟裡面的話，請給弟子三個聖筊。」

擲筊結果：叩，叩，叩，三個聖筊終於出現了！

天啊，這是什麼案件啊！對於這三個聖筊的出現，我一時不敢相信自己眼睛所看到的，不只我，蔡先生本人也很難相信，在場的種子教師全都看到起雞皮疙瘩。

「啊，難道……可能嗎……？」

旁邊的種子教師聽到我發出這一聲「啊」，都在想說我是不是想到什麼……沒錯，我是想到接下來要問的另一個問題——「該不會連蔡大哥的女兒跳樓輕生，也跟大媽安娜有關吧？甚至……甚至也被扣在安娜墓地附近的小廟裡面？」

我馬上對蔡先生說：「現在，我們接著請示你大哥的女兒會跳樓自殺的原因，這個答案如果跟我心裡想的一樣，我大概就可以清楚畫出蔡家這件案子的完整輪廓，至於是不是像我心裡想的那樣，還是得要請示神明才知道。」

於是，我繼續請示宗天宮眾神明：

「奉請宗天宮天官紫微大帝、觀音佛祖、聖母列位眾神，弟子接著要請示蔡先生的侄女跳樓自殺的原因。弟子知道，一個人會選擇自殺，都是有某種原因先讓這個人的神智、精神出問題，然後再誘使這個人走上輕生這條路。所以，蔡先生的侄女會跳樓自殺，是不是也是因為安娜墓地附近小廟的外陰，讓她的神智、精神先出問題，然後再跳樓自殺，如果是這個原因，請給弟子三個聖筊。」

擲筊結果：叩，叩，叩，三個聖筊。

「果然不出我所料……」我在心裡想，然後胸有成竹地對蔡先生說，「好，蔡先生，接下來我們再繼續請示神明一個重要的問題，這個問題的答案如果還是跟我心裡想的一樣，那麼，整件事情就可以串聯在一起了。」

蔡先生回問我：「老師，你心裡想的是什麼答案？」

「我們還是先請示神明再說。」

「好。」

於是，我繼續請示宗天宮眾神明：

「奉請宗天宮天官紫微大帝、觀音佛祖，聖母列位眾神，弟子還有一個關鍵問題要請示眾神明，因為這個問題關連到神明第一次指示除戶裡面有一個看不見的大隱情。弟子想請示，蔡弟子這位跳樓身亡的侄女的魂，現在是不是一樣被扣在這位安娜墓地附近的小廟裡面，如果是的話，請給弟子三個聖筊。」

擲筊結果：叩，叩，叩，又連續出現三個聖筊。

哇哇！天啊！在場的人看到第三個聖筊出現時，幾乎每個人都起雞皮疙瘩，我也是，而且瞬間就頭皮發麻。

然後我對蔡先生說：「天啊，我終於了解你們家這二、三十年來的家運一直不順，你的事業一落千丈，加上這段期間到處求神問卜也無法找到真正答案的原因了！這件案子真的不是一般人可以想像的，更不是一般問事人員可以找到原因的，真的太複雜了。你看我們從早上開始問事到現在，都已經快二個小時了，可見這件案子真的很不好問。」

蔡先生一直點頭對我說：「真的，王老師，我到現在還覺得驚魂未定！如果不是你，我想真的沒有人可以問到這種地步了，老師你真的很厲害！」

——階段性案件歸納

我回覆蔡先生說：「這件案子還沒結束，也還沒問完，今天原本是要幫你請示祖先除戶的問題，沒想到除戶還沒請示，卻找出這麼多聳人聽聞的內情。這樣子好了，為了不讓你聽到混亂，我幫你歸納整理一下今天神明指示的幾個重點：

❶你大媽安娜上吊的原因，是你蔡家最原始的神主牌裡已經被不好的外陰占去，導致你大媽上吊自殺，含恨而亡，含恨自殺又屬於非常重的怨氣，才會導致冤報在後代子孫身上。

❷你大媽安娜的魂目前在她的墳墓附近的一間小廟內，而小廟內通常會有非常多的外陰，這是我非常擔心的一件事。

❸你大哥車禍死亡的原因，是你大媽含恨而亡冤報所造成的，坦白說，這點也很難處理。

❹你大哥的魂現在正被扣在你大媽安娜的墳墓附近的那間小廟內。

❺你大哥的女兒——也就是你侄女——離婚後在娘家跳樓身亡的原因，同樣是你大媽安娜墓地附近小廟裡的外陰讓她的神智、精神先出問題，而後導致她跳樓自殺。

❻你侄女的魂同樣被扣在你大媽安娜墓地附近的那間小廟裡面。」

我繼續對蔡先生說：「以上六個重點是今天神明指示的答案，這樣看起來就一清二楚了。但是，除了這六個重點以外，其實我們仍然還有很多問題還沒問，這些問題也相當重要。」

蔡先生緊張的問我：「還有什麼問題還沒問呢？」

我回蔡先生：「當然還有很多欠點還沒問，你家最原始被外陰占去的神主牌、過去曾經雕刻過二個你大媽安娜的金身（一尊放水流、一尊燒掉），這些依附在神主牌內、金身內的無形外陰，並不會因為你把它們丟掉或燒掉就從此消失了，所以一定要請示神明如何解決。

處理外陰絕對不能夠隨隨便便問，更不能打馬虎眼地處理，否則蔡家的家運會愈來愈低迷。我剛說的這些問題還只是其中一部分，你蔡家的祖先除戶還沒問，甚至第一次神明講到的四大欠點之一的風水欠點也還沒問，這些可以跟神桌一起安排在最後再來處理，你倒是不用太擔心。

總之，每一個欠點都必須要一部分、一部分地慢慢解決，現在，先來請示神明你大媽安娜這二個金身和蔡家神主牌這二個欠點，這部分的欠點要先問出來。」

除戶裡看不見的大隱情

這個階段主要是請示有關安娜這二個金身以及最原始的神主牌這二個欠點。當然，要問任何一個問題之前，問事人員都必須要先擬定問法，而蔡家這個案件發展到目前為止，其實已經讓我看出一些端倪了。

於是，我開始請示宗天宮眾神明：

「奉請宗天宮天官紫微大帝、觀音佛祖，聖母列位眾神，現在蔡家這個案件到目前為止，造成蔡家發生那麼多不幸的一些主要原因，弟子已經請示出來了，現在接著要請示神明的是，蔡家神主牌以及當初雕刻的二個安娜的金身的問題。第一、神主牌裡面的外陰原本是別的地方的外陰，但安娜往生後，她是不是從墳墓附近的小廟裡面號召更多的外陰侵入家中那個神主牌？第二、之前雕刻過二次安娜金身裡面的這些外陰，是不是也是來自安娜墓地附近那間小廟裡面的外陰？如果是的話，請給弟子三個聖筊。」

擲筊結果：三個聖筊。

當第三個聖筊出現，我對在場的種子教師說：「你們看，這些外陰竟然也是來自安娜墓地那邊小廟的外陰。」

此時，蔡先生嘆了一口氣，搖搖頭說：「王老師，你現在可以理解我上次為什麼說我對道教真的差點失去信心了嗎？當初就是人家說什麼我就照做，也不會想說要去找真正的原因，導致我家裡一團亂，真的就像老師說的，最怕的就是在解決一個問題的同時，又製造出另一個問題來⋯⋯」

「老師⋯⋯」旁邊的種子教師看我沒什麼反應，叫了我一聲，還用手推了推我的手臂。

此時，我才回過神來，轉頭看了一下那位推我的種子教師和蔡先生，「喔，歹勢，我剛剛在思考一個問題，想得有點入神，所以沒注意聽到你說什麼，不好意思喔，你剛剛是說？」

種子教師重新跟我敘述了一遍蔡先生說的話，我於是對他說：「過去的事就過去了，道教並不是每個老師都像你之前遇到的那樣，所以不要失去信心。現在我們已經找到根本問題，接下來，就是好好地把這些問題處理好，這才是最重要的，過去發生的事就不要再去想它，放眼未來比較重要。」

講完後，我伸手拿起放在桌上的問事記錄，並指著上面我剛剛用筆畫來畫去，很多箭頭連來連去，像數學作業的「連連看」，對蔡先生和在場的種子教師說：「這件案子問到現在，大家有沒有從這張記錄裡看出一些端倪或可疑之處？」

「請看這邊⋯⋯」我指著紙上我畫的「連連看」。「大家有沒有發現，安娜上吊自殺後，蔡家發生的『所有事情』是不是都跟安娜和她的墳墓附近的小廟有關？大家想想，蔡大哥發生車禍死亡、蔡大哥的魂被扣住、依附在二個金身裡的外陰、神主牌裡的外陰、蔡先生的侄女跳樓自殺、侄女的魂被扣住，這些全都跟安娜有關。大家有沒有覺得很可疑，我剛剛就是在想這件事想得太入神了。

剛剛我還瞬間閃過二個念頭，一個是上次神明特別指示除戶裡有一個大隱情，第二個是蔡先生的大媽安娜以前會巫術、月圓時進行血祭儀式、上吊之前房間內的詭異神像案桌、上吊死亡後口中掉出鎖口針，然後再加上蔡家的這六個事件……於是我歸納出一個想法。」

蔡先生跟種子教師們不約而同地好奇問：「什麼想法？」

「安娜似乎有呼風喚雨、號召成群外陰的能力，而且還一直抓著蔡大哥那一房不放，導致蔡家大房才一直出事；她上吊身亡後，為什麼會有如此能耐與本事呢？第一次神明就特別指示交代，除戶裡面會有一個看不見的大隱情要注意，而今天剛好本來就是要請示除戶問題，然後在進行除戶疑點釋疑時，讓我們查到這些內情，難道神明所謂的『看不見的大隱情』，講的就是這位安娜？」

我繼續對大家說，「那麼，大家有沒有想過，為什麼神明要特別指示我們注意這個看不見的大隱情？如果無關案情的發展與處理成效，應該就不會要我們注意這個隱情。既然神明要我們注意這個看不見的大隱情，就代表這一定跟案情的發展與處理成效有關連。所以，我們現在應該要請示神明這個問題才對。」

於是，我開始請示宗天宮眾神明：

「奉請宗天宮天官紫微大帝、觀音佛祖，聖母列位眾神，現在蔡家這個案件到目前為止，已經找到蔡家這二、三十年來發生那麼多不幸事件的主要原因了。至於第一次神明有特別指示弟子要注意除戶裡面有一個看不見的大隱情，經過弟子對整個案件的分析、推論與歸納，這個隱情極有可能是這位安娜，因為所有的事件都跟安娜有關連。所以，弟子現在要請示宗天宮眾神明，這個看不見的大隱情，是不是指的就是這位安娜，如果確實是這位安娜的話，請給弟子三個聖筊。」

擲筊結果：叩，叩，叩，又連續出現三個聖筊。

看到三個聖筊出現，我馬上對大家說：「看吧！果然不出我所料，也跟我分析、推論的一樣，果然是安娜！」

成魔的祖先

從「辨症法」與「論治法」找出問題與解決方法

雖然已經知道這個看不見的大隱情指的就是安娜，但就算知道是安娜，對案情又有什麼幫助呢？有，很有幫助！我真的很佩服宗天宮眾神明的智慧與神通廣大，更要感謝媽祖在我閉關時教我的問事訣竅——宗天宮的問事「辨症法」與「論治法」。

「辨症法」主要是用來分析、推論、判斷一個案件如果有受到欠點影響，這個欠點會造成當事人或其家人什麼樣程度的影響、嚴重性如何，以及所影響的範圍有多大。

一旦確定欠點的程度、嚴重性以及所影響的範圍後，「論治法」就是依照這個程度、嚴重性與範圍來擬定解決方案。

舉例來說，蔡家的欠點如果單純只是祖先欠點，最多也只是運勢不順、事業不順、身體欠安等，不至於會造成後代子孫發生嚴重的傷亡、甚至橫死，畢竟這樣做對祖先沒有什麼幫助，而且祖先看到自己的後代子孫發生這種情形，也一定會傷心難過的。因此，從蔡家過去所發生的事件來分析推論，我一開始便認為這裡面絕對不會只是單純的祖先欠點，當中必定有外力的介入——外力指的就是外陰，經我請示過神明後，也確定是有外陰的介入，這就是辨症法。

確定了「看不見的隱情」是安娜之後，我繼續對蔡先生及種子教師說：「就像我剛剛說的，對案情的發展與處理成效有關連，神明才會指示我們注意這個隱情，而案情的發展與處理成效又關係到解決方案的擬定，這都是息息相關、環環相扣的，牽一髮而動全身。蔡家發生的不幸事件全都跟安娜有關，我認為她不是一個簡單的人物，既然生前就不是一個簡單的人物，死後也不會是一個簡單的魂。所以，現在我要請示神明一個重要的問題，這個問題就是安娜現在魂，程度是到達哪個境界了？」

於是，我開始請示宗天宮眾神明：

「奉請宗天天宮天官紫微大帝、觀音佛祖，聖母列位眾神，弟子有一個關鍵問題要繼續請示眾神明。第一次神明指示除戶裡有一個看不見的大隱情，之後得知蔡弟子的這位往生的外籍大媽生前在家鄉就有傳承巫術的背景，上吊往生後在口中掉出鎖口針，接著蔡弟子的大哥發生車禍身亡、神主牌裡面的外陰、二尊安娜金身裡面的外陰、蔡弟子的侄女跳樓身亡，統統都跟安娜有關。弟子把這些事全部連結起來，認為這位安娜非比尋常。然而，要解決外陰的問題要先知道外陰的狀況與程度，所以弟子要先請示宗天宮眾神明，這位在世就會一些巫術的安娜，現在有達到成精的程度了嗎？如果有達到成精的程度，請給弟子三個聖筊。」

擲筊結果：沒有聖筊。

「還是這位外籍安娜有達到成妖的程度了？如果有達到成妖的程度，請給弟子三個聖筊。」

擲筊結果：沒有聖筊。

「還是這位外籍安娜有達到成魔（魂魄成魔，會有號召成群結黨的能力）的程度了？如果有達到成魔的程度，請給弟子三個聖筊。」

擲筊結果：三個聖筊。

看到這三個聖筊出現，在場所有人立刻安靜下來，靜到連呼吸聲都聽得一清二楚，氣氛瞬間冷到比寒流來時都還要冷，若要形容，大概就是「聞之色變，聞所未聞，驚心動魄，驚悚萬分」。

我對蔡先生及種子教師說：「所有的環節現在都可以串起來了，大家也終於知道神明說的『看不見的大隱情』是什麼。請大家想一想，既然已經有成魔的程度，表示這不是一般的外陰，而是具有某種程度及功力，接下來要怎麼將蔡大哥當時車禍往生的魂、他跳樓身亡的女兒的魂給要回來，這才是最重要的，否則骨灰罈裡沒有魂、神主牌裡也沒有魂，就算重新整理好神主牌，魂不在神主牌裡面，拜得再勤也沒有用。既然安娜已經達到魔的程度了，單單要靠宗天宮眾神明出面與對方協調與談判，效果可能有限……」

現在，大家是不是可以理解，為什麼當初神明要特別指示我們注意這個看不見的大隱情了？祂們提醒有這個看不見的大隱情，我們查過之後，才會去警覺到為什麼每件事都跟安娜有關係；知道每件事都安娜有關係之後，才會知道安娜現在已經達到成魔的程度；知道安娜已經達到成魔的程度，我們才會意識到，如果要跟一位具有成魔程度的外陰進行談判與協調，單只靠一間廟的神明出面去談判與協調，效果可能有限；既然知道效果有限，我們在擬定解決方案的問法時，就會知道必須要再邀請更多的神明來協助，來增加談判與協調的成功率。」

這件案子問到這裡，我真的很佩服神明的智慧，祂們早就查到這件案子很不單純，才會在第一次時就「暗示」我們這件案子的複雜處在哪裡，接下來，就只看問事人員有沒有那個智慧把神明的這個「暗示」問出來。因此，我們的問事能力與問事智慧需不需要提升？當然需要！

蔡家的案子進行到這個階段，已經找到造成蔡家發生那麼多不幸事件的根本原因，也找出了「看不見的大隱情」，接下來，就是要擬定解決這個根本原因的方法。一位頂尖且專業的問事人員，不只要有找問題的能力，還要有解決問題的能力，這樣才能夠真正輔佐神明濟世救人、造福蒼生。只要大家能好好鑽研這本書，達到這個境界是指日可待的。

既成魔，便降魔

一物剋一物，一物降一物

蔡家大房這二、三十年來真的很坎坷，這麼多的不幸事件都是發生在他們家，父親車禍身亡，女兒跳樓身亡，父女倆的魂還被扣在他們大媽安娜墓附近的小廟裡面，這麼長的一段時間回不了家，可見有多悽慘！因此，現階段的首要任務，就是配合神明，盡快把這對父女救回來。然而，我們這次面對的不是普通外陰，而是已經有成魔程度的外陰。

協調談判前的問法要件

「論治法」的概要，就是要我們意識到，要依照外陰的程度來擬定解決方法。問法的重點有分「協調談判前」、「協調談判後。」

針對協調談判前的問法，要件有四大點：

❶凡是案件有牽扯到外陰的，首先一定請神明出面協調談判。

❷協調談判的期限要多久。

❸協調談判的這段期間要派符給當事人一家護身，以防萬一。

❹協調談判期間需要金紙。

備註❶、❷、❸這三個基本要件，一定要含在每一個問法內，❹可以不用先問，若❶、❷、❸這三個基本要素只有二個聖筊，才再加入第四個要件。

所以，協調談判前，請示神明問題的解決，我這樣問：

「奉請宗天宮天官紫微大帝、觀音佛祖、聖母列位眾神，現在已經知道這對父女的死因跟安娜有關，而且這對父女的魂現在被扣在安娜駐守的那間她的墓附近的小廟裡面（這裡用『駐守』是因為『安娜在那裡當魔』），請宗天宮眾神明大發慈悲救救這對可憐的父女，趕緊把這對父女的魂帶回來，現在對方不只是有成魔的程度，還有一群外陰，一旦起衝突，對蔡家全家會很危險。所以，第

一、是不是除了宗天宮的神明出面協調談判以外，還必須再祈求伏魔大帝鍾馗帝君一起協助談判。第二、協調談判期間是三個禮拜。第三、協調談判期間，神明派護身符給蔡家全家每人一張帶著護身以防萬一。第四、三個禮拜後再回來請示神明跟對方協調的結果。如果這樣處理可以的話，請給弟子三個聖筊。」

擲筊結果：三個聖筊。

備註 如果出現二個聖筊，不要怕，就從三個要件下去修改問法就可以。這個問題老實說，我也修改了好幾次才有三個聖筊；我一開始是問二個禮拜的時間二個聖筊，問到三個禮拜的時間才有三個聖筊，這也是合邏輯的，要面對成魔和一大群的外陰，二個禮拜協調真的太短了。協調的時間需要多久，一定要完全遵照神明的指示，人絕對不能胡亂自作主張，因為這是有危險性的。還有，邀請哪一尊神明一起協助協調談判，也是要按照神明的指示，不能自己說要請哪尊神明就請哪尊神明。總之，問到二個聖筊都不用怕，針對那四個要件去做變化修改，就一定會有三個聖筊出現。

看到宗天宮神明指示要邀請伏魔大帝鍾馗帝君一起協助談判，大家的眼睛都為之一亮，有一位種子教師問我說：「老師，你為什麼會想到是伏魔大帝鍾馗帝君呢？」

「一物剋一物，一物降一物。既然安娜是成魔的程度，我就想到有降魔尊稱的鍾馗帝君，循這個脈絡問下去，果然就有三個聖筊了。」我回答。

神明起乩補充不為人知的細節

宗天宮眾神已經指示好協調方面的事，我們也遵照指示準備好要給蔡家每人一張護身符，想說案件到這邊，終於可以稍微喘一口氣——從早上開始問事到此階段，已經過了二、三小時，現在應該可以上個化妝室稍微走動一下。

沒想到我才向外走到一半，宗天宮的乩身忽然起乩了！種子教師立刻衝出來將我攔截下來，「老師，神明起乩了！」

我只好返回廟內，走過去看神明寫佛字，原來是宗天宮天上大聖母降駕，而降駕的目的，是大聖母要再親自補充更多擲筊問不出來的細節。

宗天宮大聖母降駕指示：

蔡弟子，蔡家過去發生這麼多不幸，所有的原因剛剛已經指示出來了，現在吾聖駕再補充一些細節。

這位外籍信女過去跟著她父親使用巫術時，已經犯了很多的錯誤，導致很多外籍的外陰附身在她身上。

所以，嫁過來臺灣後，這些外陰也隨之來臺，加上當時蔡家的神主牌早就已經有欠點，就是如此，才造成這些外陰入侵蔡家神主牌內，這是原因其一。

這位外籍信女因有外陰附在她身上，導致精神、言語、行為一天一天的怪異，所以才會

與蔡家長輩發生嚴重衝突，一氣之下在房間準備好以前在當地島上經常做的一種儀式後，全身穿紅衣，這在當地是一種屬於極度怨恨而亡的方式，稱為「冤報」。而後被埋葬之處，至今後人已無法找尋，而信女生前本身就會咒語也會巫術，所以死後在墳墓附近的小廟幫忙處理過許多同是外籍的孤魂野鬼，受到那邊上百位外陰的敬重，因此要說她有「成魔的程度」也不為過，這是原因其二。

原因其三，接下來冤報到蔡弟子的大哥及他的女兒，才會不幸造成車禍、跳樓死亡。今日吾降駕就是要讓大家知道，為何剛剛指示出來蔡家二人的往生都跟這位外籍信女有關，也竟然會有這般能力號召這麼多的外陰孤魂，是因為臺灣也有非常多跟這位外籍信女同國籍的人，他們枉死及客死他鄉後都來投靠安娜。

目前，吾聖駕查到蔡家神主牌位和對方小廟那邊總共有一〇七條外陰孤魂，而之前雕刻的那二個安娜的金身裡面，每個金身裡面各有三條孤魂，共六條，加起來一共是一一三條外陰。數量如此之多，一旦協調破裂，雙方起了衝突，後果將不堪設想，首當其衝一定是蔡家全家人丁。

所以，吾聖駕會出面邀請伏魔大帝協調此事，在談判的這段期間，蔡家人丁無論開車、騎車都要小心，所以才會派護身符在談判期間讓蔡家全家人帶身，以確保安全。

遵照吾聖駕的指示一一進行，三個禮拜後再請示眾神明與對方協調談判的結果，這三個禮拜期間會有神明時常到蔡家巡視，弟子不用害怕。吾指示到此，後會有期。

宗天宮大聖母退駕後，大家對祂指示一〇七條加六條孤魂感到十分震驚，也意識到這段期間一定要特別小心，如果在談判的這三個禮拜期間有夢境，也一定要記起來，因為神明協調談判的結果、遇到什麼困難，或甚至對方有開什麼條件，有時候是會在這段期間給當事人或給我託夢。

在這三個禮拜期間，我有夢到我受邀去參加一場鴻門宴會，同桌坐著另一位老師，感覺雙方已經談事情談到火氣都很大，幾乎要火拚起來。經請示過神明，神明指示協調談判過程有一度雙方不是很開心，幾乎要起衝突，要我們再到南鯤鯓邀請朱府千歲一起協調談判，這樣協調圓滿的機會才會高。不過，這些都太過冗長，而且屬於解夢的角度，此處就不做太多著墨。

我們現在一切都已經按照神明所指示的準備好了，接下來就是等三個禮拜後，再請示宗天宮眾神明、伏魔大帝鍾馗帝君和朱府千歲跟對方協調談判的結果如何。

請示協調談判結果

時間終於來到三個禮拜後，當天一早，蔡先生全家和所有的種子教師就到宗天宮準備案桌，除了鮮花、四果，還把伏魔大帝鍾馗帝君及南鯤鯓朱府千歲的聖位擺到香案桌上。一切就緒後，由我帶領蔡家全家及種子教師們正式開壇點香，誠心恭迎眾神駕臨宗天宮，等待約一個小時之後，就要正式請示這三個禮拜協調談判的結果。當時大家的心情其實可以說是五味雜陳，既緊張又期待看到這從來沒有見過的景象。

其實協調談判後的問法，就是要請示神明協調談判後的結果。

協調談判後的問法要件

❶請示神明這段期間是否已經協調談判成功，這個一定要先問。

❷已經協調談判成功，但要準備小三牲五味碗、金紙。

❸已經協調談判成功，但要準備菜飯、金紙。

❹已經協調談判成功，但要準備小三牲五味碗、菜飯、金紙等。

❺如果神明這段期間沒有完成協調談判，要請示沒完成的原因。沒完成的原因眾多，這等到真正上課時才會一一傳承給大家。至於沒完成的原因較常見有二：

Ⓐ或許案情複雜，需要再一些時間協調，如果是，那就再請示神明還需要多久時間。

Ⓑ對方開的條件不合理等等。

備註＊小三牲五味碗就是一塊豆干、一塊肉、一顆蛋、一碗白飯、四碗菜，葷素不限；一般都是用免洗碗裝著，共八個碗。

＊菜飯有些是準備幾個便當，葷素不限，一般都是準備一至三個，但像蔡家這個案子牽涉到太多外陰，所以我們準備十個便當。數量可以不用請示沒關係，但要請示也可以。

＊❶、❷、❸、❹這四個基本要件一定要含在每一個問法內，因為這是基本要件。至於祭品，可以因應案情做變化調整，如加上水果、鮮花、米酒等等。

＊金紙數量一定要請示神明，神明負責協調外陰，一定會跟這些外陰協調要多少金紙，這樣可避免金紙燒太少沒效果，燒太多又造成浪費，但一般是不會太多。

*問題❺可以最後問，如果❶、❷、❸、❹這四個基本要件都問了很久，且都有沒有三個聖筊，再問問題❺。

根據協調談判後問法要點，我開始請示神明協調談判的結果。

第一次問法

「奉請宗天宮天官紫微大帝、觀音佛祖、聖母、伏魔大帝鍾馗帝君、朱府千歲列位眾神，是否列位眾神已經跟這位外籍安娜和祖先牌位這一〇七條和金身內六條孤魂協調好了，如果已經協調好，請給弟子三個聖筊。」

擲筊結果：二個聖筊。

第二次問法

「還是眾神已經跟這位外籍安娜和祖先牌位這一〇七條和金身內六條孤魂協調好了，但還要準備小三牲五味碗是不是，如果是這樣的話，請給弟子三個聖筊。」

擲筊結果：沒有聖筊。

第三次問法

「還是眾神已經跟這位外籍安娜和祖先牌位這一〇七條和金身內六條孤魂協調好了，但要準備菜飯是不是，如果是這樣的話，請給弟子三個聖筊。」

擲筊結果：二個聖筊。

第二次加入小三牲五味碗沒有聖筊，但是第三次加上菜飯就有二個聖筊了，所以我保留菜飯，刪掉小三牲五味碗這個要件，繼續朝祭品下去修改問法。

第四次問法

「還是眾神已經跟這位外籍安娜和祖先牌位這一〇七條和金身內六條孤魂協調好了，但要準備菜飯以及米酒是不是，如果是這樣的話，請給弟子三個聖筊。」

擲筊結果：二個聖筊。

祭品方面我已經總共修改了四次，都沒有三個聖筊，於是我就轉問第五個問法。

第五次問法

「還是眾神已經跟這位外籍安娜和祖先牌位這一〇七條和金身內六條孤魂還沒有協調好，因為還有一些條件還沒談好，如果是這樣的話，請給弟子三個聖筊。」

擲筊結果：沒有聖筊。

第五次問法沒有聖筊，我就比較安心了，因為這次沒有任何聖筊，我就可以推論：神明並不是沒談成，而是在準備東西方面還沒問出神明要的答案而已。修改了那麼多次有關祭品方面的問法都沒有三個聖筊，甚至連二個聖筊都沒有，我認為如果再繼續朝祭品這方面修改問法，也一定不會有三個聖筊，神明應該是在講祭品（可吃的）以外的東西，而且這個東西一定是在處理當天準備要用的。這個觀念，我們一定要懂得配合當時問事的情形做變化，千萬不要執著非得要問出哪一個祭品。

當我一直在思考神明是要指示什麼東西時，腦袋忽然間閃出宗天宮在辦萬人法會的景象，萬人法會上都會準備一條法船渡無形眾生到極樂世界，「難道神明是要指示我們準備一條法船？」這次有這麼多數量的外陰，準備法船也是合理的推測。我接著想，「如果神明真的是要指示我準備法船，那麼神明接下來的安排，是不是準備要把這一百多條的外陰送去哪裡呢？」這就是問事舉一反三的思維。

不管我怎麼想，還是得要請示神明才算數。於是，我修改了問法：

第六次問法

「還是眾神已經跟這位外籍安娜和祖先牌位這一〇七條和金身內六條孤魂協調好了，但要準備菜飯、米酒，以及一條法船，宗天宮神明、伏魔大帝鍾馗帝君、朱府千歲要把這些外陰先引渡到祖廟，把這些外陰原本的『非善之心』修好，修好之後再引渡到地府修行（正道）三個月，三個月後再引渡到這些孤魂的自己國度裡去轉世，使其日後不再是無依的孤魂，這樣才能根治。是不是這樣，如果是這樣的話，請給弟子三個聖筊。」

擲筊結果：三個聖筊。

看到三個聖筊出現，大家都大大地鬆了一口氣。原來神明的安排是這樣，而且跟我判斷的一樣，法船真的是用來載這些外陰的。

接下來要請各位注意，並不是協調談判的結果問出來後就結束了。既然神明指示要準備一條法船，就必須繼續請示法船要如何開光、法船的大小、金紙數量等等。等這些都完全請示出來了，最後一個步驟，就是請示神明有沒有要指定什麼時候正式處理，如果神明沒有要指定日期，那就由我們來安排，畢竟我們還要配合法船的製作時間，以及一些相關祭品的準備——這些都需要一些時間。

此外，還有一點很重要：當這些物品都已經準備得差不多了，一定要再點香稟報神明相關物品都已經準備得差不多了，預計哪一天可以正式請神明來處理。因為不只是準備物品需要時間，所有的種子教師平常日也都有自己的工作或事業，協調出大家可以來幫忙的時間後，一定要事先把決定好的日期向神明稟報，請神明做主。

經過大家的協調後，我們決定在二個禮拜後正式處理。然後，所有人就集體上香稟報宗天宮眾神明、伏魔大帝鍾馗帝君和朱府千歲，將於二個禮拜後祈求眾神明做主，處理這件棘手的案件。

二個禮拜後的正式處理

時間來到正式辦理當日，所有種子教師和蔡先生一家依照神明指示，把法船、供品、菜飯、金紙等相關物品都已經準備好，我也帶領蔡家全家點香，正式開壇恭請宗天宮天官紫微大帝、觀音佛祖、天上聖母、開基地藏王菩薩列位眾神，以及伏魔大帝鍾馗帝君、朱府千歲。開壇之後約一個小時，宗天宮乩身開始靈動，乩身第一句話就寫：

吾聖駕乃是伏魔大帝鍾馗帝君。

原來是伏魔大帝鍾馗帝君正式降駕。蔡家這個極度複雜的案件，能由鍾馗帝君做主處理是再好不過了！所以，當時大家都深懷感恩之心，恭迎鍾馗帝君的降臨。接下來，就是看鍾馗帝君如何著手處理這個案件了。

鍾馗帝君知道這件這麼複雜且年代又這麼久的案件是需要花一些時間處理，所以降駕後一刻也沒有耽擱，立刻指著蔡先生的大嫂說：「信女，妳過來一下。」

鍾馗帝君接著指示：「信女，首先要先跟妳講一件事，但是妳不要太激動。」

「鍾馗帝君說這些話的用意是什麼？是什麼事會讓她激動嗎？」我在心裡想著，此時鍾馗帝君繼續指示了下去……

信女，妳這一生到目前為止，面臨許多的坎坷、悲痛與傷心。妳早年喪夫，晚年又喪女；二、三十年前喪夫後，忍住心中所有悲痛，暗夜裡獨自一人悲傷，想到傷痛處則痛哭

無人知，也不願讓人知曉，從此守寡獨自一人，終於扶養著孩子長大成人。沒想到在若干年後，妳含辛茹苦扶養長大的女兒離婚回到娘家，最後卻是走上跳樓自殺這一條路。

如果不是內心堅強，一般人可能會撐不下去，或做出遺憾之事。信女，吾聖駕要對妳說，妳是一位既堅強又偉大的母親，克服自己內心的悲痛走過這一段艱辛坎坷的路，吾聖駕對信女是非常敬佩的。就是因為連神明也敬佩妳，所以宗天宮眾神明來找吾聖駕一起協助這個案件的時候，吾聖駕二話不說馬上答應鼎力協助，無論如何也一定要幫信女要回妳先生與女兒的魂。

所以，今天要跟妳說，妳先生與女兒的魂吾聖駕已經帶回來了，妳從此以後不用再擔心了，現在妳不要激動。

哪有可能不激動！雖然神明說不要激動，但這種氣氛要讓當事人不激動也很難。蔡大嫂聽完鍾馗帝君講的這些話，早就忍不住自己二、三十年來沒有人可以了解的大悲大痛，哭到不能自己，旁邊的種子教師也跟著落淚，也趕緊拿張椅子讓她坐著休息一下，拍拍她的肩膀，安慰她。

「天啊！」聽到鍾馗帝君把這對命運坎坷的父女的魂給帶回來了，我和種子教師們的內心真的非常開心，也非常感謝眾神明的幫忙。「這對父女今天終於回來了！」一想到蔡先生的大嫂過去經歷的情形，真是讓人打從內心敬佩，也值得我們大家學習。

等到蔡先生的大嫂心情稍微平靜之後，鍾馗帝君接著又繼續指示：「二位的魂我已經帶回來了，等一下要先帶去地府報到，接下來，就等待下一階段處理祖先的時候再把魂歸在神主牌內，不過，信女的女兒無法歸在神主牌內，這會再另作處理。」

鍾馗帝君最後對蔡先生的大嫂說：「信女，吾聖駕等一下要幫法船開光了，妳最後還有什麼問題要問的嗎？」

蔡先生的大嫂邊擦眼淚邊對鍾馗帝君說：「謝謝鍾馗帝君的幫忙，我想知道我先生跟我女兒現在還好嗎？」

鍾馗帝君的回答是這樣的：

魂回來前不好，魂回來後很好。

信女，妳女兒現在在旁邊，有話要對妳說。

妳女兒現在跪在妳旁邊，要跟妳說：「媽媽，對不起，我不但沒有盡到一位當女兒的責任，甚至還走上這條路，當我跳樓往生後，妳趴在我的遺體上痛哭，那時候我就已經知道我錯了。媽媽，我錯了，請妳原諒我好嗎？」

「我沒有怪妳……」蔡先生的大嫂已經講不出話來了。我幫忙鍾馗帝君翻譯到這邊，其實也快翻譯不下去了，我眼睛已經充滿淚水，幾乎講不出話來。一邊是母親喪女的痛，另一邊是女兒對母親滿滿的愧疚，其實母女倆都是苦命人——當時的情形，真的讓在場所有人的心很痛。

此時，鍾馗帝君繼續對蔡先生的大嫂說：「信女，妳不要再傷心，事情已經過去了，妳女兒是跳樓身亡，妳先生是車禍身亡，二位在往生時身上都有多處骨折，面貌也已經有毀損，等一下宗天宮地藏王菩薩會用藥懺幫二位處理，讓妳女兒跟妳先生的面貌恢復到以前的狀況，否則往生時是什麼面貌，往生後的魂還是那個面貌不會改變。」

鍾馗帝君最後說：「時間不多了，接下來我先幫法船開光，小廟和祖先牌位一〇七條加上金身的六條孤魂已經全部都到了，現在正由宗天宮眾神、佛祖和地藏王菩薩在辦理一些程序中，等法船開光完成後，吾聖駕會把這一一三條外陰孤魂全部引渡到法船上，待時辰一到，就可以把法船燒化掉，到時我親自帶尚方寶劍奉旨到法船旁邊押送法船。這個階段完成之後，就可以接著請示祖先除戶、處理神主牌，風水的欠點，最後再將蔡家的神桌正式安座，如此一來就正式圓滿了。」

鍾馗帝君指示完，隨即幫法船開光，並帶領著大家在法船上面的指定位置處貼上伏魔大帝所敕的符。待法船開了光，符也貼在指定位置後，鍾馗帝君忽然開口說話，說的那些話一般人聽不懂，於是鍾馗帝君又指示我過去幫忙翻譯。

鍾馗帝君首先說：「小廟和祖先牌位這一〇七條和六條金身內的孤魂現在已經在廟埕，我現在要出去跟他們講話。」說完，伏魔大帝鍾馗帝君便拿起一把尚方寶劍走到廟埕，所有人都跟在鍾馗帝君的後面一起到廟埕。

鍾馗帝君牽著我的手，讓我站在祂的身旁幫忙翻譯，待我站到了祂身旁時，鍾馗帝君開口說完一段話後，我馬上接著翻譯：

「今天上蒼、地府，宗天宮眾天神、朱府千歲以及吾聖駕，對於你們過去二、三十年期間對蔡家所做的一些違反天理的事完全都知道，也都一一查明詳細，沒有漏掉的，也沒有冤枉的。然上天有好生之德，吾聖駕與眾神在跟你們協調談判的期間，大家還都聽得進眾神的勸化，雖然曾經要求過一些不合理的條件，但最後大家也放棄了那些不合理的要求，可見大家內心最初的善根並沒有殆盡，尚可勸化。所以，今天上蒼、地府以及宗天宮眾天神已經准許安排一條光明正路給大家走。」

翻譯完上一段後，我又接著翻譯鍾馗帝君的第二段話：

「今天上蒼、地府以及宗天宮眾天神已經准許大家分別到宗天宮祖廟先修好善心，等修好之後再到地府三個月，這三個月主要是要大家償還過去二、三十年期間所做的一些非善之事，三個月一到，再將各位接引到自己的國度裡正式轉世，從此以後大家就不再是依附在小廟那種人見人怕的孤魂，這是一條大家最適合走的一條正道。」

解開鎖口針之謎

當我翻譯完鍾馗帝君第二段話後，祂做了一個動作，這個動作看起來就像是先用手指著一個人，然後再指著宗天宮廟內，好像是在對這個人說「你，跟我進來」。

果然，鍾馗帝君比完之後就大步往宗天宮廟內走進去，到了廟內後，隨即在案桌上寫著：「叫蔡弟子進來。」

蔡先生馬上走進廟內。鍾馗帝君叫蔡先生先在旁邊站著，祂則轉頭過去跟一位無形的人講話。這位，應該就是剛剛鍾馗帝君示意「跟我進來」的那一位，同時示意我要繼續翻譯。

鍾馗帝君講完一句之後我立刻翻譯：「跟我進來的這位就是安娜，上蒼、地府，以及宗天宮眾天神授權吾聖駕帶她進來。」

大家雖然看不到，但大家的表情似乎是在說：「哇，原來這位就是安娜，這整個案件扮演著最重要的一位角色。」

鍾馗帝君講完一段話後，我又接著繼續翻譯：「吾聖駕知道妳過去遭受到極大的恨，然後含恨上吊而亡，吾聖駕也知道，妳現在雖然已經答應眾神明的協調，但內心仍有一些恨意，妳所恨的是，獨自一人來這個舉目無親的地方，又遭受了莫大的羞辱，在當時那個年代，無人可以幫妳，也無人可以訴苦，只好日夜在房間裡哭。妳同時回想，過去如果不來臺灣，在自己的國度裡仍是受人敬重的高人，為何如今來到這邊受人百般羞辱，愈想愈氣，心結也愈結愈深。於是，有一天在房間裡面用了『鎖魂冤報法』儀式，用一根鎖口針貫穿自己的雙面臉頰，這是為了鎖住口中那一口極度怨氣，不讓怨氣從口中吐出。貫穿之後再上吊自殺，妳的目的是為了要讓妳的魂能夠回來進行冤報。然而，妳雖有冤屈，但吾聖駕也要告訴妳一點，過去在妳的國度裡，妳也有使用宗教方法錯誤之處，這已違反天法了，跟今天的果都有相關聯，這一點妳比任何人都還要清楚，所以吾聖駕就不再說下去了，今天這個場合說這個不適合，點到就好。」

我的天啊！聽到這裡，除了再一次感到毛骨悚然，我們也終於解開那根鎖口針的由來與目的，同時也再一次證明，安娜確實是懂宗教這方面的知識。上一段結束，我繼續翻譯鍾馗帝君的下一段話：「然而，妳一定知道，這裡站著的人雖不是妳親生，但也都是妳的後代，妳是他們的長輩，是他們的母親，至今家中的神主牌都還有妳的牌位，表示並沒有忘記妳這位母親，而廟埕坐著的那一位，也就是剛剛哭得很傷心的那一位，是早年喪夫、晚年喪女，這二、三十年來強忍內心的悲痛，堅強地走到今天，這一點妳應該也比誰都清楚，所以……」

鍾馗帝君話講到一半，忽然停下來大概十幾秒。我於是觀察，不知道是不是安娜在對鍾馗帝君講些什麼，不然為什麼鍾馗帝君講得好好的，卻忽然停了下來。

此時，鍾馗帝君把頭轉向我，對我說一句話要我翻譯，我聽完之後說：「蔡弟子過來。」蔡先生慢慢走過來，站在鍾馗帝君的右側。我繼續翻譯：「蔡弟子，跪著，叫阿母。」

蔡先生二話不說，馬上跪下，叫了一聲「阿母」。

鍾馗帝君又說了一段話後，我繼續翻譯：「蔡弟子，安娜剛剛要求吾聖駕能不能讓你喊她一聲阿母。當你喊完這一聲阿母後，她本來要去牽你的手，但被吾所擋，因為陰摸到陽，人會不舒服。」

鍾馗帝君講完之後，又跟安娜講了幾句，然後用手比著廟的外面。我當時判斷，鍾馗帝君這個手勢就像我們在「請」一個人到那邊等待的手勢。

接著，鍾馗帝君換在案桌上寫字，我當場翻譯：「蔡弟子，你阿母哭了，哭著走到法船上面，你阿母上法船前轉頭對你，還有你大哥、大嫂他們那一房說最後三個字：『對不起。』」

天啊，翻譯到我自己也動容到想落淚。這原本是一件聳人聽聞的案件，沒想到，到了這個階段，瞬間變成感人肺腑的親情團圓。這一幕讓在場的人看得很感動，更讓所有人動容的是，這位已達成魔程度的安娜終於放下心中的怨恨，接受了神明的勸化與安排。

這個時候，伏魔大帝鍾馗帝君指示時辰已到，隨即帶著尚方寶劍押送法船進行燒化。一直到法船完全燒化，鍾馗帝君才回到宗天宮廟內，指示最後幾件事情，「法船上的一一三條孤魂，已經全部引渡到他們第一個該去的地方；蔡弟子的大哥、侄女的魂，也順利由神明帶去地府進行報到了。此一階段的事已經處理圓滿，吾聖駕的任務也已經完成，現在吾要隨著法船去安排後續一些相關事情，所以在這裡就告一段落，眾弟子、信女，後會有期。」

講完，鍾馗帝君立即退駕。

至此，大家內心對鍾馗帝君充滿了感謝與敬佩。從帝君開始與孤魂的協調談判，一直到正式處理結束，鍾馗帝君展現了神的威嚴；跟蔡先生大嫂談的那些話，又展現出神的慈悲；在跟安娜對談時，又十足展現出神的感性與理性。這是宗天宮第一次親眼見證到鼎鼎大名的伏魔大帝鍾馗帝君親自處理事情，整個過程深深烙印在我們每個人心中，不由得讓大家用最誠懇之心說：「謝謝祢，伏魔大帝鍾馗帝君。」

該拜的與不該拜的祖先

開始請示除戶

蔡家的案子進行到此，雖還沒有完全結束，但裡面最複雜、最難處理的，我們已經處理好了。大家不要忘了處理安娜和其他外陰的事情，是當初原本要請示蔡家祖先除戶才開始的，這也是在提醒大家：先把根本的欠點解決完，再來解決祖先的欠點。

按照宗天宮處理祖先的八個基本步驟 P85，我們之前只進行到第三個步驟「開始核對除戶，把核對結果記錄在核對表格上」，所以接下來要進行第四個步驟：「根據除戶核對結果來請示神明」。請大家要再對照之前那張蔡家祖先除戶核對表格 P91 來閱讀，才會比較清楚。

請示除戶，要先分出「該拜祖先」、「不該拜祖先」、「倒房」這三大基本要件，然後根據這三大基本要件來請示神明。處理祖先絕對不是再買一個新的神主牌，重新寫過就好了——這是大錯特錯的做法。

根據除戶核對表格，我們核對到蔡家大房該拜的祖先有四代。請注意，這是蔡先生的大哥那一房的祖先，如果是蔡先生他自己這一房要拜，神主牌裡面就不能拜第四代他的大哥，因為他大哥本身有後代在奉祀了，要由他大哥的孩子來奉祀才對。這個觀念清楚了之後，現在就開始來看蔡家祖先的除戶情形（為保護個資，用稱謂來代替姓名）。

＊**蔡家大哥那一房該拜的祖先**

第一代：蔡曾祖父、蔡曾祖母。

第二代：蔡祖父、蔡祖母。

第三代：蔡爸爸、蔡媽媽、安娜。

第四代：蔡家大哥。

＊蔡家不該拜的祖先

林小明、陳阿美、趙小天、石阿英。

＊蔡家倒房

第三代：蔡小叔叔，三歲死亡。

第三代：蔡小姑姑，二歲死亡。

第五代：蔡大哥的女兒（跳樓自殺那位）。

由此可見，蔡家大房該拜的祖先有四代，共七位；不該拜有四位；倒房有三位。先把人數完全確定好後，就可以開始請示神明了。

請示除戶的程序與問法訣竅

1	
程序與問法	一定要請示神明，直系該拜的每一代祖先，有沒有要指示的地方。
說明	當我們把當事人祖先的除戶核對完成後，神明一定會去找當事人的祖先，而當事人的祖先如果有什麼話要跟他們的後代子孫說，就會透過神明指示；此外，如果神明有查到某一代的祖先有什麼

		問題需要讓當事人知道，也一定會藉由這個步驟指示，讓當事人知道。所以，這個步驟是一定要做的，也是必須要做的，絲毫馬虎不得。
2	在請示當事人該拜的每一代祖先時，如果沒有聖筊，就表示這一代沒問題，或沒有什麼話要交代；如果有出現二個聖筊或三個聖筊，就表示這一代有話要交代，此時就要把這一代要指示什麼事問出來，確保每一代祖先所要說的話或神明要指示的事完整的表達出來。	這個部分最是難問，也是不得不問的，因此，這個步驟一定要花時間學習——尤其是問事人員，這樣等問到哪一代祖先有要指示時，你才可以輕鬆應對。至於哪一代的祖先有話要說或哪一代祖先神明有什麼指示，到底要怎麼問，本書會提供一些基本問法，其他更多深入的問法，還要等開班授課時，配合宗天宮給大家的教材，才能夠講得清楚。這個教材就是以除戶的複雜程度所擬定的問法，而這些問法都是我處理祖先這二十五年來所問過的問法，也是經過神明三個聖筊認證過的問法，是萬金也難買到的寶貴實戰教材。
3	當事人直系該拜的每一代祖先都請示完之後，接著就請示倒房的祖先該怎麼處理。	這個步驟是一門高深的專業學問，所擬定的問法同樣也是千變萬化，我也會提供一些基本處理倒房的問法。
4	倒房如何處理這部分請示完成後，接著就是請示神明這些不該拜的祖先要如何處理。	這與第三個步驟有點雷同，雖然是不該拜的祖先，但也同樣是一定要問的。
5	以上四點都完成之後，接著請示神明，當事人的祖先還有沒有其他的指示。	問這個問題，是要再次確定有沒有漏掉什麼問題沒問到、沒找到，或者神明還要我們再注意些什麼。如果問沒有聖筊，那就表示當事人祖先問題已經問得很完整，並沒有漏掉什麼；如果有出現

6

如果沒有其他指示了，最後一個步驟就是請示金紙數量。

二個聖筊或三個聖筊，就要再問出來，這個部分也是不好問，但同樣也是非得要問。一般都不會燒太多，但還是由神明做主指示金紙的數量較好，也比較保險，避免燒太多浪費、燒太少祖先不夠用的情況發生。

——開頭稟報神明的說法

接下來，我開始要請示神明有關蔡先生的祖先除戶問題，首先要先一一完整、仔細的向稟報神明。根據請示除戶的程序與問法，於是我這樣請示詢問：

「奉請宗天宮天官紫微大帝、觀音佛祖、聖母列位眾神，蔡家最複雜、最困難、最重要的問題已經解決了，現在就要正式進入請示除戶這個階段。

根據弟子所核對的除戶結果，首先蔡家直系該拜的祖先有四代，第一代是蔡曾祖父、蔡曾祖母；第二代是蔡祖父、蔡祖母；第三代是蔡爸爸、蔡媽媽；第四代是蔡大哥，也就是蔡弟子的哥哥。

第二，蔡家倒房有三位，一位是第三代，蔡弟子的小叔叔，三歲死亡；一位是蔡弟子的姑姑，二歲死亡；一位是蔡女士，也就是蔡弟子的侄女，離婚未再嫁且也沒後代，算是倒房。因此，這三位倒房要處理，等一下要再請示宗天宮眾神明這三位要如何處理。

第三，蔡家神主牌裡面有四位不該拜，這四位全都沒在除戶裡面，更重要的是，這四位沒有一位姓蔡，也不是夫妻身分，所以這四位跟蔡家一點關係都沒有，是不該拜的。這四位不該拜的也要處理，等一下要請示宗天宮眾神明這四位要如何處理。弟子所稟報的這些是蔡家申請戶政的除戶資料，以及蔡家神主牌內的資料交叉所核對的結果。

所以，請宗天宮天官紫微大帝、觀音佛祖、聖母列位眾神大發慈悲，指示蔡家祖先要如何處理，現在弟子要一一請示眾神明。」

請示祖先除戶的基本訣竅問法

請示每一代祖先的步驟，如果沒有人教，一般人恐怕真的不知道要怎麼問，這當中至少有五十多種問法，但只要把這五十多種問法看熟、記熟，可以說沒有任何一代祖先是問不出來的，也絕對會有三個聖筊。

宗天宮已經編列好一部「除戶問法訣竅法門」，這部教材裡會依各種除戶的複雜程度，把所有的問法分門別類，讓問事人員可以依照當時所遇到的是哪一種類型的除戶來擬定問法。

再強調一次，處理祖先的欠點絕對不是只去買一個新的神主牌來重新寫，再擺到神桌上祭拜這麼簡單！從蔡先生的案件，就能了解處理祖先絕對不是一件簡單的事。有心想當一個頂尖專業的問事人員，就一定要好好學，不要害人又害己，甚至害到自己的子孫。

這裡先提供十一個「簡單除戶」的基本問法，這十一個基本問法都可以視當時問事狀況做問法的調整與變化。

問法❶

「是不是過去神主牌內一直沒有拜到第一代，致使這一代祖先一直在外流浪、無家可歸，要讓你的子孫知道這一點？如果是這樣的話，請給弟子三個聖筊。」

備註 前提是牌位內真的沒有拜第一代，如蔡家第一代祖先。如果問法❶只有二個聖筊，再修改為下一個問法。

問法❷

「是不是過去神主牌內一直沒有拜到第一代，致使這一代祖先一直在外流浪、無家可歸，並且過去有向人借過錢所以要還？如果是這樣的話，請給弟子三個聖筊。」

備註 如果是三個聖筊，就要請示神明金紙數量，一般都不會很多。如果問法❷還是只有二個聖筊，再修改為下一個問法。

問法❸

「是不是這代過去有向人借過錢而今天要還，對方現在在外面等著要領，所以現在神明指示要先燒化金紙。如果是這樣的話，請給弟子三個聖筊。」

備註 如果有三個聖筊，就要接著請示神明金紙數量，一般都不會很多，請示出數量之後，再點香稟報神明作主後即可馬上燒化。

問法❹

「是不是這代祖先要指示，過去都是因為祖先欠點，導致無法保佑子孫，祖先覺得難過，也覺得對子孫很虧欠，這一點要讓子孫了解知道祖先痛苦的地方，如果是這樣的話，請給弟子三個聖筊。」

備註 如果只有二個聖筊，再修改為下一個問法。

問法❺

「是不是這代祖先要指示，家運不順、事業不順或身體欠安……等，都是因為這一代祖先所引起的，這一點要讓子孫了解知道，如果是這樣的話，請給弟子三個聖筊。」

備註 如果只有二個聖筊，再修改為下一個問法。

問法❻

「是不是這代祖先要指示，子孫ＸＸＸ事業不順，都是因為這一代祖先所引起的，所以要出事業的籤詩，來說明這位子孫未來事業方面的情形，如果是這樣的話，請給弟子三個聖筊。」

備註 Ⓐ問這個問題的前提是，當事人或家人某位事業有不順的情形。

Ⓑ如果有三個聖筊，就要抽事業的籤詩。

問法❼

「是不是這代祖先要指示，子孫XXX的婚姻出狀況，都是因為這一代祖先所引起的，所以要出姻緣的籤詩，來說明這位子孫姻緣方面的情形，如果是這樣的話，請給弟子三個聖筊。」

備註Ⓐ問這個問題的前提是，當事人或家人某位姻緣有不順的情形。

Ⓑ如果有三個聖筊，就要抽婚姻的籤詩。

問法❽

「是不是這代祖先要指示，子孫XXX目前都還沒有結婚，都是因為這一代祖先所引起的，所以要出下半年姻緣的籤詩，來說明這位子孫姻緣方面的情形，如果是這樣的話，請給弟子三個聖筊。」

備註Ⓐ問這個問題的前提是，當事人或家人某位姻緣有不順的情形。

Ⓑ如果有三個聖筊，就要抽下半年婚姻的籤詩。

Ⓒ時間點的配對可用在其他問題上，這樣可延伸出許多問法，問事人員要會隨時做變化。如：上半年事業籤詩、下半年身體籤詩，或明年上半年姻緣籤詩、明年下半年姻緣籤詩等。

問法❾

「是不是這代祖先要指示，子孫XXX目前都還沒有結婚，都是因為這一代祖先所引起的，所以要出姻緣的籤詩，來說明這位子孫姻緣方面的情形，如果是這樣的話，請給弟子三個聖筊。」

備註Ⓐ問這個問題的前提是，當事人或家人某位年紀大依然未娶、未嫁的情形。

Ⓑ如果有三個聖筊，就要抽婚姻的籤詩。

問法❿

「是不是這代祖先要指示，子孫XXX身體欠安，都是因為這一代祖先所引起的，所以要出身體的籤詩，來說明這位子孫身體方面的情形，如果是這樣的話，請給弟子三個聖筊。」

備註Ⓐ問這個問題的前提是，當事人或家人某位身體有不順的情形。

Ⓑ如果有三個聖筊，就要抽身體的籤詩。

問法⓫

「是不是要指示過去家運不順，都是因為這一代祖先所引起的，所以要出家運的籤詩來說明欠點處理後，未來家運方面的情形，如果是這樣的話，請給弟子三個聖筊。」

備註Ⓐ如果有三個聖筊，還要問是要出哪一房的家運籤，大房、二房……甚至是每房都要出籤詩。

Ⓑ接下來就要開始抽看哪一房的家運籤詩。

——正式請示祖先問題

擬定好問法之後，接下來開始請示每一代祖先，我們知道蔡家有四代直系該拜的祖先。

於是，我開始這樣問：

第一次問法

「奉請宗天宮天官紫微大帝、觀音佛祖、聖母列位眾神，蔡家第一代祖先蔡曾祖父、蔡曾祖母，這一代有沒有要指示的地方，如果有要指示的話，請給弟子三個聖筊。」

擲筊的結果是：二個聖筊。

結果是二個聖筊，所以我們修正問法。

第二次問法

「還是蔡家第一代祖先蔡曾祖父、蔡曾祖母過去沒寫進神主牌內，致使這一代祖先一直在外流浪無家可歸，要讓他們的子孫知道這一點是不是。如果是的話，請給弟子三個聖筊。」

擲筊的結果是：三個聖筊。

備註 ❶蔡家的神主牌內真的沒有拜第一代，所以可以問這個問題。

❷解筊：三個聖筊的含意就是要讓蔡先生知道，這一代祖先因為沒有被寫進神主牌內，導致這一代祖先無法在神主牌內而在外頭流浪。藉此，我們也再一次確定除戶核對出來的結果是正確無誤的。

第一代請示出來後，還必須請示這一代還有沒有其他指示。所以，我是這樣問的：

第三次問法

「奉請宗天宮天官紫微大帝、觀音佛祖、聖母列位眾神，蔡家第一代祖先蔡曾祖父、蔡曾祖母這一代要指示的，除了要讓他們子孫知道過去他們一直在外流浪無家可歸，還有其他的指示嗎？如果有的話，請給弟子三個聖筊。」

擲筊的結果是：沒有聖筊。

既然第一代沒有其他要指示了，就代表這一代已經請示完畢，接下來就是繼續請示第二代。

第四次問法

「蔡家第二代祖先蔡祖父、蔡祖母，這一代有沒有要指示的地方，如果有要指示的話，請給弟子三個聖筊。」

擲筊的結果是：沒有聖筊。

第二代沒有聖筊，代表沒有要指示的地方，所以繼續請示第三代。

第五次問法

「蔡家第三代祖先蔡爸爸、蔡媽媽，這一代有沒有要指示的地方，如果有要指示的話，請給弟子三個聖筊。」

擲筊的結果是：三個聖筊。

第六次問法

「蔡家第三代祖先蔡爸爸、蔡媽媽是要指示過去家裡面因為欠點，導致他們無法保佑他們的子孫，蔡爸爸、蔡媽媽心裡面覺得很難過，也覺得對他們的子孫很虧欠，這一點要讓子孫了解知道他們痛苦的地方是不是這樣，如果是這樣的話，請給弟子三個聖筊。」

擲筊的結果是：三個聖筊。

第七次問法

「蔡家第三代祖先蔡爸爸、蔡媽媽除了要指示，因為欠點導致他們無法保佑他們的子孫以外，還有其他指示嗎？如果有的話，請給弟子三個聖筊。」

擲筊的結果是：一個聖筊。

第三代一個聖筊，代表沒有其他要指示的地方了，所以繼續請示第四代。

第八次問法

「蔡家第四代祖先蔡大哥，這一代有沒有要指示的地方，如果有什麼要指示的話，請給弟子三個聖筊。」

擲筊的結果是：二個聖筊。

第四代蔡大哥是車禍身亡，所以可以如下修改問法。

第九次問法

「蔡家第四代祖先蔡大哥，有要指示是二個聖筊，是不是要指示，他過去是因發生車禍而身亡，自己又無法進入家中的神主牌保佑子孫，導致他眼睜睜看著他女兒也因欠點跳樓身亡，所以要讓他的太太及後代知道他非常痛苦，是不是這樣。如果是這樣話，請給弟子三個聖筊。」

擲筊的結果是：叩，叩，叩，三個聖筊。

備註 大家應該可以理解我之前為什麼會說，祖先不可能希望他的後代子孫發生意外、橫死或自殺，因為這對祖先而言是非常痛苦的事，無法保佑自己的子孫，又眼睜睜看著遺憾之事發生。

第十次問法

「蔡家第四代祖先蔡大哥除了要指示他過去車禍死亡，又無法進入家中的神主牌保佑子孫，導致眼睜睜看著他女兒也因欠點跳樓身亡，所以要讓他的太太以及後代知道他非常痛苦以外，還有其他指示嗎？如果有的話，請給弟子三個聖筊。」

擲筊的結果是：沒有聖筊。

——不該拜及倒房的處理

既然蔡家四代直系該拜的祖先已經全部請示完畢，並且也沒有其他指示了，接下來就是要處理倒房以及不該拜的祖先了，而蔡家第三代蔡爸爸的第一任妻子安娜已經上法船，所以就不用處理了。

四位不該拜（林小明、陳阿美、趙小天、石阿英）的神明指示要收為兵馬，以及三位倒房的其中一位——第三代的蔡小叔叔，神明指示要在宗天宮轉世，但第三代的蔡小姑姑與第五代蔡女士，神明指示等宗天宮地藏王殿落成後，牌位要放在地藏王殿五年，到第六年才辦理轉世，因為這段期間宗天宮開基地藏王菩薩還要教導這二位倒房一些法門後再轉世，如此轉世後，才不會又跟今世一樣繼續循環——尤其蔡女士是自殺身亡，宗天宮開基地藏王菩薩特別指示，要先把蔡女士自殺的「執與念」屏除——屏棄非善之因，轉世後才能醞釀善之果。

至於當天要如何處理這些不該拜及倒房，後面會講到P165。

——請示蔡家整體祖先最後是否有其他指示

請示完每一代祖先，倒房與不該拜的祖先也已經請示完成，接下來就是請示神明蔡家的祖先整體是否還有其他的指示，這是為了再次確定我們在請示蔡家除戶的過程中，有沒有漏掉什麼問題沒問到、沒找到，或還要再注意些什麼。如同之前說的，這部分同樣不是很好問，但又不得不問。所以我們要這樣問：

「奉請宗天宮天官紫微大帝、觀音佛祖、聖母列位眾神，現在蔡家的祖先已經完全請示出來了，倒房以及不該拜的也已經請示出來如何處理了，現在最後要請示宗天宮眾神明的是，蔡家的祖先還有沒有其他弟子漏掉的部分，如果有的話，請給弟子三個聖筊。」

擲筊的結果是：沒有聖筊。

看到沒有聖筊，我忽然喊出一聲「耶！」

太好了！沒有聖筊就是代表蔡家的祖先除戶我們已經完全請示完畢，而且沒有任何漏掉的部分，這樣就可以完全的放心了。

接下來，最後需要請示的就是金紙數量而已了，這個步驟可以說是整個過程中最簡單的部分，我請示宗天宮眾神明金紙數量的時候，問到「八支公媽金」就有三個聖筊了，再請示神明除了八支公媽金以外是否還需要其他金紙，也都沒有任何聖筊——問了快二十五年祖先除戶的經驗告訴我，一般神明是不太會指示當事人燒很多金紙的。

請示除戶的整個程序到此告一段落，大家一定要記住一個觀念：**問除戶的步驟雖然要花比較多的時間，但絕對是最正確也最保險的做法，更是一種謹慎且負責任的問事態度。**

現在大家一定可以體會到，我為什麼說處理祖先的方式，絕對不是只去買一個新的神主牌，然後把祖先的名字重新再寫一次進去，最後再把神主牌請上神桌供奉而已。宗天宮在處理任何一位信徒家的祖先欠點，「一定」都會經過這幾道程序，沒有例外，只要經過這些程序與步驟來處理，精準度與準確度可以達到百分百。

正式寫神主牌以及正式祭拜請祖魂

蔡家的祖先除戶已經全部請示完畢，接下來，就是要正式把每位祖先寫進神主牌裡，寫完之後，便正式要祭拜並請祖魂依附在神主牌裡，這也是整個處理祖先的最後一個階段。完成這二個階段後再請示神明是否圓滿，如果有得到三個聖筊，那整個處理祖先的程序就算正式完成——蔡家祖先的欠點就正式處理好了。

之前我說到，神主牌裡每位祖先的寫法要依照祖先的輩分寫，所以現在要教大家宗天宮的寫法。

神主牌輩分的寫法

往生時就已經當曾祖父的輩分，神主牌上面就要寫「顯祖考」，已經當曾祖母的輩分就要寫「顯祖妣」；已經當祖父的輩分就要寫「顯考」，祖母的輩分就要寫「顯妣」；還沒當祖父母的輩分就往生的就要寫「故考」或「故妣」。

在倒房方面，如果已經成年的倒房一樣寫「故考」或「故妣」；未成年的倒房就要寫「亡故考」或「亡故妣」。

有一個情況必須特別跟大家說明：幫信徒處理祖先欠點到這個階段，也就是到要重寫神主牌時，雖然信徒的有些祖先往生時還沒當祖父母，但到今天要重寫神主牌時，卻已經是祖父母了，我就會把信徒的這位祖先改為「顯考」或「顯妣」。同樣的，有些祖先當時往生時還沒當曾祖父母，但到今天要重寫神主牌的時候已經是曾祖父母了，我也會把信徒的這位祖先改為「顯祖考」或「顯祖妣」，以此類推。

神主牌姓氏、名字的寫法

這個部分，我有特別請示過宗天宮眾神明，也得到三個聖筊，因此才提供宗天宮的寫法版本給大家參考。有些信徒會問我：「老師，有些人說神主牌要不要算什麼數字，比如什麼生、老、病什麼的？」坦白說，我根本不會去在意這個，因為我知道重點不在這裡，「除戶核對要正確」、「每一代祖先要請示正確」、「倒房及不該拜要請示及處理正確」才是重點。如果只是一味執著在字數的算法，而前面那幾個步驟全做錯，甚至沒做，就算是字數落在最好的那個字，也絕對沒用。

講到這種情形，讓我想到中元普渡拜拜的另一個問題，也有人問我什麼香蕉、李子、梨子能不能一起拜，我只回答他我還是會拜這些水果，如果我不想拜這些水果，原因只有一個，那就是我不喜歡吃這些水果。所以，哪個是重點，哪個不用去在意，孰重孰輕自己要會判斷拿捏。

姓氏及名字的寫法我會提供範本給大家參考（參見下頁），不過有幾個重點需要說明：

❶夫妻通常都是寫在同一塊神主牌上。

❷男生的名字如果只有一個字，那在名字後面要加一個「观」（音同「觀」）。

❸女生的名字如果只有一個字，那在名字後面要加一個「娘」，就好像大家都知道媽祖叫林默娘，其實是叫林默，因名字只有一個字，所以在默的後面加上一個娘字。

❹如果生跟卒的日期已經不可考了，可以寫吉年、吉月、吉日、吉時。

❺通常我都會分正面、背面二面，這樣視覺上看起來才不會太擠。

❻女生牌位的寫法因為多出男生一個字（見左列範本），以直式寫法的話，男女二列長度會不一樣高，所以女生牌位的最後三個字我用「之神主」，男生則用「一位神主」，這樣讓顯祖考跟顯祖妣整列都是總共十二個字。以此類推，顯考跟顯妣整列都會是十一個字，這樣排列起來長度也會一樣高。這些都經請示過宗天宮神明且有得到三個聖筊，所以是沒問題的。

神主牌位刻字範本

（以蔡家一、二、四代為例，為保護個資，以化名舉例）

代　顯祖考蔡公　諱　大明一位神主

一　顯祖妣蔡媽林　氏　小美之神主

（正面）

考　生於　民國十三年　二月　十日　卯時

　　卒於　民國九十三年　八月　五日　辰時

妣　生於　吉年　吉月　吉日　吉時

　　卒於　吉年　吉月　吉日　吉時

（背面）

二代

顯祖考蔡公 諱 明观一位神主（名字只有一個字寫法）

顯祖妣蔡媽陳 氏 芳娘之神主（名字只有一個字寫法）

（正面）

考

生於 民國二十三年 四月 十五日 巳時

卒於 民國九十八年 五月 十七日 午時

妣

生於 民國二十八年 六月 五日 丑時

卒於 民國一〇三年 九月 九日 子時

（背面）

四代

顯考蔡公 諱 小明一位神主

（正面）

考　生於吉年吉月吉日吉時
　　卒於六十三年吉月吉日吉時

（背面）

以蔡家這個案子為例，蔡家祖先總共有四代，所以要有四塊神主牌：第一代、第二代、第三代、第四代。

前三代都是一對夫妻，所以夫妻二位都寫在同一塊神主牌上，然而第四代只有蔡先生的大哥一位，往生前還沒到祖父輩分，但現在是祖父輩分，所以我就幫他寫上「顯考」。

蔡先生的大嫂還在，所以我會把蔡先生的大哥寫在偏右邊，左邊的空位就等到蔡先生的大嫂百年後就可以寫上去，甚至到合爐時如果已經到曾祖母的輩分，我們就可以一起把夫妻重寫成「顯祖考」跟「顯祖妣」，以達名副其實。

等到四塊神主牌都已經寫好，最後一個階段就是要請祖魂依附在神主牌內，這個步驟也是相當重要，重點在於祖魂如果沒有依附在神主牌內，那不就一樣是空的神主牌，千萬不要前幾個步驟都小心翼翼地去完成了，反而到最後一個步驟卻出差錯，那真的就是前功盡棄了。

處理不該拜及倒房的做法

蔡家四代直系該拜祖先的神主牌寫好後，接下來就是四位不該拜以及三位倒房的處理了。在這邊我要強調一個重點，上天有好生之德，什麼事都要安排一條後路給這些無形的眾生走，雖然這四位絕對是不該拜的祖先，但也絕對不要亂燒掉。我記得我在閉關時媽祖就有教過我一個觀念，那就是——除惡「勿」盡。

媽祖對我說：「弟子，你把這些都趕走，對，要趕走很簡單，趕走也沒錯，因為這些本來就不是該進到這個神主牌裡面的，這麼說雖然是合理也合法，但是弟子你要想，如果把這些都趕走了，你知道這些被你燒掉趕走的無形眾生接下來會去哪裡呢？你難保這些無形是不是還會進去下一個有欠點人家的神主牌裡面，這樣不就又害到下一個眾生。所以，弟子，你要記住安排一條路給這些無形眾生走，這樣對陰、對陽、對神，這三方面都好。」媽祖這段話我一直都放在心裡。

所以，對這些不該拜的四位我也是以同樣的處理方式，祈求宗天宮眾神明安排一條路給這四位走。果然神明是慈悲的，安排這四位當宗天宮的兵馬，跟著宗天宮神明修行正道濟世救人，有神明的香火就有兵馬的香火，這樣其實是雙贏的策略。

因此，當天要處理時，我們用一張紅紙寫上這四位不該拜的祖先，然後請神明把這四位的魂引出並依附到紅紙上面，等到神明指示三個聖筊已經處理完畢，我們就可以燒化這張紅紙，正式的把這四位不該拜的魂交給宗天宮神明，安排這四位後續當兵馬的相關事宜，就是神明的工作了。

同樣的，三位倒房也是如此處理，我們也是會準備三張紅紙分別寫上蔡小叔叔、蔡小姑姑、蔡女士的名字，如亡故考ＸＸＸ、亡故妣ＸＸＸ及故妣ＸＸＸ等。一樣是等到神明指示三個聖筊已經處理完畢後，再燒化這三張紅紙，蔡小叔叔的魂就交給宗天宮神明帶去轉世，其餘二位姑婆（女性夭折或沒結婚往生）的魂，由宗天宮神明先收留在身邊，等到宗天地藏王殿落成後再立牌位，五年後再正式辦理轉世。

這些所有的處理法門，都是神明當初所教，至今我依然用這種方法在處理，因為這種處理是善意的，不是要把無形眾生硬生生地趕走。

正式祭拜並請祖魂依附在神主牌

等到四塊神主牌都寫好後，我們跟蔡先生約定時間，把新的神主牌跟家中原本那個舊的神主牌一起拿到宗天宮辦理祖魂依附的儀式。

供品就是準備一鍋飯（含飯匙）、一鍋湯（含湯匙）、幾樣菜（葷素皆可），以及五組碗筷，再加上之前請示的金紙數量，這幾樣東西就是要辦理正式祭拜祖先，並請祖魂依附在神主牌內當天要準備的相關物品。

時間來到正式祭拜的當天，宗天宮種子教師幫忙把新舊二個神主牌以及相關供品都擺上案桌之後，我跟蔡先生說：「我們可以正式點香稟報神明了。」

於是我帶領蔡先生一家人上香稟報神明：「奉請宗天宮天官紫微大帝、觀音佛祖、天上聖母列位眾神，今天蔡家的祖先欠點已經全部處理好，四代的神主牌也已經重新寫好全部擺在案桌上，今天正式祭拜祖先並請祖魂回來依附在神主牌內。另外，還有四位要當兵馬的不該拜祖先，以及一位要轉世的倒房，二位倒房將來要安置在地藏王殿五年後轉世的，今天也要一併處理。所以，祈求宗天宮眾神明大發慈悲接引蔡家四代祖先來這邊，並做主把四代祖魂依附在神主牌內，以及做主設法處理四位不該拜的祖先及三位倒房之事宜。」

向神明稟報完後，我對蔡先生全家說：「我們已經稟報神明了，接下來要換稟報蔡家祖先。」

於是，我又帶領蔡先生全家向蔡家祖先稟報：「奉請蔡家列代祖先，第一代蔡曾祖父、蔡曾祖母；第二代蔡祖父、蔡祖母；第三代蔡爸爸、蔡媽媽；第四代蔡大哥，今天是蔡家祖先欠點處理完成，正式要祭拜蔡家祖先並請列代祖先的祖魂依附在神主牌內。今天已經是最後一個階段，蔡家的祖先也已經完全沒有任何欠點了，所以，蔡家子孫準備非常豐盛的菜飯及金紙來祭拜祖先，一是請祖先的祖魂依附在各代的神主牌內，二是宗天宮神明要接引四位不該拜的祖先到宗天宮當兵馬，三是一位倒房蔡小叔叔要辦理轉世，四是二位女生倒房要先到宗天宮地藏王殿先安置，等五年後再轉世。最後請蔡家祖先保佑蔡家子孫四時無災，八節有餘慶，東西南北福星高照，命運亨通，財利順手，闔家平安，萬事如意，各房子孫人丁興旺。」

祖先稟報完之後，通常都要等至少一個小時以上再請示神明這樣會比較好。當天是等一個半小時之後，我對蔡先生說：「我們可以來請示神明，看祖魂是否已經依附在神主牌內。」這個步驟相當重要，因為我們看不到，也不知道祖魂是否已經依附在神主牌內，所以一定要經過請示神明，神明說的才能算數，不是人說的算數。

祖魂是否依附在神主牌內的問法

擬定祖魂是否依附在神主牌內的問法就不是那麼困難了，因為只要前幾個程序與步驟做得確實與正確，這個步驟就沒什麼問題。相對的，如果最後這個步驟還有問題，以邏輯來推論的話，那就等於我們之前的步驟有錯，才會一直錯到這個步驟，所以只要前面的步驟處理正確，到這一個階段是絕對不會錯的。於是，我開始請示神明。

第一次問法

「奉請宗天宮天官紫微大帝、觀音佛祖、天上聖母列位眾神，現在要請示宗天宮眾神明，蔡家四代該拜祖先的祖魂是否已經依附在神主牌內，以及四位要當兵馬不該拜的祖先、一位要轉世的倒房蔡小叔叔、二位將來要安置在地藏王殿五年後再轉世的女生倒房，是否都處理好，並可以開始燒化金紙及紅紙了，如果全部已經處理好，可以開始燒化金紙及紅紙的話，請給弟子三個聖筊。」

擲筊的結果是：二個聖筊。

這個時候出現二個聖筊，大部分是只剩下時間上的問題而已，所以我再次修改問法。

第二次問法

「還是魂都已經依附處理好了，但要再一小刻（十五分鐘）才可以開始燒化金紙及紅紙，如果是這樣子的話，請給弟子三個聖筊。」

擲筊的結果是：三個聖筊。

果然只問到第二次問法就有三個聖筊，這就代表我們之前的幾個困難且複雜的步驟完全做得很正確、也很準確，在這個最後階段才會很快的有三個聖筊。

看到三個聖筊出現，我很開心的喊出一聲「呼」，然後對蔡先生說：「蔡先生，祖先的欠點終於解決，終於圓滿了，蔡家祖先終於不用再受苦了。」

蔡先生露出了難得的笑容，他現下的表情跟我第一次看到他的時候，真的是天差地別。

我問事問了二十幾年，第一次來找我的大部分看起來都憂愁滿面，很少是笑容滿面的。會看到笑容滿面，大部分都是在我把他們的問題與欠點找到並處理好，接下來他們的事業、運勢、婚姻、感情、考運情況有大大的改善之後，再來找我分享他們那種喜悅的時候，這種笑容與第一次見面時的表情是截然不同的。

所以，我才會對種子教師說：「要當一位頂尖專業的問事人員，心理素質首先一定要很強，也要很健康、健全，否則你一定會比其他人先得憂鬱症，因為你第一接收到的訊息全部都是悲、喪、傷、憂、痛……這種負面情緒。」

等到十五分鐘之後，蔡先生就開始燒化公媽金，我們也把新的神主牌一一按照第一代、第二代的順序放進神主牌內，同時也把不該拜及倒房祖先的紅紙也都一併處理好了。如此，蔡家的祖先欠點就算是正式圓滿處理完成。

接著，就可以把神主牌請回家供奉了。

處理風水欠點，以及最後的安神桌

當天我們把蔡家神主牌處理好，在蔡先生準備把神主牌請回家中供奉前，我對蔡先生說：「蔡先生，祖先的欠點完全處理好了，接下來就只剩下風水及安神桌這二項欠點。等你把神主牌請回去供奉好後，找一天來宗天宮，我再跟你說明這二項接下來要如何處理，以及處理的步驟。」

蔡先生回答：「好，真的非常感謝王老師你的幫忙，我還是那一句話，從我第一次到宗天宮問事到今天，要不是親身經歷及親眼看到，還真的無法想像宗教問事可以達到這種境界，從抽絲剝繭、邏輯推論、核對除戶、除戶疑點、請示除戶，一直到今天祖先處理圓滿，真的是讓人無法想像，也讓人感到驚訝，沒想到宗教可以運用邏輯思考到這種地步！

王老師，除了感謝你之外，我還要拜託你一定要開班授課，讓後代的人及有心為神明服務的問事人員，都可以學習這一套問事方法，特別是將邏輯推論運用在擲筊問事裡面，這真的是讓人大開眼界，更可以說是絕無僅有。

王老師，你未來真的一定要開班授課，我相信有很多家庭跟我的情形一樣，幾十年來到處求救，卻愈處理愈糟、愈處理事情愈多。

老師，你一定要救救這些人，拜託你了！」

「好，我答應你，我一定會盡快開班授課。」我語氣堅決地回答蔡先生。

專業處理風水欠點程序及訣竅

進塔方面

❶一定要知道往生者的仙命。

❷以往生者的仙命推算適合坐的方位，以及不能坐的方位。

❸去現場量往生者現在坐的方位適不適合、有沒有欠點，結果就會出來了。

❹往生者現在坐的方位如果不適合，先以仙命推算看看：能不能只把骨灰罈轉移個幾度，就可以達到往生者適合坐的方位，這樣就不用再換方位了——這是最理想的處理方式，當事人也不用負擔任何換塔位的費用。

❺如果把骨灰罈轉移個幾度可以達到適合的方位，那就擇日、擇時把骨灰罈請出來，再重新進塔，進塔後以羅盤精準量好度數後定位，一度都不能有誤差。

❻如果把骨灰罈轉移個幾度還是無法達到往生者適合坐的方位，就只能換方位或選擇環保葬法，這要當事人與家屬自己去做決定，我們的立場無法介入。

❼不管當事人是選擇哪一種葬法，宗天宮都有能力幫你處理。

土葬方面

❶一定要知道往生者的仙命。

❷以往生者的仙命推算適合坐的方位，以及不能坐的方位。

❸去現場以羅盤量墓碑，適不適合、有沒有欠點，結果就會出來了。

❹土葬是無法把墓碑及棺材轉移個幾度，如果有大欠點或煞氣已經很重，只能擇日、擇時破土撿骨，然後再擇日、擇時進塔了。

❺如果是下葬未滿八年而且又有大欠點與煞氣，就必須請神明來「封山」。封山的用意，就是請神明把這門土葬的風水煞氣給封住，在封山的期間內使當事人的家裡面不會再出事，封山時間一到就要擇日撿骨。舉例來說，一門墳墓剛下葬三年，到第八年還要五年時間，那麼封山就要封五年，讓當事人家裡這五年內不會再出事，等到第八年一到，就要擇日、擇時破土撿骨，然後再擇日、擇時進塔或選擇環保葬法，這要當事人與家屬自己去做決定，我們的立場無法介入。

❻不管當事人是選擇哪一種葬法，宗天宮都有能力幫你處理。

從蔡先生把神主牌請回去後的隔週禮拜六，便再特地來找我，請我處理蔡家風水欠點及安神桌方面的事。

蔡先生家祖先共有四門風水，二門當初是土葬但已經撿骨進塔了，二門是直接火化進塔，所以總共有四個骨灰罈，分別是蔡祖父、蔡祖母、蔡爸爸、蔡媽媽。於是，我先以蔡先生四位祖先的仙命，先算這四個塔位適合坐的方位和不適合坐方位，這樣才能知道一門風水（不管是土葬或火化進塔）對在哪裡、不對又在哪裡。

問神達人的叮嚀

一位頂尖且專業的問事人員，不能只會擲筊問神，還要具備風水地理的專業，因為你無法知道哪一天會出現一位家中風水有欠點的信徒，一旦神明指示信徒祖先的風水有欠點，若問事人員沒有這方面的專業知識，就無法進一步幫信徒解決問題。話說回來，以邏輯來推論，一位問事人員若沒有風水地理的專業知識，應該問不出來風水有欠點——因為不懂，既然不懂就不知道要問這方面的問題。我在學校教書那麼久，學生不發問，不外乎有三個原因：一個是他已經懂了，所以沒有麼可問的了；一個是他不懂，所以他不知道怎麼問；一個是他不想問，而不想問不外乎是半懂非懂或怕問錯問題被人笑。

我竭盡全力教導、傳承種子教師風水地理的專業知識，就是這個原因！一位頂尖專業的問事人員，必須要有足夠的能力配合神明，神明想要顯赫神威，也會先看這位問事人員的能力。

神明知道信徒的問題在哪裡，但問事人員如果沒有問出這個問題及處理這個問題的能力，神明又該如何指示？就算指示出來也有沒用，因為你不懂也不會處理啊！如此一來，神明想要顯赫神威的能力，就會處處受到問事人員的能力所限制。

相對的，問事人員的能力如果具備了，神明就可以指示出任何問題，問事人員都能配合神明一一處理，神明的赫赫神威便會發揮到無懈可擊，神與人如果配合得很好，一間廟宇想不興旺都難。這就是為什麼我這幾年一直極盡全力傳承我所會的專業知識給宗天宮的種子教師，要教到宗天宮的每位種子教師都可以個個身懷絕技！

以仙命算完蔡先生家四位祖先適合坐的方位和不適合坐方位，下一步就是到納骨塔現場實際用羅盤測量度數。這次是由蔡先生載著種子教師親自去現場測量，種子教師學了那麼多風水地理知識，更要累積實戰經驗，不然就會淪為出一張嘴——只會紙上談兵。

種子教師要去現場量之前，我一律都會要求種子教師要先算好這四個骨灰罈每一個適合坐的方位和不適合坐的方位，對在哪裡、不對又在哪裡。然後，蔡先生才帶著種子教師到納骨塔，去實際量完四個骨灰罈的度數後，回來告訴我測量的結果。我看完測量結果後馬上問種子教師：「你們既然量完也知道結果了，那麼，根據四位的仙命你們要怎麼解決？有沒有破解之道？」

種子教師回答我：「老師，依照蔡先生這四位祖先的仙命來看，可以用轉移度數來破解。」

我點點頭，回答說：「對，是可以這樣破解。不過，你們必須告訴我每個骨灰罈要精準轉幾度，講得出來又講對，才算是專業，也才算是學有專精。」

於是，種子教師在一旁開始專心為這四個骨灰罈推算羅盤的度數，然後把算好的度數給我，我一一審核，度數完全正確。便點點頭說：「完全正確。」

接著，我轉而對蔡先生說：「蔡先生，以你這四位祖先目前所坐的方位與度數，確實是不適合，但可以將骨灰罈轉移個幾度，就可以坐到適合的位置了。好在不用再另換位置，也不用增加任何的負擔，可以說是不幸中的大幸。接下來，我們要擇日、擇時將這四個骨灰罈請出來，然後再重新進塔，這樣風水的欠點就算解決完成。」

聽完我的解說後，蔡先生很開心的說：「太好了，謝謝老師。」

此時，我又轉頭問種子教師：「既然知道要轉度數化解這個欠點，現在，大家還要再運用我教大家的擇日學，幫蔡先生這四位祖先的骨灰罈擇日、擇時，並算日時沖，準備重新進塔。」

種子教師很快地把這四個骨灰罈的進塔日期、時辰算好並給我審核，結果答案完全正確。我心裡非常開心，因為種子教師已經有能力看出問題，也有能力解決問題，有了這個能力，就可以進一步助神又幫人，而不會害人又害己。

審核羅盤度數，以及進塔日期、時辰都沒有問題後，我對蔡先生說：「我們就選在這一天的這個時辰幫你家四位祖先的骨灰罈重新進塔。」

重新進塔

時間來到進塔日那天，蔡先生已經先到納骨塔等我們。我們一到納骨塔，便先把祭拜的菜飯準備好，接著我帶領蔡先生正式上香祭拜並稟報這四位祖先，稟報文如下：

「奉請蔡家祖先——蔡祖父、蔡祖母、蔡爸爸、蔡媽媽，今天由宗天宮天官紫微大帝、觀音佛祖、聖母指示這四門骨灰罈有欠點，經實際測量結果確實是有欠點，這四門全部都坐在煞位的度數上，煞位不但讓四位祖先坐不住，而且還影響後代子孫的家運。但是不用擔心，只要把蔡祖父、蔡祖母二位的骨灰罈往右再轉八度，蔡爸爸、蔡媽媽二位的骨灰罈往左再轉九度，就可以把煞位化解成清吉位，不用讓子孫再花費任何費用——過去你的子孫已經花費掉太多的金錢，不要再增加他們的經濟負擔了。所以，今天要正式將四門骨灰罈重新進塔，進塔完我會用羅盤精準定位在清吉位，讓亡者坐得住、坐得安心，子孫可以大興旺。進塔完，同時也要請蔡家祖先保佑你的子孫，四時無災、八節有餘慶，東西南北福星高照，命運亨通，財利順手，闔家平安，事業鴻圖大展，子孫各房人丁興旺。」

稟報完四位的骨灰罈之後，等到進塔時辰一到，我正式將這四個骨灰罈一一進塔。骨灰罈進入塔位後，我馬上用宗天宮特製的羅盤精準校正度數，將每個骨灰罈精準定位——度數一定要精準，一度都不能有偏差。當四個骨灰罈完成精準定位後，最後再呼靈（引導祖先的靈進入骨灰罈），這樣整個進塔程序就正式完成了。這時我對蔡先生說：「今天把四個骨灰罈重新進塔後，風水欠點已經正式解決了，接下來就剩下安神桌這個工作了。」

這時，蔡先生一直握住我的手對我說：「謝謝老師今天特地來幫忙，我又開了眼界，也學到了很多風水相關概念，我還真是第一次看到骨灰罈進塔後，還謹慎的用羅盤精準定位度數。我家祖先這四個骨灰罈，當時只是把骨灰罈請進去而已，沒有用羅盤精準定位，我真的是開眼界了！老師，最重要的是在處理煞位問題，你還能算出清吉位，並且跟我家四位祖先的骨灰罈說每一個骨灰罈要轉幾度，要是沒有很專業的知識與能力，這是不可能做得到、也不敢做的事，再一次感謝老師。」

我對蔡先生說：「不用客氣，在幫亡者進塔時，我一定會點香跟亡者稟報，我為亡者選的位置、度數是定位在幾度，如果我處理的有問題，那麼亡者一定會來找我，跟當事人沒有關係。這也是一種負責任的態度，遇到問題就把它解決。講太深你可能會聽不懂，我用簡單易懂的方式解釋給你聽：一般人只會說坐西好或坐東好，但不知道西的範圍那麼大、東的範圍也那麼大，到底要哪裡的西、哪裡的東？假設如果真的是坐西好，但西的範圍裡面有清吉位，也有煞位，所以，重點是要會推算並避開煞位。今天進塔已經正式圓滿，你不用再擔心了，接下來就要進行最後一個工作——安神桌。」

「再次感謝老師，安神桌要怎麼配合，再拜託老師跟我說，我一定會全力配合。」蔡先生說。

「好。」我笑著回答陳先生。

專業安神桌的程序及訣竅

問事人員要幫人安神桌有七個基本知識一定要知道，並且缺一不可。

❶要會算今年的年煞是煞哪一方。

❷要知道當事人家要安神桌的那道牆壁是什麼方位。

❸擇定安座吉日、時辰。

❹安座的時辰一定用「陽時安座（子時到午時）」，不能用「陰時安座（未時到亥時）」。

❺神桌要用羅盤精準定位好。
❻進行觀音彩開光，然後正式安座。
❼安座好要再擲筊請示神明看這樣是否可以，有三個聖筊就代表安座完成。

年煞的算法

口訣是：巳酉丑煞東；申子辰煞南；亥卯未煞西；寅午戌煞北。

假設今年是乙丑年，地支是「丑」，所以乙丑年的年煞是煞東。
假設今年是庚子年，地支是「子」，所以庚子年的年煞是煞南。
假設今年是辛亥年，地支是「亥」，所以辛亥年的年煞是煞西。
假設今年是甲午年，地支是「午」，所以甲午年的年煞是煞北。

煞方是論坐不論向

所謂「煞方」指的是坐的那一方，不是朝的那一方——這一點很多人都誤解了，要特別注意。

舉例說明

＊舉例❶：我們看出去的那個方向是東方（朝），我們的背後的方向就是西方（坐），那就是「坐西朝東」。如果今年是辛亥年，地支是「亥」，辛亥年的年煞是煞西方，因此坐西朝東的那道牆壁是

不能安座的；坐東朝西的那道牆壁，則可以安座。

*舉例❷：我們看出去的那個方向是南方（朝），我們的背後的方向就是北方（坐），那就是「坐北朝南」。假設今年是甲午年，地支是「午」，甲午年的年煞是煞北，因此坐北朝南的那道牆壁是不能安座的；但是，坐南朝北的那道牆壁則可以安座。

*舉例❸：如果牆壁剛好是正東北、正東南、正西北、正西南，那麼，神桌就要避開年煞，取沒有煞方的方向。比如，要放神桌的這道牆壁剛好是正東北，今年剛好是乙丑年煞東，那麼，神桌的角度就要偏向北北東，因為北北東屬於坐北朝南，如此就避開了煞東的位置。

*舉例❹：要放神桌的這道牆壁剛好是正東北，今年剛好是甲午年煞北，那麼，神桌的角度就要偏向東北東，因為東北東屬於坐東朝西，也就避開煞北的位置了，以此類推。

以上幾點，是問事人員要幫人安神桌前必須具備的基本知識，其餘的，就是當場使用羅盤技巧將神桌精準定位，以及整體空間格局位置的判斷了。

——開光觀音彩及正式安神桌

蔡家所有的欠點到現在只剩下安神桌，神桌安好，蔡家所有的欠點便全部都解決了。

蔡先生家是透天厝，神明廳安置在頂樓，要安神桌的那道牆壁是坐西朝東，那年的年煞是煞南，所以坐西朝東的牆壁是可以安神桌的。既然知道坐西朝東的方位，我們就要以坐西朝東的方位來選安座吉日及時辰，那一天安座的時辰是巳時。請注意，巳時是煞東（巳酉丑煞東），如果你要安神桌的那個牆壁是坐東朝西，那就絕對不可以用巳時安神桌——擇時要特別謹慎小心。

種子教師在之前就學會用羅盤將神桌精準定位的專業技術，在安神桌當日，會提早至少一個小時到蔡先生家，先將神桌定位好，等我到現場再核對一次即可。種子教師用羅盤定位過的神桌，非常精準、沒問題，所以，我到蔡先生家後，等時辰一到，就可以馬上先開光觀音彩，而後接著正式安神桌，前後大概用了差不多半小時的時間。神桌安好之後，同樣的，我帶領著蔡先生向家神上香稟報：

「奉請蔡家列位家神，今天良辰吉日弟子來幫眾神明安神桌，也已經幫眾神明的神桌用羅盤精準定位好了，神桌的度數訂在幾度，眾神明一定也有看到。今天神桌安座圓滿後，蔡家所有的欠點到今天已經正式完全處理好，過去蔡家的家運低迷發生那麼多的遺憾事也已經都過去了，所以祈求蔡家眾家神保佑蔡家全家人丁四時無災、八節有餘慶，東西南北福星高照，命運亨通，財利順手，闔家平安，萬事如意，事業鴻圖大展，步步高昇。」

處理圓滿，展開新運勢

稟報算第一道香，通常我都是等到第三道香，才開始擲筊請示神明安座是否完成。所以到了第三道香，我開始請示蔡家眾家神：

「奉請蔡家列位家神，今天弟子幫眾神明安好神桌，也已經幫眾神明的神桌用羅盤精準定位好了，羅盤就放在神桌上，羅盤的度數眾神明也一定有看到。如果今天弟子幫眾神明安的神桌，眾神明認為可以，眾神高興，可以正式燒化金紙的話，請給弟子三個聖筊。」

擲筊的結果是：叩，叩，叩，三個聖筊。

當三個聖筊連續出現，所有人拍起手歡呼，並對蔡先生說：「恭喜了，蔡先生，蔡家所有的欠點已經全部處理好了。」

我也很開心，對蔡先生說：「恭喜了，蔡先生，蔡家二、三十年來的欠點終於解決了，這當中雖然發生過很多遺憾的事，但畢竟都過去了，我相信接下來蔡家的家運一定會跟以前不一樣了，再次恭喜你。」

蔡先生露出笑容，對我以及在場的種子教師說：「謝謝老師和大家的幫忙，以及情義相挺，我這二、三十年的心頭重擔終於可以放下了！這些年來，我一直找不到人可以處理大媽和家中欠點的事，今天總算圓滿了，感謝宗天宮眾神、謝謝伏魔大帝鍾馗帝君及南鯤鯓的朱府千歲，更謝謝宗天宮王老師及所有種子教師，謝謝你們。我一定會盡我全力，做更多善事，我也要當宗天宮一輩子的志工，幫助更多人。」

在處理完所有欠點後的幾個月，蔡先生也時常來到宗天宮找大家聊天，從他的談話、表情、笑容來看，可以知道蔡先生此時的心境和以前大為不同，整個人的氣色都要比過去要有精神。更讓我高興的是，他告訴我，自從處理完欠點後，他的事業一天比一天好，家裡也不再像之前那樣三天二頭就出事；至於之前所出的一些麻煩事，到現在也都已經完全解決，這種情況他已經等了二、三十年，終於讓他在有生之年可以再次看到，並再次擁有平靜的生活。

聽蔡先生這麼說，我也替他開心了起來，同時，也對蔡先生充滿了敬意，在這幾十年期間，他一定承受了莫大的壓力，一個人努力撐到今天，真的很不容易。所以，我對他說：「這幾十年來你辛苦了，你只會更好，不會更差，加油！」

「王老師，謝謝你。」蔡先生含著淚光說著。

原因還在，結果不會改變

「原因還在，結果不會改變」，短短十個字，蘊含著許多智慧，這十個字，也是對蔡家這個案件最好的詮釋。「冰山理論」不只是我在學校上課的教材，在外演講也會提到，甚至問事時也會用到，因為想要真正徹底解決問題，就必須找到真正的問題——要說無法找到真正的根本問題而能解決問題的，未找到真正病根而能對症下藥的，我絕對不相信，因為「原因還在，結果不會改變」。

以蔡家的案例來說，蔡先生最先是來找我幫忙安神桌，我原本已經擇日要安神桌，忽然聽到蔡先生告訴我他家神桌已經安過四次，我心裡面就感到不對勁，開始往下追查，才發現原來蔡家隱藏著這麼複雜、這麼令人不可思議的隱情。如果當初沒有感到不對勁，就直接幫蔡先生安第五次神桌，我相信，蔡先生總有一天還是會去找其他人安第六次的神桌，甚至是第七次。

至於會發現蔡家的問題是一件大案，主要是從神明指示我要注意除戶裡有一個「看不見的大隱情」開始，但在核對除戶完成後，我壓根兒也沒看出哪裡有什麼大隱情，只發現幾個問題，以及知道蔡家曾經雕刻過二個金身（一個放水流，一個燒掉）——這些都是看得見的問題，還不足以稱得上是「看不見的大隱情」。

直到在除戶釋疑這個部分，我才開始警覺到，真的有一些地方超乎我的想像。首先是安娜全身穿紅衣上吊，上吊身亡後還從口中掉出一根「鎖口針」；接著，蔡大哥出車禍身亡、蔡先生的侄女跳樓自殺的原因，以及二位的魂都被扣在墳墓附近的小廟，這些事件統統都跟安娜有關，這才讓我展開一系列的分析、抽絲剝繭、邏輯推論，最後終於找到那個「看不見的大隱情」。

蔡家一案是一個超級經典的案件，要在茫茫大海中毫無目標地找到問題，真的不是一件簡單的事。大部分的問事人員只習慣看到海面上冰山的一角就開始解決問題，卻忽略了在海面下藏著更多看不到、更複雜的問題——這些看不見的問題，才是真正的問題。

當看不見的根本問題沒有被找到，而直接以表面上看得到的問題下去開藥方，那就會變成頭痛醫頭，腳痛醫腳，也許能改善一段時間，但一段時間後又會舊病復發，根本無法根治。能改善一段時間還算慶幸的，最怕的就像蔡先生家的狀況一樣，為了解決欠點，反而製造了更多欠點，導致「之前的欠點」跟「之後的欠點」互相纏繞打結在一起，使得原本不是很複雜的案件變得更加錯綜複雜。

宗天宮的「時機辨識法」就是專門用來分析與推論這種錯綜複雜的案件。坦白說，如果沒有足夠的問事邏輯推理能力，這起陳年大案恐怕不知道要到哪一天才能夠水落石出，蔡家不知道要到何年何月何日才能夠扭轉乾坤，恢復往日光彩。

核對祖先除戶是一門非常高深且專業的知識與技巧，絕對不是只看看資料裡面的文字而已。一份除戶必須要核對得完美無比且毫無漏洞，跟問事一樣，都要具備心思細膩、邏輯推論、敏感度、敏銳觀察力；除戶資料是死的，人的智慧是活的，一定要學會活用。此外，我們也一定要有將靜態的資料做動態的邏輯推論連結能力。

為了幫全國更多的人解決祖先欠點的問題，而且一次就把問題根治，宗天宮已經準備好所有的教材，等待興建落成之後就可以開班授課。屆時，宗天宮也會特別加開「除戶核對」課程，除戶教材有分為「簡單除戶」、「複雜除戶」、「中等複雜除戶」、「極複雜除戶」等不同複雜程度的課程資料，來教導大家如何在除戶中找到關鍵重點、如何在除戶中看出端倪，甚至如何在除戶裡嗅出不尋常的味道。

「原因還在，結果不會改變」，這個問事觀念是神明教給我的，這句話深深烙印在我和所有種子教師的內心深處，若沒有找到並解開最原始的那個「結」，做得再多，效果還是很有限。我非常感謝宗天宮天官紫微大帝、觀音佛祖、聖母列位眾神的慈悲，在短時間內就替蔡家解決了所有問題，將蔡家原本家道中落的情況一舉扭轉乾坤，使所有蔡家人從黯淡迷惘的人生中重見光明燦爛。

感謝宗天宮眾神明，真的謝謝祢們！

PART

2 親愛的，你不是要娶我嗎？

兒子已經要辦婚禮了，父母卻來請示能否暫停婚事，因為未來的新娘精神好像有點不對勁……

從故事中你將學到……

從早上九點開始問事到現在，已經十一點多了，豔陽高照，然而，與陽光普照大地的晴朗相反，眼前這對六十幾歲的夫妻在走進宗天宮時，滿臉的憂愁，彷彿正處在伸手不見五指的暗夜之中，找不到一絲絲陽光指引他們走出困境。

查看問事單上的資料，男信徒姓曾，我便招呼說：「你好，曾先生，今天來要問什麼事呢？」

「王老師，我跟我太太今天來，是想要問我兒子的婚姻。」

希望兒子不要急著結婚

先釐清當事人要問的問題

我經常跟宗天宮的種子教師說，一名專業的問事人員在協助當事人問事之前，一定要先釐清他所詢問的問題，這樣才能在請示神明之前擬好問法。讀到這裡的讀者請注意，如果你想要自己去大廟，透過擲筊來向神明請示所遇到的疑惑或困境，也一定要把這一點牢記在心。

釐清問題並事先擬定問法之所以如此重要，是因為這有助於我們在問事時，能從容應對「擲筊後所得到的聖筊數」——尤其是在一直問不出三個聖筊的時候。當我們一直問不出三個聖筊，難免會緊張、慌亂，如果導致一心只想問出三個聖筊，而不顧接下來所問的問題究竟能不能問、合不合邏輯或合不合理，最後很可能會得出錯誤的解答，導致情況愈處理愈糟。

釐清當事人所詢問的問題，除了有助於我們從容應對各種筊數狀況，還可以節省很多問事的時間，因為當我們得到二個聖筊時（表示已經問到八十％的重點），你會比較判斷得出來，下一個問題應該怎麼修正問法（思考有哪些條件因素不足，所以未能得到三個聖筊，並把問題敘述得更完整），以進一步得到三個聖筊。

曾先生既然說要問的是兒子的「婚姻」，此時，我們就要在腦袋裡列出至少三個問題，做好因應。每一種問題的問法都不一樣，這一點在我之前的著作已經說過好幾次了，既然這次是要問婚姻，那麼，首先列出的三個問題應該是：

❶曾先生的兒子目前未婚也沒有對象？

❷曾先生的兒子未婚，但已有對象？

Ⓐ這個對象已經交往一段時間了？

Ⓑ這對象已交往一段時間，並且已經論及婚嫁了？

Ⓒ這個對象剛剛認識而已？

❸曾先生的兒子已經結婚了，但是現在婚姻出了問題？

以上三個問題已在我心中悄悄浮現，現在就看曾先生的兒子是符合哪一種狀況。於是，我問曾先生說：「你要問你兒子的婚姻，請問你兒子結婚了嗎？」

「還沒有。」曾先生接著說，「王老師，事情是這樣的。我兒子和他女朋友已經交往一段時間了，目前也談到了結婚的事，只不過，我跟我太太希望我兒子先別急著結婚，我們希望他能夠再找找看有沒有更適合的對象。今天我們來宗天宮，就是想請示媽祖這兩個問題：首先，能不能讓我兒子別那麼快結婚；第二，他有沒有其他更好的姻緣。」

問神達人的叮嚀

面對愛情、婚姻問題，首先要跟當事人釐清以下問題：

❶是有婚姻還是沒有婚姻的狀況？

❷是有對象還是沒有對象？

❸感情、交往程度的深淺如何？例如剛認識、已交往一陣子、是否談及婚嫁。

❹感情是否出現狀況？例如出現「裂痕」、想分手、已分手、想離婚、已離婚、想復合等等？

現在很清楚了，曾先生夫妻所要問的問題，是我心中所列第二個問題的Ⓑ情形：他兒子未婚**有對象，已經交往了一段時間，並且已經論及婚嫁了**。

現在，我們已經很清楚曾先生想問的問題了，接下來的重點是：遇到婚姻不被家人同意的這類問題時，問事和處理的過程一定要非常小心。為什麼呢？

❶有可能一不小心就拆散了一段好姻緣。

❷家長反對子女的婚事，子女卻堅持要結婚——這等於二個極端同時出現，如果不小心處理，很容易造成父母跟孩子之間的嚴重衝突，此外還要慎防情侶想不開而走上不歸路的情形。

為避免憾事發生，我們一定問清楚反對方「之所以反對的原因」。

所以，聽完曾姓夫婦所要請示的問題之後，接下來就是要先了解曾先生夫婦反對這門婚事的真正原因是什麼。

問神達人的叮嚀

在請示感情、婚姻問題，遇到有某方反對時，一定要謹慎以待，以下三大原則務必銘記在心：

❶確實問清楚反對的原因。

❷避免問法或處理不當而拆散他人的好姻緣。

❸避免問法或處理不當，造成情侶兩人、父母子女或雙方家長發生嚴重衝突，甚至導致憾事發生。

我詢問曾先生說：「能請問你們夫妻，為什麼不希望兒子那麼早結婚？你剛說還想進一步了解兒子是否有其他更好的姻緣，言下之意，你們似乎並不喜歡兒子的女朋友，是不是呢？」

「對……嗯，但也不是說不喜歡啦……」曾先生有點欲言又止。

「既然不是不喜歡，你們為什麼不想讓他們結婚呢？」我好奇地問。

曾先生像是不知該怎麼說，他用手輕輕推了曾太太的手肘一下，「妳來跟王老師說好了！」於是，換曾太太跟我解釋，「王老師，其實我跟我先生起初是贊成他們結婚的，現在之所以不願意，是因為我們覺得他女朋友的精神不太正常。」

起初贊成，後來不贊成？女生的精神不太正常？

我愈聽愈覺得奇怪，於是連忙提出疑問，「那麼，你們夫妻之前有跟這名女生見過面嗎？」

「有，已經見過好幾次了。」曾太太立刻回答。

這……？聽到這個答案，我覺得更不合理、更奇怪了！

為什麼呢？

照道理講，如果女方的精神不正常，他們的兒子應該早就知道了才對——對自己的女朋友精神不正常一點都不知情，是很奇怪的事，況且都已經是論及婚嫁的關係了，肯定已經交往有一段時間了。另一方面，當家長的已經和兒子的女朋友見過好幾次面，還完全不知情，甚至原本是贊成這門婚事的，後來才想要反悔，這太不合邏輯了，如果真的是因為女方精神不正常而反對這門婚事，那應該是一開始就會反對，不太可能後來才變得不贊成。

這種反對的理由根本說服不了我！

我暫時把疑問放在心裡，先進一步深入了解這個問題。於是我又再問道：「妳剛才說，你們夫妻不贊成兒子跟他女朋友結婚，那麼，請問結婚日已經看了嗎？」

「已經看了，在明年一月。」

呃……既然不贊成，怎麼連結婚日都看了？我心底的納悶更深了。

我會有這樣的想法，是很正常的質疑，因為一般來說，結婚日都是由男方這邊去看的，所以，若按照曾姓夫婦所說的來歸納，就是——

曾姓夫婦明明知道兒子女朋友的精神狀況不正常，卻依然贊成他們結婚，而且連結婚的日子都挑了，結果現在卻要反悔，不想贊成這門婚事！

我無法確定曾姓夫婦話語的真實性，更被他們搞得滿頭霧水，我心裡甚至已經浮出這樣的想法：

「難道你們沒跟我說實話？是不是有什麼隱情不方便講？」

曾姓夫婦所敘述的情形，一點都不符合常理，也不合邏輯。

然而，身為一位專業的問事人員，是絕對不能夠被他人誤導的，一旦被誤導，你要請示神明的問題就很可能會偏差很多，問題一旦產生偏差，問出來的答案一定不準確，這一點大家一定要謹記在心，尤其是問事人員。

為了讓接下來所詢問的問題方向能夠準確無誤，我必須把眼前顯得有點撲朔迷離的情況徹底搞清楚才行。

問神達人的叮嚀

千萬不要在一知半解的情況下就急著問神，務必確實釐清疑惑，搞懂問事人的真實狀況，才能請示神明的指引，否則問出錯誤的答案，只會讓事情愈處理愈糟。

擲筊有別於一般問事的優點

我在「問事臨床」上常常會遇到一種情況是，有些人會因為擔心或害怕，而不願說太多細節，這是人性。此時，如果問事人員會順藤摸瓜、打蛇隨棍上，無形之中，當事人可能就會透漏答案給問事人員知道，這個答案或許可能是對的。然而，問事人員一定要更加嚴謹才行，無論當事人說出什麼答案，都一定要再擲筊請示過神明——不是當事人說了算，也不是問事人員說這樣就是這樣，所有的答案，都是神明說了算！

舉例來說，假如當事人表示自己的運勢不順是祖先欠點所引起，此時，問事人員必須謹守原則，是不是祖先有欠點，還是要請示過神明才能確認；神明如果有連續三個聖筊指示是祖先欠點所造成，才能真的確定是祖先欠點，在未請示神明之前，所以答案都只能當成參考，千萬不要輕易下定論。

再強調也不為過，不管當事人「提供」了幾種答案，問事人員都「一定」要再請示過神明，以確保答案是正確的。

問事是要問神，而不是問人；我們要的是百分百的神意，而不是百分百的人意——不可以由人說了算，這一點，是絕對不可撼動的基本原則，我們一定要把握住。

為求問事方向準確無誤，我再次詢問曾先生和他太太，「曾先生，有個問題我不是很明白，問事時一定要確保所問問題的方向是正確的，問出來的答案才會準確，所以我有必要跟你們釐清這個問題。我不懂的地方是，你們夫妻明明知道女方的精神有問題，卻還是同意她跟你兒子結婚，而且連結婚日子都看好了，就訂在明年一月。說實話，這真的很不合常理，按理來說，如果你們早就知道女方精神有問題，應該一開始就不會同意這門婚事，更不可能去訂結婚日才對。我真的覺得很納悶，你們可以告訴我是什麼原因嗎？」

哇，我的天啊……

聽完我的問題後，曾姓夫婦彼此相互看了一眼，接著便露出無奈的表情。又過了幾秒鐘，曾先生終於「真正」地對我說出這件事的來龍去脈，「老師，我知道你為什麼無法理解我們夫妻到底在幹嘛，我想，就算是一般人，也會有同樣的困惑。」

原來，事情是這樣的——

在曾先生的兒子跟他女朋友交往之初，一切都很好，接下來幾次跟曾姓夫婦碰面、一起

吃飯的時候，也都很正常。「我們剛開始都覺得這個女孩子不錯，所以當我兒子跟我們提到他想要跟女朋友結婚時，我們都不反對，甚至還催促他們快一點！」

於是，這對年輕情侶就去看了結婚日，最後日子訂在明年一月。「這個過程，我們夫妻都沒介入，一切都由他們年輕人自己去處理。」只不過，後來卻接連發生了一些狀況，讓曾姓夫婦開始覺得這個女孩子是不正常的。

第一次怪事是發生在結婚日訂下後沒多久。某天，曾姓夫婦心血來潮，想全家上餐館吃頓好的，就順便約未來的媳婦也一塊來聚一聚。到了餐廳後，每個人都各自點好自己要吃的東西，突然，這個女生不知怎麼了，全身開始發抖，雙手緊緊抓著桌子的邊緣，而且身體搖晃了起來，雙腳也一直在抖，彷彿起乩一樣。整張桌子都隨著她的動作在晃，她面前的杯子也倒了下來。然後，她開口說話了，讓人疑惺的是，那是一個小孩子的聲音！

「我不要吃這個，我要喝ㄋㄟㄋㄟ（牛奶），我要喝ㄋㄟㄋㄟ，嗚，嗚……我要喝ㄋㄟㄋㄟ啦！」她邊說還邊哭，甚至突然拿起湯匙大力地敲桌子，製造出很大的聲響。

接著她立刻又說：「啊……小孩如果不喜歡吃這個，給他喝ㄋㄟㄋㄟ嘛！」這次，竟然換成男生的聲音了！

話說完，她馬上安靜下來。此時曾先生的兒子才小心翼翼地問她：「妳怎麼了？」

沒想到她竟然反問他說：「怎麼了？發生什麼事了？」接著，她把倒在桌子上的杯子擺好，用紙巾把水擦乾淨，好像完全不知道剛剛發生過什麼事一樣。

整個餐廳裡面的人都一直在看曾先生他們這一桌，讓他跟太太覺得很不好意思。對他們來說，那一頓飯真的吃得很辛苦。然而，這只是剛開始，類似的情形接下來還發生了好幾次，最離譜的一次，是曾太太去眼科看醫生的時候。

曾太太有白內障，那一天，本來是曾先生要騎車載太太去眼科診所的，剛好兒子的女朋友也在，她對曾先生說：「伯父，我載伯母去好了，你在家休息就好。」

曾太太原本是不太願意的，畢竟之前發生過那樣的事情，真的很害怕又再發生，只是曾先生也是好心，想說再試看看，於是就跟太太說：「讓她載妳去好了，應該不會了吧！」

沒想到，到頭來還是事與願違……

看得出來，曾姓夫婦對兒子女朋友這樣的詭異情況餘悸猶存，只見曾先生停下敘述的話語，轉過頭對太太說：「妳自己來跟王老師說啦！」於是，曾太太便接著描繪當時的狀況——

到了眼科診所，掛完號後，曾太太就跟兒子的女朋友坐在診間外面的椅子候診，等護士叫名字。

反正也沒事做，曾太太就從書架上拿了一本雜誌看，大約才過了五分鐘，這位女生忽然從椅子上跳了起來，先是「啊」地大叫一聲，接著就開始鬧了，「啊，啊……我不要看醫生，我不要看醫生，我會怕怕，怕怕，媽咪，媽咪，我要回家！」

她就這樣躺在地上哭鬧，曾太太把她從地上拉起來後，她竟然像小孩子一樣在診所裡面跑來跑去，邊跑邊叫，還把診所的報架都撞倒了——她的行徑真的完全就像是個小孩子一樣！當時，診所裡面有大人也有小孩，她甚至還跑過去拉其他病患的小孩，用像恐怖片裡鬼說話的那種低沉聲音說：「我……要……把……你……抓……走……嘿嘿！」

她把所有人都嚇壞了，甚至有小孩被嚇到哭出來，曾太太也被她的舉動嚇到心臟病快發作。鬧到醫生從診間跑出來看到底發生什麼事，還問曾太太說：「這是妳女兒嗎？」

曾太太回說：「不是，不是，只是朋友。」

好不容易，護士跟曾太太一起把她抓住，護士像哄小孩一樣哄她說：「我們不看醫生了，不看醫生了，我們要回家了，乖，要回家了。」這話一講，她立刻停止哭泣，剎那間，人又恢復正常了！

正常後的她跟之前一樣，完全不知道前一秒自己做了什麼，只是問曾太太，「伯母，妳看完了嗎？」

曾太太完全不知道該說什麼，只好回答她，「對，看完了，要回家了。」她點點頭，對曾太太說：「那麼，我去開車，妳在這邊等我。」

曾太太哪敢坐她的車，馬上回答說：「不用，不用，我自己坐計程車回去就好了。」然後就自己搭計程車回家。

由於驚嚇的心情遲遲無法消退，曾太太還特地跑去廟裡收驚。

好不容易，把這段驚悚的回憶說完，曾太太接著說：「老師，你看看，我兒子的女朋友一直出現這種狀況，我們身為父母的，怎麼可能不擔心，怎麼可能繼續讓自己的兒子跟她在一起，更不用說還要結婚呢！所以，我們才會希望我兒子再找找有沒有其他更適合的女生啊……」

聽曾先生和曾太太形容這位女生的行徑，雖然真的聽到瞠目結舌，不過總算解開了我心中的疑惑，也能夠理解曾姓夫婦的憂慮。

這個女生，跟曾先生兒子交往直到決定結婚日期之前，都還很正常，是在決定結婚日期之後，才開始變了一個人的。這確實是讓曾姓夫婦措手不及的大轉變，也難怪他們不想讓兒子娶她——原本好好的一個人，突然出現這種怪異的行為，確實是不太正常。

雖然我能夠理解曾姓夫妻反對這門婚事的原因，但就像之前我提到的，處理這類案件時必須小心顧及情侶雙方，以及雙方父母。所以，在正式開始問事之前，我們應該要思考幾個重要的問題：

❶目前小倆口已經論及婚嫁，連結婚日都已經訂好了。現在再來問要不要結婚，如果問出來的答案是不能結，曾先生的兒子會同意嗎？

❷如果曾先生的兒子不同意，會有什麼情況發生？

❸如果曾先生的兒子同意不結婚，他女朋友會不會想不開？

❹男方家長確定不想要這門婚事，但女方家長的想法呢？

❺雙方家長會不會鬧翻？

❻有沒有其他可以扭轉乾坤的辦法？舉例來說，想辦法讓女方的行為恢復正常。

問這類問題要非常小心，必須站在每一方的角度上思考，以免稍有不慎致使雙方決裂，嚴重一點，甚至還可能發生殉情、情殺之類的事件。

問神達人的叮嚀

一位專業問事的神職人員在處理事情時，若能夠兼具神的高度視野與人性的關懷，較能夠圓滿的解決問題。其中，處理感情婚姻問題要十分留意，思索問題方向時，應該不時地自我提醒：

❶如果用這樣的問題請示神明，得到的答案結果，會不會造成當事人、對方、其他相關人員等難以接受的嚴重衝擊，甚至衍生不幸或遺憾？

❷有沒有兩全其美的方法，讓牽涉其中的所有人都有較圓滿的結局？

我對曾先生和曾太太說：「聽你們的敘述，這位女生的情況確實滿怪的，只是你們的孩子都已經和對方談到結婚的事了，而且對方家長也已經同意，現在再來問這個問題，如果問出來的結果真的有問題，我估計你們一定還是會堅持要退婚。如果不問，但女生出現這樣的奇怪行為，你們心裡面一定仍然很反對這門婚事，不只是你們，我想大部分父母遇到這種狀況應該都不會願意贊成。我看，這件事的確有點麻煩……」

南鯤鯓籤詩透露婚事有危機

曾姓夫妻其實也知道這件事走到這個地步，不管答案是什麼，嚴重性皆已可想而知。曾先生接著表示，「老師，我們夫妻因為很擔心這門婚事，前幾天去了南鯤鯓抽關於我兒子結婚的籤詩，由於抽出來的籤詩看起來很不好，所以我們就更加擔心了。」

一聽到他們去南鯤鯓抽過籤詩，我立刻就問：「籤詩有帶來嗎？我看一下。」

曾先生連忙拿出二張籤詩給我看。

第❶支

籤子丙	漢李廣父子陣亡、三藏被紅孩兒燒	解籤歸納：欠點
命內正逢羅孛關，用盡心機總未休，作福問神難得過，恰是行船上高灘。		

第❷支

丁卯籤

朱弁落冷山、孫悟空大難水災

前途功名未得意，只恐命內有交加，兩家必定防損失，勸君且退莫咨嗟。

解籤歸納：欠點

曾姓夫婦既然問的是他們兒子結婚的事，那麼，籤詩配對就應該放在結婚這方面。以這二支籤詩來解讀，這門婚事確實有問題，而要進一步釐清的是：問題出在哪裡？

在這之前，我先幫曾先生解了籤——

第一支籤詩丙子籤是在說明，這門婚事目前已經來到一個很關鍵的時刻，同時也來到了人生的一個關卡。這個關卡不容易過，就算用盡所有方法，可能還是無法改善，連求神問卜也很難達到心中期待，「所以說，目前的情況就好像是一艘船擱淺在沙灘上，卡住了，進也無法進，退也無法退，使得你們一直僵持到現在。」

問神達人的叮嚀

丙子籤的歸納在欠點，解籤時要注意有二個重點：

❶運勢很低、很難度過的關卡。

❷會卡住。卡住的其中一個原因可能是：因為某種狀況，導致無法立即處理欠點，所以，基於保護當事人的立場，神明可能不會願意透露欠點是什麼；另一個卡住的原因，可能是因為當事人的運勢低到神明認為無法跟你透露是什麼欠點——如果是這樣，權宜之計是問：「什麼時候才適合來問欠點。」

第二支籤丁卯籤，則是進一步說明：為什麼會「卡住」？答案是，這門婚事裡面有一個欠點，如果不找出這個欠點是什麼，並完善解決的話，那麼，這門婚事確實會發生問題；相對來說，如果能夠找到是什麼欠點並解決掉，這門婚事或許還有一些機會。

「籤詩詩文的第三句『兩家必定防損失』的『兩家』具有二個含意：

❶欠點與婚事這二個要件是不能夠並存的。

❷如果有欠點，曾先生的兒子跟他女朋友兩個人是無法在一起的；相對的，如果把欠點找出來並加以解決，二個人還有機會結為連理。

依照籤詩來看，這個欠點是關乎這門婚事成與不成的一個很重要的關鍵點。

只不過，以目前的情況來看，這個欠點好像是女方那邊的成分居多，既然是女方那邊的問題，曾先生你們這邊就不太方便問這個欠點是什麼了，要不然，其實是應該要把欠點找出來才對！」

問神達人的叮嚀

丁卯籤的歸納在欠點，這張籤詩的關鍵在「兩家」二字：

❶兩家的其中一家指的是欠點，另一家則是你的運勢，也包含了你想問的事。

❷若欠點這一家沒找出來，那就「勸君且退莫咨嗟」——不用再繼續問下去，只要根本問題沒有解決，再問下去也沒有用，困境還是無法改善。

抽到這支籤詩，就表示神明在提醒你，要把欠點找出來解決掉，只要欠點能夠處理好，事情就會慢慢順了。

聽完我解釋完這兩張籤詩的意思後，曾先生對我說：「老師，對，沒錯，我們現在的情形就像籤詩講的一樣，進無法進，退也無法退，真的不知道該怎麼辦才好。

老師，不能問欠點的話，我們接下來該怎麼辦啊？」

「你們先不用擔心，我看這樣好了，你們先去協調看看，能不能把結婚日再往後面延一些時間，主要是女生那邊如果真的有問題，你們才有充分的時間來解決這個問題，否則結婚日子都快到了，我怕真的會來不及處理。」

曾先生忽然說：「老師，結婚日是女方的爸爸看的，他們家開神壇，所以是她爸爸決定的。」

「什麼？女方爸爸看的日子？這樣喔，你結婚日課表有帶來嗎？能先讓我看一下好嗎？」

當我看完曾先生遞給我的結婚日課表後，我忍不住在心裡犯嘀咕：「這下子真的麻煩了！結婚日訂在一月，現在已經是八月底，沒剩下幾個月了。何況他們連飯店都找好了，結婚相關的一些事情，應該都已在準備中了。」

更讓人擔心的是，我在仔細算過女方選的結婚日跟時辰後，發現選得非常不好，無奈的是，我沒有任何權利更改這張結婚日課表上的任何一個字！

籤詩中的順與逆

擬定特殊婚姻狀況的九大問法

我想了一下，然後跟曾姓夫婦說：「曾先生，曾太太，二個孩子已經決定結婚了，這的確不好問，但既然你們都來了……我看這樣好了，我先幫你們請示宗天宮媽祖，看看祂有什麼指示，我們再做打算。」

曾先生一口答應：「好。」

按照曾姓夫婦的敘述，女方的狀況確實看起來很怪，但是當事人的父母都來到宗天宮了，我們也不好讓他們憂心重重地回去，還是要幫他們請示神明。不過，面對曾先生他們家的這種狀況，擬定問法時一定要很小心。

還好，媽祖有教過我要怎麼問這種特殊婚姻狀況的問題。

特殊婚姻狀況的九大基本問法（找出「抽籤配對」在哪裡）

問法❶請神明出這位信女結婚方面的事情的籤詩，如果好的話，請給弟子三個聖筊。

問法❷請神明出這位信女結婚方面的事情的籤詩，但籤詩是從壞的方面下去解，如果好的話，請給弟子三個聖筊。

問法❸請神明出這位弟子結婚方面的事情的籤詩，如果好的話，請給弟子三個聖筊。

問法❹請神明出這位弟子結婚方面的事情的籤詩，但籤詩是從壞的方面下去解，如果好的話，請給弟子三個聖筊。

問法❺請神明出弟子跟信女二位結婚前要注意哪方面事情的籤詩，如果好的話，請給弟子三個聖筊。

問法❻請神明出弟子跟信女二位結婚前要注意哪方面事情的籤詩，但籤詩是從壞的方面下去解，如果好的話，請給弟子三個聖筊。

問法❼請神明出這位信女家運方面的籤詩，如果好的話，請給弟子三個聖筊。

問法❽請神明出這位信女家運兼結婚方面的籤詩，如果好的話，請給弟子三個聖筊。

問法❾請神明出這位信女家運兼結婚方面的籤詩，但籤詩裡面還有要特別指示的地方，等籤詩抽出來之後，還要再請示出這個特別指示的地方是什麼，如果是這樣的話，請給弟子三個聖筊。

九大問法邏輯解說

接下來要說明的這個部分，請各位務必仔細研讀，因為你將可以了解到，我在問事時心裡到底在想什麼、思考的角度是什麼——尤其如何用不同的角度來解籤。這是問神的奧妙變化之處，如果可以領悟箇中竅門，那麼，沒有一件事是你問不出來的！

有一點要事先提醒大家，這九種問法，只是針對曾先生家這個案件所擬定「特殊婚姻狀況」的問法，無法一體適用於所有問事狀況；所謂「特殊婚姻狀況」，定義是男女雙方有一方已經出現明確的問題，就像這個案件中，這對未婚夫妻中的女方，精神、行為方面確實已經出現問題。如果你遇到的是這種類似的案件，就可以利用這幾種問法，問法順序可以依照當時的案件下去調整，不一定要按照我的順序。

一體兩面解籤法

首先，大家是否注意到這九個問法當中的問法❷、❹、❻，是「請神明出籤詩，但籤詩是從壞的方面下去解」，這就是宗天宮媽祖教我的獨門解籤竅門，也是我在閉關的夢境中，神明所教我的解籤訣竅。

神明教導我說：「凡事都有一體兩面，籤詩也不例外——也就是說，一支好籤裡，也隱藏有壞的成分；一支壞籤裡，也存在有好的成分。弟子，你要學的就是這種『一體兩面解籤法』，學會了，你的解籤準確度就會很精準，這個竅門就是『順中有逆，逆中有順，順逆之理，變化之道』。」這段閉關夢境，至今我一直都牢記在心。

話說回來，「順中有逆，逆中有順」究竟是什麼情況？舉例來說，六十甲子籤詩中的壬子籤，歷史典故是「劉備三顧茅廬」。

曾經有一位先生來問姻緣，他當時未婚，也還沒有對象。

這位先生的工作不錯，其實也不是完全沒機會，很多親戚朋友都有介紹對象給他認識，他自身對交朋友也很積極，但每次與一位新對象往來一段時間後，對方就不太想連絡了，甚至還有對方直接突然斷掉聯繫的情況。為什麼老是出現這種情況，他自己怎麼想都想不透，所以才來請宗天宮媽祖指點迷津。

現在我們先來整理一下：

❶常有人介紹對象給他，但一段時間後就都沒有進一步的連絡和下文了。

❷他自認為很積極。

❸有正當且不錯的工作。

❹我個人覺得他的外貌算不錯。

那麼，為什麼有這麼多機會，最後卻都沒有下文了呢？

請各位先把整理好的這四個前提記在心裡，待籤詩抽出來之後，我們再來做「邏輯推論」。

於是，我幫這位先生請示他姻緣方面的事，宗天宮媽祖後來給他了一支籤詩，就是壬子籤，歷史典故是「劉備三顧茅廬」，而且特別指示要「從壞的方面下去解」。

看到這支籤詩之後，我心裡面就有底了，也知道這位先生的問題出在哪裡了。

「劉備三顧茅廬」這個歷史典故，大家應該都耳熟能詳了吧？典故背後的意義就是積極、不放棄，影射劉備那種求賢若渴的心態，這是從好的方面下去解，但媽祖指示要從壞的方面解，那就是「太積極」、「太急」，以至於對象感到害怕，結果便卻步了，至於這位先生究竟是哪一方面太急或太積極到會讓女生感到害怕，我就不說了，留一點想像空間給大家吧！

我於是為這位先生解籤：「從這張籤詩來看，你確實在交友這方面很積極，所以你在認識對方之初就會表現得很熱情，交往過程中也想『超前佈署』，而這點會讓對方開始感到有壓力，甚至是害怕、卻步。」

他聽完之後，先是愣了一下，然後點點頭說：「好像是這樣沒錯。」

我馬上回說：「不是好像喔。」

他不好意思地笑了笑，「是這樣沒錯。」

過去，沒有人跟他講過這個缺點，所以他一直不知道自己的這個交友習慣會讓對象有壓力，經過神明一語道破，給了當頭棒喝，他就明白問題在哪了。因此，他一改過去這種超前佈署的交友習慣，果然沒多久就順利結了婚。

這就是「一支好籤裡面也隱藏有壞成分」的解法的案例之一。

同樣一支籤詩，同樣是問姻緣，但在下面這個案例就有不一樣的解釋——

有一名女生來問姻緣，她說自己很懶得跟人出去吃飯，每次認識的對象要約她出去吃飯，她都不想出去。

看到問題的關鍵了嗎？她說她很懶。

宗天宮媽祖同樣出了壬子籤，典故是「劉備三顧茅廬」，不過，這次籤詩配對在姻緣兼個性方面。其實很明顯，這張籤詩很好解，擺明就是要提醒當事人——「妳太不積極了！」

於是我跟她說：「妳不是沒機會耶，只是當新對象想要進一步認識妳時，妳不夠積極，似乎沒有想認識對方和被對方認識的動力，這就是妳需要調整的地方。如果不調整這一點，甚至還是一樣消極，那麼，神明能夠幫妳的地方也有限。」

她聽我這樣說之後，點點頭，靦腆地笑著對我說：「好，我盡量努力改一下。」或許，她知道自己年紀有點大了，已經到了不積極不行的時候，在調整自己交友方面消極的缺點之後，沒過多久，她就帶著男朋友來請我幫他們看結婚日子了。

由上面這二個案例來看，都是抽到同一支籤詩，可是神明要指示的答案完全不一樣，我們常說：「原因還在，結果就不會改變。」而這二個案例，正是「原因不在了，結果就改變了」的最好詮釋。

問事人員或解籤人員務必要自我充實，對歷史典故的基本知識一定要有，基本知識有了，接下來要深入學習的就是：**提升典故的理解程度，以及一支籤詩的順逆解法**。如此一來，神明出任何配對的籤詩，你就都可以精準地解出來——這樣才能算是頂尖專業的問事人員。

因此，我把所有籤詩的「順逆解法」全都傳承給宗天宮種子教師，日後開設解籤課程，就會一併把順逆解法教給大家，期許大家都能夠精準的把神意解釋出來。

當籤詩只能看出二件事，而神明要交代的事有三件時

至於問法❾ P204，在我的問事臨床案例中，滿常出現這種問法的。這種問法的核心意義是：假如神明要交代三件事，但是籤詩的詩句內容加上歷史典故，還是只能看出二件事——也就是還有一件事是無法從籤詩看出來的——此時，就會用到這種問法。

在這種情況中，除了把籤詩抽出來，之後還必須再請示神明，問清楚另一件要注意的事是什麼，這樣才不會誤事。

之前有一位信徒到宗天宮，想要抽運勢籤，當時我也是問了好幾種問法都沒有得到三個聖筊。於是，我就請示宗天宮媽祖：「是不是要出上半年的運勢籤詩給這位弟子，但籤詩裡面還有要特別指示的地方？等籤詩抽出來之後，必須再請示出這個特別指示的地方是什麼。如果是這樣的話，請給弟子三個聖筊。」結果就得到三個聖筊了。

結果神明出了一支籤詩，戊戌籤，歷史典故是「張翼德戰曹操」。這支籤詩主要是提醒當事人要

注意人與人之間的紛爭，既然是在提醒這位先生上半年運勢要特別注意人與人的紛爭，那麼，神明講的這個特別指示又是指什麼呢？又要怎麼問出來呢？在這裡跟大家講一個竅門：**就從人與人之間的紛爭下去做延伸，答案就會出來了。**

既然神明是在提醒人與人之間的紛爭，那麼，最基本的問題應該就是：**會在哪一方面引起人與人之間的紛爭。**

進一步請示神明之後，神明是要提醒這位先生，上半年有一個車關要特別注意，把神明所指示的答案做一個整合歸納，結論就是：神明在提醒這位先生，上半年的運勢要特別注意人與人之間的紛爭，而這個紛爭是車關所引發出來的。

當然，如果神明指示有車關方面的事要注意，那就一定會繼續請示神明：在哪一個時間點要注意車關？

只有確認時間點，這樣這個問題才算具體，一方面也讓當事人知道，自己在哪一個時間點需要特別小心預防——若只告知當事人有車關，卻沒告訴當事人什麼時候要注意，其實有講等於沒講。

從這個案例，你是不是能夠理解神明的立場及祂們考慮事情的角度了？

神明要指示這位先生運勢籤，絕對沒問題，但若只跟這位先生說要小心人與人之間的紛爭，答案是有些具體了，但還不到非常具體的程度。如果要十分具體，那應該是：在上半年（運勢）的什麼時候（具體時間點）要注意一個因車關（交通事故）所引發人與人之間的紛爭（張翼德戰曹操）——這樣整體看起來就非常具體了。

這樣得到的答案，是不是比單單抽一支運勢籤更清楚、更具體？不僅可以讓當事人安心，又可以讓信徒知道要預防——這才是一個圓滿的問事結果，這也是問法❾主要的核心意義所在。

問題在女方身上

靈活運用「特殊婚姻狀況的問法」

知道這九大問法的邏輯之後，我們繼續來說明這次的案件。

我對曾先生說：「現在，我先幫你問一下神明，你兒子在結婚方面要注意些什麼？」

第一次問法

於是，我先這樣請示宗天宮眾神明：

「奉請宗天宮紫微大帝、觀音佛祖、聖母列位眾神，今天曾弟子夫妻來宗天宮，主要是要請示他們兒子結婚方面的事，因為曾弟子的兒子跟女方已經看好日子、準備要結婚了，但是日子看好之後，這位信女卻接連出現一些怪異行為，聽起來這些行為確實是很怪異沒錯，導致曾弟子夫妻現在心裡面非常擔心，想要取消掉這門婚事。所以，請宗天宮眾神明大發慈悲，指點迷津。弟子首先請神明出弟子跟信女二位結婚前要注意哪方面的事情的籤詩，如果好的話，請給弟子三個聖筊。」

擲筊的結果是：沒有聖筊。連一個聖筊都沒有，代表的是，神明並沒有要「一起指示」他們倆結婚的事，所以接下來，就確定要分別來問。於是，我開始修改問法。

第二次問法

「還是宗天宮眾神明要出這位信女結婚方面的籤詩，如果是的話，請給弟子三個聖筊。」

擲筊的結果是：二個聖筊。這個問題有二個聖筊出現，代表神明確實沒有要一起指示他們倆結婚的事，而可能只要單獨指示女生婚姻方面的問題，但還不到百分之百正確。於是，我再次修改問法。

第三次問法

「還是宗天宮眾神明要出這位信女家運兼結婚方面的籤詩，如果是的話，請給弟子三個聖筊。」

擲筊的結果是：二個聖筊。這個問題還是只有二個聖筊出現。這代表神明可能真的不只要單獨指示女方在婚姻方面的籤詩而已，甚至連女方的家運都要一併指示，但問題依然還不夠完整。於是，我繼續修改問法。

第四次問法

「還是宗天宮眾神明要出這位信女家運兼結婚方面的籤詩，但籤詩裡面還有要特別指示的地方，等籤詩抽出來後，還要再請示出這個特別指示的地方是什麼。如果是的話，請給弟子三個聖筊。」

擲筊的結果是：三個聖筊。

耶，終於出現三個聖筊了。

關於各種筊數分別代表的意義，以及如何依據所問的問題，解釋出現二個聖筊、三個聖筊所代表的意義，在《神啊！教我如何從二個聖筊問出三個聖筊》裡的「三筊定律——擲筊、想筊、解筊」裡有，本書就不再多做解釋。

現在，我們問到第四次問法時，出現了三個聖筊，那麼，神明的意思就可以解釋成——

❶神明確定要指示的是女生家運兼結婚這方面的事。

❷此外，還有一個特別指示的地方，這個特別指示必須要請示出來。

❸結婚這方面又跟家運有關連性（A＝B）。

❹家運跟女生出現的怪異行為也有關聯性（B＝C）。

❺結婚、家運、怪異行為三者都有關聯（A＝B＝C）。

問出三個聖筊後，必須再做一次問事歸納，這樣才能更清楚地知道神明的邏輯，以及神明要我們注意什麼——在這個案例中，神明是要告訴我們：女生結婚、怪異行為、家運三者互相有關聯，而且當中還有一個特別指示要問出來。

現在，我們就要先來抽籤詩。

——宗天宮的籤詩

最後宗天宮神明給了三支籤詩。

第❶支

籤子丙

漢李廣父子陣亡、三藏被紅孩兒燒

命內正逢羅孛關，用盡心機總未休，
作福問神難得過，恰是行船上高灘。

解籤歸納：欠點

第❷支

籤卯丁

朱弁落冷山、孫悟空大難水災

前途功名未得意，只恐命內有交加，
兩家必定防損失，勸君且退莫咨嗟。

解籤歸納：欠點

第❸支

籤子戊

劉文良別妻

總是前途莫心勞，求神問聖枉是多，
但看雞犬日過後，不須作福事如何。

解籤歸納：時間點——農曆十月、十一月過後

事情就是這麼巧，抽出來的三支籤詩當中，除了戊子籤外，竟然有二支跟在南鯤鯓抽的籤詩一模一樣！

我對曾先生及曾太太說：「你們有看到嗎？三支籤詩竟然有二支跟南鯤鯓的一模一樣，只有第三支的戊子籤不一樣而已！剛剛宗天宮媽祖指示出籤詩的配對是家運兼結婚，所以我們可以這樣理解，這位女生會有這樣的怪異行為，確定是因為有欠點。此外，家運方面也有欠點，而且這個欠點已經影響到結婚這件事。問題在於，我們並不知道是什麼欠點，這將是我們要請示出來的重點之一。」

我們先簡單看這三支籤詩，丙子籤和丁卯籤已經在南鯤鯓籤詩的解過籤了 P200，這裡要說明的是第三支籤戊子籤。戊子籤詩要特別注意的地方有二個：

❶解籤歸納以時間點來看，是在講農曆的十月、十一月過後。

❷從這支籤詩的歷史典故「劉文良別妻」來看，這表示曾先生的兒子可能會和女方分開。

所以，第三支籤詩是神明想要告訴我們：「農曆的十月、十一月過後」，曾先生的兒子和女朋友這對年輕未婚夫妻，可能會受到「什麼原因」的影響而「分開」。

問神達人的叮嚀

戊子籤的歸納在時間點，而這張籤詩的關鍵有二：

❶時間點是指農曆十月、十一月過後。

❷歷史典故「劉文良別妻」其實有吉有凶，吉的是劉文良護送王昭君和親回來，有受到皇帝的讚賞，凶的是這個典故暗示著「即將別離」的到來，這一點需根據當時的案件來判斷。

抽到這支籤詩，先不管結果是好是壞，都表示所問的這件事最好等農曆十月、十一月過後再來做打算，因為在那之前會有「變數」——而這個「變數」將會導致「分開」的結果。

除此之外，抽籤配對時神明有指示，籤詩還有一個特別要指示的地方，我們必須先把「這個地方」請示出來，才有辦法整合這三支籤詩和曾姓夫妻所詢問的問題，做一個階段性的歸納。

嚴重的車關

請示「特別指示」的二大竅門

在向神明請示「特別指示」是什麼之前，我們心裡一定要先有二個觀念：

❶先找出「主要對象」。

❷要有「整體連結性的思考」，注意「案件主題」、「籤詩暗示」、「人性現況」三個元素。

——找出主要對象

什麼叫先把「主要對象」找到？就是先找到神明要講的是誰，只要這個對象出現了，再隨著這個對象下去做整體連結性的思考。

以這個案件來說，主要的對象有曾先生夫妻、他兒子、女方、女方家長這四個，沒有其他的相關人員了，所以我們就可以先問神明，祂指的是誰。

——要有「整體連結性的思考」

什麼叫「整體連結性的思考」呢？就是在問出「主要對象」是誰之後，再跟「案件主題」、「籤詩暗示」和「人性現況」這三個元素來做思考的連結，抓出幾個有可能會發生的情況來請示神明，這樣答案就會漸漸水落石出了。

案件主題

以這個案例來說，「案件主題」是曾姓夫婦不想要讓兒子跟女方結婚，所以我們可以據此合理的去思考——

曾先生和曾太太可不可能用強硬態度的表達方式去逼迫他兒子跟女生分開，或是逼女方跟他們的兒子分開，甚至因而強硬地跟女方的家長起衝突。以上這些都是符合案件主題的邏輯推論，所以都是可以擬定的問法。

籤詩暗示

在「籤詩暗示」方面，丙子籤和丁卯籤講的是有欠點，只有第三支籤詩戊子籤指示了其他問題。戊子籤的歷史典故是「劉文良別妻」，既然前面的二支籤詩指的是有欠點，而且是到了卡住的地步，那麼這個典故，應該是要朝著較負面的角度去解釋，也就是「即將離別」。再加上戊子籤的籤詩歸納在時間點──十月、十一月過後。那麼，可以串起來的問題是：在十、十一月過後，究竟是男生離開女生？還是女生離開男生呢？

我認為，是女生離開男生的機會比較大。

為什麼呢？大家可以運用邏輯思考來想一下，前面我問到三個聖筊所擬定的問題是：「『信女家運兼結婚方面的籤詩，但籤詩裡面還有要特別指示的地方，等籤詩抽出來後，還要再請示出這個特別指示的地方是什麼。』」主詞是在女方，再對照典故「劉文良別妻」的主詞是「劉文良」，主詞對主詞，所以應該比較可能是女方離開男方。

更具體一點的來思考，如果真的是女方離開男方，那是不是表示神明要指示的是：十月、十一月要特別注意什麼，這可能就是導致女方離開男方的關鍵，這也是可以擬定的問法。

不過，我還是那句話，這是還沒請示神明前的初步邏輯推論，最後還是要請示過神明才算數

人性現況

至於「人性現況」方面，則可以思考：

如果男女雙方真的結不了婚，女方會不會因男方父母的反對想不開而做出什麼傻事？會不會因為婚事談不攏而心神不寧，導致騎車或開車出狀況？……

這些例子都是我經手的案例中所發生過的事，同時也是我幫信徒問過並且有得到三個聖筊的問法，所以這也是可以擬定的問法。

——擬定請示「特別指示」的問法

總之，既然宗天宮媽祖指示籤詩裡有一個特別要指示的地方，我們就先擲筊，朝負面、不好的方面去問，再由筊數的變化去觀察，看有沒有哪個問題出現三個聖筊，或是問到哪個問題出現二個聖筊，再做問法上的修改，慢慢將三個聖筊的答案找出來。

如何問出「主要對象」？

首先，要把「主要對象」找出來，我們可以這樣擬定問法：

問法❶神明要特別指示的地方，是不是在指示曾弟子夫妻二位，如果這個特別指示的地方指的是曾弟子夫妻二位的話，請給弟子三個聖筊。

問法❷神明要特別指示的地方，是不是在指示曾弟子的兒子，如果這個特別指示的地方指的是曾弟子的兒子的話，請給弟子三個聖筊。

問法❸神明要特別指示的地方，是不是在指示這位女生，如果這個特別指示的地方指的是這位女生的話，請給弟子三個聖筊。

問法❹神明要特別指示的地方，是不是在指示女生的家長，如果這個特別指示的地方指的是女生的家長的話，請給弟子三個聖筊。

以整體連結性思考列出此事可能發生的各種情況

「主要對象」找到之後，再與「案件主題」、「籤詩暗示」及「人性現況」做整體連結性思考，來推測可能發生的狀況，以請示出答案。

我們可以這樣擬定問法：

問法❺神明要特別指示的地方，是不是指示曾弟子夫妻如果真的要拒絕這門婚事，在十、十一月跟女生談的過程中，應避免用逼迫的口氣或強硬態度，以免雙方發生不愉快的事情，如果是指這個的話，請給弟子三個聖筊。（曾先生夫妻主動提出拒絕婚事的狀況Ⓐ。）

問法❻神明要特別指示的地方，是不是指示曾弟子夫妻如果真的要拒絕這門婚事，在十、十一月跟女方的家長談的過程中，應避免用逼迫的口氣或強硬態度，以免雙方發生不愉快的事情，如果是指這個的話，請給弟子三個聖筊。（曾先生夫妻主動提出拒絕婚事的狀況Ⓑ。）

問法❼神明要特別指示的地方，是不是指示曾弟子夫妻如果真的要拒絕這門婚事，在十、十一月跟女生談的過程中，應避免用逼迫的口氣或強硬態度，以免女方想不開做出遺憾的事情，如果是指這個的話，請給弟子三個聖筊。（曾先生夫妻主動提出拒絕婚事的狀況Ⓒ。）

問法❽神明要特別指示的地方，是不是指示曾弟子夫妻如果真的要拒絕這門婚事，在十、十一月跟女方的家長談的過程中，應避免用逼迫的口氣或強硬態度，以免女方的家長想不開做出遺憾的事情，如果是指這個的話，請給弟子三個聖筊。（曾先生夫妻主動提出拒絕婚事的狀況Ⓓ。）

問法❾神明要特別指示的地方，是不是神明有查到在十、十一月女方會因為男方父母的反對想不開做出遺憾的事情，這點要特別注意，如果是指這個的話，請給弟子三個聖筊。（這是曾先生夫妻若拒絕婚事，可能會導致的狀況，問法❾跟問法❼當中的差別在於，問法❼代表可以拒絕，但要好好地談，如果太強硬可能會出問題，問法❾則代表最好先不要拒絕，一旦拒絕了，就可能會出事。）

問法❿神明要特別指示的地方，是不是指示在十、十一月期間，神明有查到女方有一個車關要特別注意，如果是指這個的話，請給弟子三個聖筊。（這是曾先生夫妻若拒絕婚事，可能會導致的狀況，前面我說明過，當婚事談不攏我曾遇過和問過三個聖筊的情況。）

問法⓫神明要特別指示的地方，是不是指示在十、十一月期間，神明有查到女方的家長有一個車關要特別注意，如果是指這個的話，請給弟子三個聖筊。（這是曾先生夫妻若拒絕婚事，可能會導致的狀況。）

問法❺至問法⓫就是以「整體連結性的思考」所擬下來的幾種問法，但這只是舉例示範，你可以順著這個脈絡，再延伸擬出二十個問法、甚至三十個問法……都不成問題。重點是，必須要有正確的觀念，觀念有了，就知道如何擬問法；會擬問法，就不怕問不到三個聖筊了。

此外，這裡還有一個隱藏的重點，各位有發現嗎？你有沒有感到疑惑：「怎麼沒有一個問法是在問欠點呢？」

如果有，恭喜你，你的觀察力不錯喔！

回答大家，我「不會」在這個時候問女方的欠點，就算篤定她家有欠點，也不會問！為什麼呢？第一，當事人沒來，男方不適合問這個問題；第二，男方家沒有一個人可以做主、決定能不能處理女方的欠點。在這樣的情況下，如果還要問女方的欠點，是完全不合時宜的。

——正式擲筊請示出「特別指示」

現在問法已經擬好了，那就可以開始請示神明了。我對曾先生說：「籤詩已經抽出來了，接著必須繼續請示神明，這個特別指示是什麼，這樣才是完整的問事。」

曾先生說：「好。」

於是，我開始請示宗天宮眾神明：

第一次問法

「奉請宗天宮紫微大帝、觀音佛祖、聖母列位眾神，現在弟子要請示神明這個特別的指示的地方是什麼，弟子先請示這個特別的指示是在講曾弟子夫妻嗎？如果是的話，請給弟子三個聖筊。」

擲筊的結果是：沒有聖筊。

第二次問法

「還是這個特別的指示是在講曾弟子的兒子嗎？如果是的話，請給弟子三個聖筊。」

擲筊的結果是：沒有聖筊。

第三次問法

「還是這個特別的指示是在講這位女生嗎？如果是的話，請給弟子三個聖筊。」

擲筊的結果是：二個聖筊。

第四次問法

「還是這個特別的指示是在講這位女生的家長嗎？如果是的話，請給弟子三個聖筊。」

擲筊的結果是：二個聖筊。

第五次問法

「還是這個特別的指示是在講這位女生與她的家長嗎？如果是的話，請給弟子三個聖筊。」

擲筊的結果是：三個聖筊。

現在「主要對象」找出來了，接下來我們就開始用整體連結性思考繼續問下去，我繼續請示宗天宮眾神明：

第六次問法

「奉請宗天宮紫微大帝、觀音佛祖、聖母列位眾神，現在這個特別的指示已經確定是在講這位女生與她的家長了，那是不是在指示曾弟子夫妻如果真的要拒絕這門婚事，在十、十一月跟女方及女方家長談的過程中不要用逼迫的口氣或強硬的態度，以免跟女方及其家長發生衝突，如果是的話，請給弟子三個聖筊。」

擲筊的結果是：沒有聖筊。

第六次問法沒有聖筊，就可以確定不是在講衝突方面的事，我修改問法繼續往下問。

第七次問法

「還是這個特別指示是在講，這位女生及其家長在十、十一月的時候有一個車關要特別注意，如果是的話，請給弟子三個聖筊。」

擲筊的結果是：二個聖筊。

在第七次問法中，我加入「車關」這個新元素，結果出現二個聖筊，於是我這樣修改問法。

第八次問法

「還是這個特別指示是在講，這位女生及其家長在十、十一月的時候，有一個嚴重的車關要特別注意，如果是的話，請給弟子三個聖筊。」

擲筊的結果是：二個聖筊。

加了一個「嚴重」的車關後，仍然出現二個聖筊，那就表示這個車關會非常的嚴重，但還是沒有三個聖筊。

接下來，我把時間點做更具體的修改。

第九次問法

「還是這個特別指示是在講，這位女生及其家長在十月中的時候有一個嚴重的車關要特別注意，如果是的話，請給弟子三個聖筊。」

擲筊的結果是：沒有聖筊。

第十次問法

「還是這個特別指示是在講，這位女生及其家長在十一月中的時候有一個嚴重的車關要特別注意，如果是的話，請給弟子三個聖筊。」

擲筊的結果是：二個聖筊。

第十一次問法

「還是這個特別指示是在講，這位女生及其家長在十一月中的時候有一個嚴重的車關要特別注意，這個嚴重車關會導致這門婚事有一個變化，到時曾弟子再來一趟宗天宮，媽祖會指示弟子該怎麼做。如果是的話，請給弟子三個聖筊。」

擲筊的結果是：叩，叩，叩，三個聖筊。

到這裡，我們終於把神明交代的「特別指示」問出來了——這位女生及其家長在十一月中時要特別注意一個嚴重的車關。

雖然不知道神明為什麼會交代這件事，不過，這個請示結果加上「劉文良別妻」這個典故，再加上神明也說這門婚事會有一個變化……老實說，我已經開始有種不祥的感覺。

「難道在十一月中這位女生跟她家長會發生什麼事嗎？」

「可是，這位女生家中又是開神壇的，我是不是杞人憂天了？」

「不過，話又說回來，家裡開神壇，怎麼她還會出現這種怪異的行為呢？這……」

這一連串的疑問，瞬間浮上我的腦海。

——問事階段性歸納

我壓下內心的不安，對曾先生跟曾太太說：

「現在我把今天的問事過程做一個歸納性的整理，讓你們知道整個問事的重點，以及神明在指示什麼。

今天你們為了兒子結婚的事來請示神明，按照你們所陳述女方的怪異行為，確實是滿奇怪的，再加上之前你們去南鯤鯓抽過這方面的籤詩，而南鯤鯓這二支籤詩看起來也指出確實有問題。我為了想再一次確定這件事，所以又再請宗天宮媽祖出籤詩，宗天宮媽祖出了女方家運兼結婚方面的籤詩，又特別指示籤詩裡面有一個特別指示的地方要問出來。

結果宗天宮媽祖出的三支籤詩當中，前二支跟南鯤鯓出的籤詩一模一樣，講的都是女方家運有欠點，並且連帶影響到這個婚姻。此外，宗天宮還特別指示，十一月中女方跟她家長要特別注意，會有一個嚴重的車關，並且還指示說，十一月中過後，這門婚事會有一個變化。

把今天這幾個請示的重點全部連結在一起，神明主要是要告訴你們，現在先不用太擔心，也不要因為這件事而和對方起衝突，雙方起衝突是神明所不樂見的。此外，快接近十一月底時，必須請你們再過來一次，屆時神明會指示接下來要如何處理。至於女方那邊是什麼欠點，你們現在是沒有辦法問這個問題的，神明也不會說，所以這件事情就不需要請示了。」

頓了一頓後，我繼續跟曾先生、曾太太說：

「我不知道女方聽不聽得進去，畢竟她家自己有神壇，不過，為了要盡到告知的責任，就算女方聽不進去，你們還是要跟女方善意的提醒一下，今天所請示到的結果：十一月中的那幾天，如果有要騎車或開車的話，請她跟她父母盡量放慢速度，不要開太快或騎太快，安全最重要。」

「王老師，那女孩只剩她爸爸而已，她媽媽已經往生了。」曾太太跟我說。

「好，那就提醒她跟她爸爸，十一月中的那幾天要特別注意交通方面的安全。」我對曾太太說。

最後，我對曾先生夫婦說：「不管二位年輕人將來結不結得了婚，你們先不要急著跟女方那邊攤牌說要取消婚事，留一點餘地給對方。我問過這麼多有關感情跟婚姻的案件，這樣的事不是說要解決就可以馬上解決的，不論男女，一旦情感上受到創傷，接下來會做出什麼事或發生什麼事，都很難讓人預測，這一點請你們務必留心。

最重要的是，以正神的立場，每個人都是神明的弟子、信女，不管這個人是好還是壞，是富有或窮困，祂們都是以平等心在看待每一人。現在我們知道十一月中會有一個變化，雖然現在還不知道這個變化會是什麼，但我敢保證，如果女方或她家人願意處理欠點，宗天宮神明一定會幫忙處理，改善她的異常行為，恢復到往昔那個乖巧善良的女孩。我想跟你們說的是，如果女方的行為能夠恢復正常，我希望你們不要介意過去她有過這樣的行為，希望你們能夠接納這門婚事，畢竟在她出現怪異的行為之前，你們也是很喜歡她並且也同意她跟你們兒子結婚的，不是嗎？」

曾姓夫婦聽完我的建議後，曾先生點頭回答說：「好，謝謝王老師，我們就先等到十一月中過後再做決定，如果女方的行為變正常了，我們當然會接受她，她其實真的很不錯，對我們夫妻相當有禮貌，甚至會提醒我太太記得去看眼科，相當貼心，我們是真的很喜歡她。謝謝老師今天的幫忙，我們會記住宗天宮神明與老師你的交代，等到十一月中過後，看事情怎樣，我們會再跟老師說，再一次感謝老師。」

「不用客氣，你們先放寬心，回去之後，要記得跟女方講一下要注意車關方面的事。」我對曾姓夫婦說，並且做最後的提醒。

可怕的事來了

曾姓夫婦回家後，就趁全家一起吃晚餐時，跟兒子說明到宗天宮請示神明的結果，要他提醒女朋友跟她爸爸在十一月中左右要注意交通安全方面的事，如果在那段期間有要開車或騎車，速度務必要放慢一點。

我覺得，這位男生是真的很喜歡他女朋友，當曾先生對他講完要提醒女朋友和她爸爸交通安全方面的事，他便立刻把碗放下，連飯都不吃了，馬上衝去女朋友家，要提醒她和她父親這件事。

——「大神」降乩強迫中獎二個要求

曾先生的兒子到女方家的神壇時，他女朋友原本在裡面的客廳吃飯，看到他跨入神壇大門，馬上放下碗，飯也不吃了，從客廳的門衝了出來，一直來到神壇裡面，接著就忽然起乩並對他說：「我跟你說喔，你不能變心喔，你要娶我的信女喔，你們不要再去黑白抽籤了喔，你爸爸媽媽今天去抽籤的事我都知道。

我跟你說，我這裡也有籤詩，要抽來這抽就好，我就是大神，很大的神喔，你知道我有多大嗎？

我比天公還大，聽好喔，是比天公還大喔，這樣很大了吧！你以後有什麼事來問我就好，回去跟你媽媽說，知道沒？」

他只能回應這位「大神」（他女朋友）說：「好，我知道了，但是我爸媽叫我來跟你們說，在十一月中的時候開車或騎車要注意安全。」

「大神」一聽到他的話，忽然發出一陣很大聲的嘔吐聲，眼睛隨即上吊，頭用畫圈圈的方式不停地晃動，同時不斷自言自語：「他們怎麼知道的？怎麼被發現了？被發現了怎麼辦？我看我們要開始抓人了。」

這樣念了大概一分多鐘後，「大神」就對他說：「不用緊張啦，我的乩童（指曾先生兒子的女朋友）我怎麼會讓她出事，不要亂想！」

曾先生的兒子聽完後，準備要回家，沒想到他才轉身，「大神」馬上抓住他的手說：「事情還沒結束，你還不能回去，事情辦完再回去。」說完，便在神桌上拿了一支毛筆和一張金紙，用毛筆在金紙上面寫：

一、要堅心娶信女○○○。

二、要接下這間神壇服務。

寫完後，就對曾先生的兒子說：「你跟我的乩童有夫妻緣分，你要過來蓋手印。」然後就直接抓起曾先生兒子的手，按一下印泥，在那張金紙上蓋上手印，蓋手印完後，又對他說：「好了，誓言已經完成，你要遵守你的誓言，不能違背喔，不要忘記，我比天公還要大喔，不遵守誓言，我會抓狂喔。好了，你可以回去了。」

於是，曾先生的兒子就這樣騎著摩托車回去了。他回到家一進門，就對自己的爸媽說：「我一定要娶她，你們不要再反對了。」

曾先生和曾太太一頭霧水，追問他兒子：「你為什麼忽然回來就講這個？」

他們的兒子回說：「有一位比天公還大的大神說的，說我們二個有夫妻緣分，我一定要娶她，我還蓋手印了。」

曾太太一聽緊張了，連忙追問：「什麼！什麼蓋手印？」

聽兒子把剛剛在女朋友家神壇內發生的事一五一十地講了一遍後，曾姓夫婦簡直要暈倒，他們知道這下子事情大條了，只能趕快再到宗天宮跟我說。

——先護住性命最重要

曾姓夫婦再次來到宗天宮時，他們倆的表情很明顯受到很大的驚嚇，不僅神情慌張，曾太太的手還會發抖。他們一見到我，就迫不及待地跟我說那天晚上兒子在女方家神壇發生的所有事——包含蓋手印這件事。

我聽完後很驚訝，心裡同時浮現幾個問題，就問他們說：「你們確定你兒子有蓋手印了？」

曾太太點頭回答說：「有，已經蓋了，我兒子還給我看了他的右手大拇指，上面還留有紅色印泥的痕跡！」

「嗯，一些奇怪的徵兆已經漸漸出現了……」我暗想，同時也思考著十一月中車關的事，「不太妙……恐怕真的要出事了。」

為什麼我會認為要出事了呢？大家有沒有發現，那位附身在女方身上的「大神」自言自語時講的話：「他們怎麼知道的？怎麼被發現了？被發現了怎麼辦？我看我們要開始抓人了！」尤其是這一句「我看我們要開始抓人了」，這個「我們」指的是誰？要抓的「人」又是誰？

「那天晚上發生的事確實很奇怪，但是有一件事讓我覺得更奇怪，我必須要先釐清一下。」我接著問曾先生，「要你兒子娶女方這一點，我倒是稍微還可以理解，但是為什麼還要你兒子接神壇呢？難道他們家沒有其他兄弟姊妹嗎？」

曾先生馬上為我說明：「王老師，事情是這樣，女方的媽媽在十年前已經往生了，女生原本是有一位弟弟的，起初，這間神壇就是她弟弟在當乩童，但是二年前他弟弟因為感情因素燒炭自殺，送醫之後雖然命救了回來，卻傷到了腦部，之後就一直躺在床上，拖了快二年才往生。聽說她弟弟死的時候，眼睛睜得大大的，手緊緊握著拳頭。所以，家中的孩子只剩下這位女生了。」

「哇，原來是這樣，確實事情大條了。」我心裡面開始為他兒子擔心起來。

曾太太很緊張地問：「老師，現在我們該怎麼辦？」

我對曾太太說：「你們先不要緊張，現在我們目前能做的，就是請求宗天宮媽祖大發慈悲，千萬要護住你兒子，絕對不要讓你兒子出事。這一點是現在絕對要先做的，至於其他事，還是要等到十一月中過後再做打算。說明白一點，就是現階段最重要的事，就是先護住你們兒子的安危，命護不住說什麼都沒用。」

「好，拜託王老師幫忙。」曾太太對我說。

於是，我開始請示宗天宮眾神明：

第一次問法

「奉請宗天宮天官紫微大帝、觀音佛祖、天上聖母列位眾神，關於曾弟子的兒子結婚這件事，之前神明指示在十一月中後會有一個變化，本來是想說這件事就先等到十一月中後再來請示神明，但是前幾天曾弟子的兒子已經在女方那邊蓋手印的事，相信神明也已經知道了，弟子知道蓋下手印這件事，等同於一種對某人或對某事的誓言，所以現在最重要的是，祈求神明在這段期間無論如何要先護住曾弟子兒子的安危，如果真的出事，一切就都太晚了。所以，祈求宗天宮列位眾神大發慈悲，先護住這位弟子的安危，如果神明已經答應的話，請給弟子三個聖筊。」

擲筊的結果是：二個聖筊。

得到二個聖筊，表示宗天宮神明已經答應要護住曾弟子兒子的安危，但是還要補充些什麼？此時，我想到之前曾先生說曾經去過南鯤鯓抽籤詩，那麼，會不會神明的指示是「宗天宮答應會先護住曾姓夫婦的兒子的安危，但是，也要去南鯤鯓求神明護住他們的兒子安危」？

於是，我修改問法問下去。

「還是宗天宮列位眾神已經答應要護住曾弟子的兒子的安危，但這件事如果要萬無一失，一定要再去一趟南鯤鯓祈求神明護住他兒子的安危，如果是這樣的話，請給弟子三個聖筊。」

第二次問法

擲筊的結果是：叩，叩，叩，三個聖筊。

指示「也要祈求南鯤鯓神明幫忙」有三個聖筊，代表宗天宮神明已經胸有成竹且十足有把握，我也就比較放心了。於是，我對曾姓夫婦說：「現在，媽祖已經答應先護住你兒子，所以你們就先不用擔心，其他事等到十一月中後再做打算，我現在比較擔心的是，十一月中不知道到底會發生什麼事，但可以確定的是，至少不會影響到你們的兒子。」

「這樣我就放心了，謝謝宗天宮眾神明以及王老師的幫忙！」曾太太緊張到紅著眼睛說。

我對曾先生說：「曾先生，你們真的不用擔心。不過，如果你們現在沒有其他事要做，我建議你們即刻前往南鯤鯓去祈求神明幫忙，畢竟這種事愈早做預防愈好，能不拖就不拖。」

曾姓夫婦倆聽完我的建議後，再次點香感謝宗天宮神明，隨後就開車前往南鯤鯓了。在他們離開前，我有教他們幾個問法，以免到時候不知道怎麼問。

事情就是那麼順利，曾姓夫婦到南鯤鯓後，先點香稟報完神明，再等待四十分鐘左右便開始擲筊，依照我教他們的方式下去問，才問第一個問法，神明就馬上給曾先生三個聖筊，而且也沒有其他要指示的地方。除了宗天宮神明護住曾先生的兒子安危，鼎鼎有名的南鯤鯓大廟的大神也給三個聖筊答應要護住他們兒子的安危，曾先生跟曾太太這下子終於可以放下心來了。

當曾先生回報說他們有得到三個聖筊時，我最後還是請他再去跟女方那邊提醒一下，「曾先生，上天有好生之德，我不知道女方跟她爸爸現在這個情況是否還聽得進去，是不是可以再麻煩你們再次提醒他們，十一月中的時候真的要注意一下交通方面的安全？我覺得這樣比較好。」

「好的，我一定會提醒女方那邊的。」曾先生答應了下來。

十一月中斷腸時

時間來到十一月十九日早上，曾姓夫婦一早就來到宗天宮，夫妻倆的臉色滿是驚恐。曾先生一看到我，馬上就跟我說：「老師，出事了，出事了！」

「出什麼事了？」我問。

曾先生緊張兮兮地回說：「我兒子的女朋友跟她爸爸已經都往生了！」

「天啊，是發生什麼事嗎？」我驚訝的問。

曾先生繼續說：「真的是在十一月中的時候發生的！十一月十六日早上，女方跟她爸爸要去鄉下送帖子跟喜餅，不知道怎麼了，在高速公路上爆胎翻車，她女朋友被甩出車外，然後被後方一輛車輾過慘死，她爸爸則是撞到護欄後昏迷不醒，送醫後不治身亡，當天父女二人全往生了！」

我問曾先生說：「那你之前有再提醒他們要注意交通安全嗎？」

「有啊，我兒子有再提醒他女朋友，可是她每次都說：『有大神保佑，沒關係啦！』」

天啊！聽到這個消息，真的很讓人難過，同時，我忽然想到戊子籤裡的「劉文良別妻」，想不到結果竟然這麼嚴重，嚴重到父女雙雙身亡……

曾先生整個人看起來還是處於驚魂未定的狀況，講話還會有點發抖。「老師，從我知道這個噩耗一直到現在，我的身體仍然會嚇到發抖，萬萬也沒想到，這件事情會演變成這樣，真的沒想到！女方家那邊應該正在辦喪事，那……結婚這件事是不是……那個了……沒有辦法了，對嗎？」

「以現在這個情況看起來，這個婚確實已經結不成了，雖然結不成，但至少你們應該過去關心一下喪事方面是否有需要協助的地方，這樣會比較好。」我語重心長地交代曾先生。

「老師，我會的，這方面請你不用擔心，現在喪事是由女方的姑姑全權做處理，我們也會過去協助。」曾先生說。

最後我對曾先生說：「雖然事情發展到這個局面，結婚的事無法再進行下去，但回去後你們務必要觀察一下你兒子，看有沒有什麼變化，如果有變化要趕緊跟我說，我現在只擔心一件事而已……」

「什麼事？」曾先生連忙問道。

「手印，蓋手印的那件事。我不確定蓋手印事件會不會引發後續的一些事端，所以回去務必要觀察，我知道你現在要忙著協助女方那邊的喪事，你就先去忙，等忙完後，如果你兒子真的有發生變化，一定要再趕緊過來。」我交代曾先生說。

「好，謝謝王老師。」

親愛的，你不是要娶我嗎？

曾先生夫婦和我當然都希望這件事可以就這麼了結，但是……事情沒那麼簡單。

在女方跟她爸爸車禍雙雙身亡一個多月後的某一天，曾姓夫婦來宗天宮了。曾先生一看到我就說：「王老師，我兒子最近真的變得有點怪怪的！」

「怎麼了嗎？」我問。

「協助處理女方那邊的喪事完後的一個月左右，一天晚上，我兒子騎車出去買東西，在向右轉出路口的時候，跟一輛直行小客車發生擦撞，人倒是沒有怎樣，只有手腳一點小擦傷，但他回來之後眼神就不太對勁，眼睛有時會往上吊，有時又很正常，在看電視的時候，口中會一直念：『我要娶她，我要娶她，我有蓋手印說要娶她。』」

「蓋手印事件果然引發出事端來了！」我在心裡暗想，然後問曾先生，「這種情況多久了？」

「大約有五天。」一旁的曾太太回答。

我點點頭表示明白，「好，那就是剛開始而已，如果已經持續幾個禮拜，就比較麻煩了。你兒子會這樣，我覺得應該跟蓋手印事件有關，因為你兒子口中一直念『我要娶她，我要娶她，我有蓋手印說要娶她』，可以判斷的確跟這件事有關連性。你們先不用擔心，等一下我們馬上來請示神明。」

此時，曾太太忽然開口說：「王老師，聽到我兒子開始念那句話的當天晚上，我做了一個夢，這個夢很可怕。」

「什麼夢？」我問曾太太。

——曾太太的夢境

第一片段

我兒子的這位女朋友身穿白紗，卻滿身是血，白紗上面有很多地方都被血染紅，上面有一個地方貼著一張金紙，金紙上面有一個手印，我在夢中，也知道這是我兒子當時蓋的那個手印。

她一個人站在高速公路旁邊的路肩，我知道她所站之處就是他們當時爆胎出事，也就是她被甩出去後輾斃的地方。

她站在路肩，一直揮手呼喚我兒子的名字，「宇啊，宇啊，你不是說過且蓋過手印要娶我嗎？帖子跟喜餅已經送出去了，你怎麼還不來娶我回去？我站在這裡很熱，我們的小孩還沒喝ㄋㄟㄋㄟ耶，快來娶我。」

第二片段

我問她：「妳不是死了嗎？」

她回我說：「我沒死，我只是到另一個地方，我在等妳兒子來娶我，快一點來。啊，對了，伯母，妳眼睛有好一點了嗎？」

第三片段

後來，我兒子真的開車來娶她回去了。回去後，他們走進一間房子，我也跟著走進去。我一看，裡面全是小孩，我算了一算，總共有十二個小孩，全都是泥土做的那種泥娃娃，而且全部都會動，他們還開始餵這些小孩奶。

聽完曾太太的夢境之後，我更加確定她兒子的異常，的確跟當初蓋手印要娶這位女生有關，因為夢境片段有出現這張蓋手印的金紙的畫面，我比較不了解的是：夢中這十二個小孩是誰？哪裡來的？怎麼會出現這麼多小孩？

這幾個問題便是有必要釐清的地方，於是我對曾先生說：「現在，我們來請示一下宗天宮媽祖你兒子的狀況，以及這個夢到底有什麼含意。」

——利用「時間辨識法」找出目標問題

其實，這個狀況要找出原因並不難。曾先生的兒子過往一直都很正常，我們先以「時間辨識法」來分析推論，便可列出二個目標問題，一是蓋手印那件事，二是已經往生的女方那邊的神壇。

因為除了這二個目標，再沒有其他的目標了，所以我就針對這二個目標來請示宗天宮眾神明。

第一次問法

「奉請宗天宮天官紫微大帝、觀音佛祖、天上聖母列位眾神，曾弟子的兒子在女方那邊出事之後約一個月開始變得奇怪，口中一直念著要娶這位女生，但是這位女生已經往生了，所以弟子要請示的是，曾弟子的兒子現在變成這樣，是不是當初蓋手印引起的，這是第一點。

第二點，曾太太有一個夢境，這個夢境的內容看起來也是跟結婚有關係，但是比較奇怪的是，夢境裡面有十二個小孩，這點是弟子需要釐清的地方。

現在，弟子要先請示宗天宮列位眾神第一個問題，也就是曾弟子的兒子精神變成這樣，是不是當初蓋手印引起的，如果是當初蓋手印引起的話，請給弟子三個聖筊。」

擲筊的結果是：三個聖筊。

第一次問法就有三個聖筊，代表我們的推論沒有錯，曾先生的兒子變成這樣，是當初蓋在金紙上的手印所引起的。第一個要請示神明的問題已經知道答案了，接下來繼續請示第二個問題：十二個小孩到底指的是什麼？

在這之前，先提醒大家一件事：當初蓋手印的那張金紙上，總共寫了二點要求，一點是要曾先生的兒子娶女方，另外一點大家還記的是什麼嗎？

沒錯，就是要曾先生的兒子接下那間神壇！

其實，我早就在懷疑，家中神壇的神怎麼會讓自己的乩童及其家人橫死，而且那位「大神」還說自己是比天公大的神。

其實，這跟我過去處理過那些神壇裡面都沒有神的、神跑掉的或神全被外陰占去時所發生的事、狀況、影響程度……差不多都相似。於是，我接著請示宗天宮眾神明：

第二次問法

「奉請宗天宮天官紫微大帝、觀音佛祖、天上聖母列位眾神，第一點確實是蓋手印這件事，現在弟子要請示第二點，就是有關曾太太夢境裡的這十二個小孩。當初曾弟子的兒子蓋手印裡面的第二點，是承諾要接下這間神壇，所以這十二個小孩指的是不是：那間神壇裡面已經沒有神了，而是被一些外陰占去了？由於當初蓋手印承諾要接下這間神壇，導致現在這些外陰要來找曾弟子的兒子。這個夢境的含意是不是這樣，如果是這樣的話，請給弟子三個聖筊。」

擲筊的結果是：叩，叩，叩，又是三個聖筊。

第三次問法

「現在問題都已經找到了，除了蓋手印這個問題以外，曾弟子的兒子狀況還有被其他問題所影響嗎？如果有的話，請給弟子三個聖筊。」

擲筊的結果是：沒有聖筊。

第四次問法

「除了這些之外，還有其他指示嗎？如果有的話，請給弟子三個聖筊。」

擲筊的結果是：沒有聖筊。

——階段性歸納整理

我整理一下從最開始到現在問事所得到的答案，對曾姓夫婦說：「現在，我先幫你們歸納一下今天整個問事的結論。宗天宮媽祖指示的重點是：你兒子現在出現這種喃喃自語的狀況，主因是當初蓋的那張手印，蓋手印代表的是一種誓言，而那張蓋有手印的金紙上有寫了二點，要你們兒子娶這位女生，並且承接那間神壇。

坦白說，我一開始就覺得這間神壇怪怪的。為什麼呢？第一，既然家裡是神壇，為什麼女方又會在餐廳、眼科診所裡面出現那些奇怪的行為？這一點，我是真的覺得不太合邏輯。第二，既然家裡是神壇，弟弟死時手握拳頭、眼睛還睜得大大的，後來父女又發生車禍橫死，一家三口的死因、死狀都那麼奇怪，這一點讓人覺得很不可思議。就這二點來看，我覺得這間神壇真的很不單純。

依照我過去處理過神壇的經驗，凡家裡是神壇或開宮的，家裡面又有人發生一些不正常死亡或精神異常的狀況，那麼這間神壇裡面的內情通常都很不單純，這一點必須特別注意，同時也是我比較擔心的地方。」

曾先生和曾太太聽我這樣講之後，開始擔心了起來，馬上問我：「那我們現在該怎麼辦？」

我安撫他們說：「先不用緊張，雖然起因是那張蓋手印的金紙，但其實我還發覺裡面有一些不合理的地方，就是承接神壇這件事。我覺得這點有點不太合理，因為你兒子根本不需要、也沒義務去承接這間神壇，當時他看似是有點被趕鴨子上架那般被迫蓋手印，這一點，我覺得神明應該明白才對。所以，先不用緊張，也不用擔心。解鈴還須繫鈴人，既然宗天宮媽祖指示是跟那間神壇有關係，那就必須從神壇這邊先了解來龍去脈，這樣我才知道如何請示神明與如何擬定解決方案。現在我想問問你們，女生的家族裡，還有誰知道這間神壇的由來？」

曾太太回答說：「女生的姑姑應該知道，女生那邊的家族，也只剩她這位姑姑了。」

「好，如果可以的話，是否能請她姑姑來一趟，我想請教她有關她哥哥這間神壇的由來以及來龍去脈。」說完，我繼續跟曾太太說，「等女生姑姑來的時候，我們再一起請示神明該如何處理你兒子喃喃自語的狀況，因為如果不先了解問題的根源，請示出來的答案精準度會有誤差。不過，我建議盡量不要拖，拖愈久，愈不好處理。」

「好，謝謝王老師，我們回去之後，馬上跟她姑姑聯絡。」

曾姓夫婦回家的當晚，就馬上連絡到女生的這位姑姑，並且隔天就一起來到宗天宮。

揭開神壇的祕紗

追溯問題的根源

曾姓夫婦及女方的姑姑來到宗天宮後，我把這整件事情的經過，從頭到尾仔細地跟女方的姑姑解說一遍，聽完之後，她馬上對我說：「王老師，其實我也早就懷疑我哥這間神壇了，我真的很後悔當初為什麼沒堅持叫我哥不要頂下這間神壇，不然也不會發生這些事。」

頂下的神壇

「頂下？難道神壇是買來的？神壇還可以用買的？」我不可置信地提出疑問。

女生的姑姑說：「也不是完全用買的……但老師……我乾脆從頭說好了，這樣你會比較清楚。

事情是這樣，神壇原本不是我哥哥的，而是我哥哥一個朋友開的，整間神壇是用鐵皮屋搭建的，裡面還有隔房間，可以住人。神壇裡總共有十二尊神明，我看裡面連天公都有。

我哥那位朋友很嗜賭，結果把所有的錢都輸光了，還不了錢，甚至連生活也過不下去，所以就去借高利貸。一天到晚賭博、以債養債的人，哪有可能還得出錢來，他被逼債逼到受不了，就想要一走了之。在準備跑路之前，他去找了我哥，跟我哥說他們全家要出遠門一陣子，要麻煩我哥看顧神壇裡面的十二尊神明，提醒我哥早晚要點香。我哥本來還在猶豫，甚至有拒絕的意思，當時我也叫我哥不要接下這間神壇，『不要隨隨便便答應人家，我一看就知道你這位朋友是要跑路了，還在說什麼要出遠門，誰信啊！』

我哥的朋友看我哥猶豫這麼多天，他被逼債逼到東躲西藏，再不趕快走會來不及，於是就對我哥說：『我這間神壇信徒還不少，不然這樣子好了，我出遠門的這段期間，神壇所收的香油錢全都給你用好了。』

沒想到，我哥竟然因為這樣就答應了！我一聽到這個消息，忍不住氣得罵他：『你怎麼那麼笨，香油錢多，他不就可以自己還債了？幹嘛給你，你是在傻什麼啦？』

只是，他都已經答應了，能怎麼辦？於是，我哥就這樣接下了神壇。後來我聽我哥說，他這位朋友最後還是被找到了，被逼債到承受不了，最後一家三口在車裡燒炭自殺，沒有人活下來。」

兒子燒炭自殺

說到這裡，女生的姑姑停了一下，問我說：「老師，你知道嗎？我哥接下這間神壇沒多久後，就開始出事了。」

我問：「出什麼事？」

她繼續說：「我哥有二個孩子，一女一男，女生是姊姊，也就是出車禍往生的這位，而我大嫂很早就往生了。

有一天，他們姊弟來神壇拜拜，我記得那個時候是七月，剛好在普渡。他們拜到一半時，我侄子忽然大叫一聲：「啊——」然後就倒在地上，爬起來後，整個人全身發抖，眼睛上吊，就像起乩那樣開始動起來，我在旁邊看得快嚇死，也不知道該怎麼辦。

然後，我侄子忽然就開口講話了，講什麼『我要辦事，我有天命，所以我要辦事』之類的話，喔，對了，王老師，當時我侄子說話的聲音很像個小孩子。

我跟我哥說：『他什麼都不會，也還在讀書，是要辦什麼事啦？』

我哥卻對我說：『沒關係啦，神明自有安排！』

後來，我侄子還真的開始幫人辦事、收驚……沒過多久，大概是二年前，我侄子交了一位女朋友，他女朋友嫌棄他老是在約會吃飯時發出一些怪聲音，特別是小孩子的聲音，讓她和她家人都很害怕，所以她爸媽一直逼她跟他分手。最後，他們兩個真的分手了。我侄子很愛他女朋友，一時想不開，就在神壇內的房間燒炭自殺，最後是有救回來，但就是傷到腦，在床上拖了快二年才死。死的時候，我有去看他，他眼睛睜得大大的，臉發黑，雙手握拳頭，連手指頭也是黑的，就好像是死得很不甘願似的。我侄子的後事大部分還是我出的錢，我哥又沒什麼錢。」

——父女在靈堂起乩大鬧

聽到這邊，我打斷她問說：「你侄子是在神壇的房間內燒炭自殺，那麼，後來也是在同一個房間裡往生的嗎？」

女生的姑姑說：「對。」

「喔……」我忍不住感歎。

沒想到女生的姑姑接著說：「老師，事情還沒結束，後面還有更誇張、更可怕的事！」

「怎麼了嗎？」我問。

「王老師，出殯前，我侄子的大體放在殯儀館時，一天，我在靈堂摺蓮花，我侄女也一起來幫忙，摺到一半，我侄女忽然告訴我：『姑姑，我頭好暈喔！』才剛講完，她就大叫一聲從椅子上跳了起來，開始在靈堂內起乩，我嚇到從椅子上跳了起來。我哥那時候正在靈堂內整理一些東西，我侄女竟然邊發抖邊跳過去，然後用她的手掌往我哥的頭蓋上面一摸，結果我哥竟然也起乩了。父女倆就這樣在殯儀館的靈堂內起乩，很大聲的叫來叫去，還跑來跑去，甚至還跑到旁邊喪家的靈堂內講一些聽都聽不懂的話，這成何體統！

當時，我侄女講話的聲音也像是一個小孩子，而我哥就一直大喊大叫。老師，你知道嗎？當時我真的覺得又害怕又丟臉。」

講到這邊，女生的姑姑已經壓抑不了悲傷，忍不住哭了出來。等心情稍微平復了一些，她才繼續說：「老師，我跟你說，我哥他們家以前雖然沒什麼錢，但所有人都很正常，我侄子、侄女也都很懂事，是很貼心的孩子，但我哥接下這間神壇之後，就什麼都變了，什麼動作都做得出來，什麼事也都發生了！」

此時，我再次向她確認：「你哥哥家所有的事、所有的怪異行為，都是在接下這間神壇之後發生的，在那之前，一切都很正常？」

她非常肯定、堅定的回答說：「對，接之前一切都很正常，非常的正常！」

——五個可怕的共同點

了解這間神壇的由來後，我覺得既感傷又遺憾，原本一個好好的家庭，沒想到最後卻變成這樣！

我對女生的姑姑說明整理所得資訊，也讓曾姓夫婦了解：「現在，我們可以更加確定，之前媽祖指示神壇裡面已經沒有神，而是被一些外陰占去，這一點絕對正確。再加上今天我所聽到的，有關妳哥哥家的情形，我整理出幾個共同點：

❶這些異常，都是在接下這間神壇後才發生的，之前並沒有類似的現象。
❷妳哥哥全家都會被附身（兒子、女兒、爸爸）。
❸附身後，都會發出小孩子的聲音，跟曾太太夢境中出現小孩的情節吻合。
❹家裡的三個人死狀都很淒慘。
❺妳哥哥的朋友，也是一家三口燒炭自殺。」

我列出這五點並向他們說明之後，曾先生說：「對，真的是這樣沒錯，不僅全家都被附身，而且還會發出小孩子的聲音，此外，不管是女方家人，還是她爸爸的朋友，幾乎全部都死了，而且死狀跟死因還真的很奇怪。」

曾太太跟著緊張地問：「王老師，那現在我兒子該怎麼辦？」

我回她說：「不用擔心，其實昨天就可以請示神明了，只是妳兒子這件事涉及到別人的神壇，沒有當事人或跟當事人有關的家人來授權處理這間神壇的話，根本問題（神壇裡面的十二尊神）還是無法解決。

你兒子可以恢復正常，這一點沒問題，我只是怕其他人以後是不是也會被影響到，這是我比較擔心的。好在今天女生的姑姑也親自來到宗天宮，讓我們對這間神壇的由來有所了解，我想請問這位女士，妳是否願意幫你哥哥處理這間神壇呢？」

女生的姑姑一口就答應了，「沒問題，王老師，我一定配合宗天宮神明和你的指示，該怎麼處理就怎麼處理，這間神壇還是一定要解決，不然一直放在那邊，不知道又會害到多少人。只要是經過王老師你處理的，我一定配合。昨天曾太太來找我，說要找我一起來討論這間神壇的由來及後續要怎麼辦時，其實我本來是不想來的，後來曾太太跟我說是要去宗天宮找王老師。我當下就答應了，因為王老師的書跟節目我都看過，我知道你是一位很不一樣的老師，很重邏輯思考，所以二話不說，今天馬上就來了。老師，接下來就拜託你了。」

「好，謝謝大家這麼信任宗天宮，那我就開始幫大家請示宗天宮媽祖，看看接下來要如何處理曾先生兒子的問題。」

回答女方的姑姑之後，我接著對曾先生說，「女方和她父親剛往生沒多久，目前恐怕無法處理有關神尊方面的事，必須等到他們父女對年後才可以。不過，你兒子的欠點是神壇裡面的神尊造成的，現在我們能做的，就是先請宗天宮眾神明出面安撫這個欠點，並且跟這十二尊神明協調談判，不要再來影響你兒子。

目前最重要的是讓妳兒子先恢復正常，其他一切等到對年後再請示如何處理，這件事情的處理順序要這麼做才比較安全。」

「好，拜託老師了。」曾先生點點頭說。

問神達人的叮嚀

「對年」指往生滿一週年並合爐了，通常會有祭祀的儀式。只要家中有人往生還沒有滿一年，家裡面不管是風水、神位、祖先或外方等欠點相關問題，都不能處理，一定要等到一年期滿才可以。合爐是往生者的牌位正式放進家中的神主牌裡面。

請神明護住兒子

祈求神明安撫欠點的訣竅

想先護住一個人的安危，或是面臨已經發生的困境而無法立即馬上處理時，首先就是要祈求神明出面安撫這個欠點，不要讓這個情況、困境繼續惡化下去。這部分非常重要，是大部分的人都用得到的，所以我會詳細講一下裡面的一些竅門，這樣大家以後在遇到這種狀況時，就可以拿出來運用。

安撫欠點的三大用意

安撫欠點的主要用意就是：當你問出有欠點，但因為當下自己無法解決、時機不對而不能解決、權力不夠去解決、無法作主解決的時候，這種訣竅就可以派上用場了。

曾姓夫婦這個案件比較複雜的地方，在於欠點是在女方那邊，所以男方除了祈求神明出面「安撫欠點」，還必須取得女方那邊的相關人士應允、授權處理，這樣才比較能夠根治，也防止這個欠點以後再去影響到別人。

話說回來，如果最後的結果是女方的姑姑不同意處理，那也不用太擔心，宗天宮神明也教過我該如何處理這種情況。總之，不管要不要處理，都有解決的方法。

必須先祈求神明安撫欠點的情況，是大部分的人都可能會遇到的，以下會先列出基本的問法，請大家務必學起來，牢記在心裡——不只是問事人員，這對一般人也絕對有幫助。

自己無法解決、時機不對而不能解決、沒有權力解決、無法作主解決，其中，最大無法作主解決的因素之一是：諸如神桌、祖先、風水等問題，通常都必須經過家中長輩的同意才能處理，做晚輩當下是無法決定要不要處理的。然而，就算晚輩想要處理，家中長輩可能不會同意；如果不處理，原因還在，結果就不會改變——換句話說，就是所遇到的困境、狀況無法改善。此時，這種竅門就派上用場了。

運用這個方法最大的用意有三：

❶讓當事人不必太為難，不需要為了要處理或不處理這個欠點，而跟家人及長輩起爭執，鬧得不愉快。這點一定要特別注意，尤其是問事人員，你必須站在當事人的立場為他們設想，千萬不要讓當事人陷於進退兩難的窘境，否則當事人的內心會很痛苦。我看過很多人想處理欠點但家中長輩不同意，因而鬧到家庭失和，甚至還有人被鼓吹趁長輩不在家時偷偷處理，長輩發現後大發雷霆，結果

導致親子關係決裂——在外面，這種案例比比皆是，但我絕對不允許宗天宮有這種事情發生。一來，我們一定會顧慮當事人的立場，絕對不會指使他私下偷偷處理，結果引起家庭糾紛，宗教處理任何事，都必須光明正大，豈可唆使當事人背著家人偷偷摸摸地做，宗教不該是這樣，神明也不會這樣做。二來，不管當事人能不能處理欠點，宗天宮都有能力幫當事人處理，因為可以處理欠點，有可以處理欠點的解決方法，無法處理欠點，也有無法處理欠點的解決方法；不管當事人處於哪一個情境當中，我們都有解決之道。

❷在欠點還未處理之前，讓當事人遇到的困境暫時不會再繼續惡化下去。

❸當困境的情況有改善，並且家中長輩也願意處理欠點了，那就要盡快處理，畢竟，原因還在，結果不會改變，而就算有改變，那也是一時的，並不是永遠的改變。

——當事人無法作主時，擬定祈求神明安撫欠點的十四大核心問法

只要照這十四個問法下去請示神明，大部分神明都會給你三個聖筊。為什麼呢？因為神明很慈悲，神明可以理解當事人的無奈與苦衷。此外，在這十四個問法裡面，你可以自己運用、調整、搭配，把每個問法裡面的內容做交互修改，這樣一來，問法還可以延伸到二十個、三十個以上。

問法❶

祈求神明：因為當事人無法作主處理欠點，請神明安撫這個欠點，並且點醒可以做主的長輩，這樣才能夠真正解決這個欠點。（請神安撫＋點醒長輩）

問法❷

祈求神明：因為當事人無法作主處理欠點，請神明安撫這個欠點，並且點醒可以做主的長輩，這樣才能夠真正解決這個欠點，但是要先派一些金紙安撫。（請神安撫＋點醒長輩＋派金紙）

備註Ⓐ如果有三個聖筊，接下來就繼續請示金紙數量。

Ⓑ這種金紙都是用九金或銀紙，一般不會太多，大概都是幾支而已。

Ⓒ請示數量可以從一支、二支、三支，看到哪個數量有三個聖筊，以此類推。

Ⓓ九金或銀紙是南部金紙的名稱，主要是燒給祖先及外陰用的，其他縣市的名稱或許會不同。

問法❸

祈求神明：因為當事人無法作主處理欠點，請神明安撫這個欠點，並且點醒可以做主的長輩，長輩一旦願意處理欠點的話，就要趕緊解決這個欠點，才不會耽誤到整個運勢。（請神安撫＋點醒長輩＋長輩願意了就盡快處理）

問法❹

祈求神明：因為當事人無法作主處理欠點，請神明安撫這個欠點，並且點醒可以做主的長輩，長輩一旦願意處理欠點的話，就要趕緊解決這個欠點，才不會耽誤到整個運勢，但是要先派一些金紙安撫。（請神安撫＋點醒長輩＋長輩願意了就盡快處理＋派金紙）

問法❺

祈求神明：因為當事人無法作主處理欠點，請神明安撫這個欠點，並且點醒及三日內託夢給可以作主的長輩，讓長輩明白此事，也才能夠真正願意解決這個欠點。（請神安撫＋時間期限＋點醒並託夢給長輩）

備註 時間可以自行修改，修改為一個禮拜內或二個禮拜內，以此類推。

問法❻

祈求神明：因為當事人無法作主處理欠點，請神明安撫這個欠點，並且點醒及三日內託夢給可以作主的長輩，讓長輩明白此事，也才能夠真正願意解決這個欠點，但是要先派一些金紙安撫。（請神安撫＋時間期限＋點醒並託夢給長輩＋派金紙）

問法❼

祈求神明：因為當事人無法作主處理欠點，請神明安撫這個欠點，並且點醒及三日內託夢給可以作主的長輩，讓長輩明白此事，長輩一旦願意處理欠點，就要趕緊解決這個欠點，才不會耽誤到整個運勢。（請神安撫＋時間期限＋點醒並託夢給長輩＋長輩願意就盡快處理）

問法❽

祈求神明：因為當事人無法作主處理欠點，請神明安撫這個欠點，並且點醒及三日內託夢給可以作主的長輩，讓長輩明白此事，一旦長輩願意處理欠點，就要趕緊解決這個欠點，才不會耽誤到整個運勢，但要先派一些金紙安撫。（請神安撫＋時間期限＋點醒並託夢給長輩＋長輩願意就盡快處理＋派金紙）

問法❾

祈求神明：因為當事人無法作主處理欠點，請神明安撫這個欠點，並且點醒可以作主的長輩，但安撫這個欠點的期限只能安撫半年，半年後就要盡快處理了。（請神安撫＋點醒長輩＋安撫時限，時限到了就要盡快處理）

備註 期限可以自行修改為八個月或一年，以此類推。

有些信徒家裡面還未對年，因此時間期限可修改為安撫到對年後盡快處理。

問法❿

祈求神明：因為當事人無法作主處理欠點，請神明安撫這個欠點，並且點醒可以作主的長輩，但安撫這個欠點的期限只能安撫半年，半年後就要盡快處理了，而且要先派一些金紙安撫。（請神安撫＋點醒長輩＋安撫時限，時限到了就要盡快處理＋派金紙）

問法⓫

祈求神明：因為當事人無法作主處理欠點，請神明安撫這個欠點，並且點醒可以作主的長輩，但安撫這個欠點的期限只能安撫半年，半年後就一定要處理了，否則神明無法再安撫下去了。（請神安撫＋點醒長輩＋安撫時限，時限到了就「一定要」處理，問法⓫和問法❾在於，問法⓫是時限到了就非得處理不可，而不是盡快處理）

問法⓬

祈求神明：因為當事人無法作主處理欠點，請神明安撫這個欠點，並且點醒可以作主的長輩，但安撫這個欠點的期限只能安撫半年，半年後就一定要處理了，否則神明無法再安撫下去了，但是要先派一些金紙安撫。（請神安撫＋點醒長輩＋安撫時限，時限到了就「一定要」處理＋派金紙）

問法⓭

祈求神明：因為當事人無法作主處理欠點，請神明安撫這個欠點，並且點醒可以作主的長輩，但安撫這個欠點的期限只能安撫半年，半年後就一定要處理了，否則神明無法再安撫下去了，另外，還要當事人到居住地附近的大廟求該廟神明一起幫忙安撫。（請神安撫＋點醒長輩＋安撫時限，時限到了就「一定要」處理＋請居住地大廟神明一起幫忙）

備註 Ⓐ到居住地的大廟再求神明安撫主要的用意，是因為當事人的家屬是在該廟（庄頭廟或地頭廟）的管轄範圍內，由該廟的神明一起出面安撫，效果會更好。

Ⓑ如果這個問法有三個聖筊，就要繼續請示出居住地的哪間大廟——記住，是大廟喔！

問法⓮

祈求神明：因為當事人無法作主處理欠點，請神明安撫這個欠點，並且點醒可以作主的長輩，但安撫這個欠點的期限只能安撫半年，半年後就一定要處理了，否則神明無法再安撫下去了，另外，還要當事人到居住地附近的大廟求該廟神明一起幫忙安撫，並且派一張護身符給當事人護身。（請神安撫＋點醒長輩＋安撫時限，時限到了就「一定要」處理＋請居住地大廟神明一起幫忙＋派護身符）

——正式祈求神明安撫欠點

面對每一個案件，都必須清楚它的重點在哪裡，以方便在問解決方法的時候用到。曾先生兒子的這個案件，第一個重點在於，這個欠點來自女方那邊，而女方那邊又必須等到對年才能處理；第二個重點則是蓋手印誓言這個動作，當初誓言的內容有二個，一個是娶這位女生，一個是承接神壇，還說如果不遵守誓言就要抓狂。這二個重點，必須要先記在心裡面，那麼，在問解決方法的時候，就可以針對這二個重點下去擬定問法。

針對不同案件的已知重點修改問法，求得未知的解答。

除此之外，這個案件已經不是當事人無法作主處理的情況了，因為女生的姑姑已經決定要處理了，所以我把問法的重點稍微做了修改——祈求神明：「因為女方哪邊還未對年，導致現在無法處理欠點，請神明先安撫這個欠點，等明年女方對完年之後再來解決這個欠點。」**大家要注意：在請神明安撫欠點時，一定要視「當時無法處理的原因是什麼」來擬定和修改問法。**

於是，我開始請示宗天宮列位眾神。

第一次問法

「奉請宗天宮天官紫微大帝、觀音佛祖、天上聖母列位眾神，關於曾弟子的兒子目前開始有喃喃自語的現象發生，之前神明指示是女方那邊的神壇已經有被外陰占去所導致，當然這個也可以推論是女方全家都出事的主要原因。但是，目前女方家剛辦完喪事還未對年，所以祈求宗天宮列位眾神大發慈悲，出面安撫這個欠點，讓曾弟子的兒子先恢復正常，並且跟對方協調，在女方那邊對年之後再進一步請示該怎麼處理，以及當初蓋的那張手印該如何化解。如果這樣處理，宗天宮列位眾神覺得可以的話，請給弟子三個聖筊。」

擲筊的結果是：二個聖筊。這裡出現二個聖筊，我立刻想到曾姓夫婦之前曾經到南鯤鯓求過籤，當初那二支籤詩也證明女方那邊有欠點。那麼，我們可以深入一點推論，大名鼎鼎的南鯤鯓神明早就知道問題出在哪裡了，所以，只得到二個聖筊，是不是在暗示：這件事需要祈求南鯤鯓神明一起來協調，如此事情將會更圓滿。於是，我繼續修改問法。

第二次問法

「還是祈求宗天宮列位眾神大發慈悲出面安撫這個欠點以外，曾弟子一定還要去南鯤鯓祈求神明大發慈悲一起出面安撫及協調欠點，讓曾弟子的兒子先恢復正常，並且跟對方協調在女方那邊對年之後再進一步請示該怎麼處理，以及當初蓋的那張手印該如何化解。是不是這樣，如果是這樣的話，請給弟子三個聖筊。」

擲筊的結果是：二個聖筊。於是，我再次修改問法。

第三次問法

「還是祈求宗天宮列位眾神大發慈悲出面安撫這個欠點以外，曾弟子一定還要去南鯤鯓祈求神明大發慈悲一起出面安撫及協調欠點，讓曾弟子的兒子先恢復正常，並且跟對方協調在女方那邊對年之後再進一步請示該怎麼處理，以及當初蓋的那張手印該如何化解，但今天還要派一張護身符給曾弟子的兒子帶在身上，助弟子盡快恢復正常。是不是這樣，如果是這樣的話，請給弟子三個聖筊。」

擲筊的結果是：叩，叩，叩，三個聖筊。

大家有沒有發現，我問的三次問法，都是遵循上面那十四種問法下去做修改的，然後在第三次就得到三個聖筊了。這十四種問法，其實還可以做更多變換修改問法的組合，因此，這十四個核心問法大家一定要詳記在心。

額外留意「絕戶」的情況

三個聖筊出現，加上我在請示神明過後，也確定沒有其他指示了。於是，我先對曾姓夫婦說：「現在神明已經答應要先安撫這個欠點，等女方那邊對年之後，就可以來請示如何解決這個問題。此外，媽祖還會給你們的兒子一張護身符帶在身上，幫助他更快恢復正常，這樣一來，曾先生和曾太太你們就不用擔心了。」

我接著對女生的姑姑說：「至於神壇的事，因為妳是女生的姑姑，妳哥哥整個家族就只剩下妳這個親人，所以在妳哥哥及侄女對年後，還要麻煩妳再過來一趟，到時我們再繼續請示神明，看神壇那邊要如何處理。接下來，還有一件非常重要的事……」

這個案例發展自此，各位知道我所說的一件重要的事指的是什麼事嗎？

你有沒有注意到，女方這邊，從爸爸、媽媽、弟弟，到女方本人，四個人全部都往生了，也就是說，這一戶已經正式「絕戶」了，而且女生的姑姑已經是嫁出去的，是無法供奉娘家的神主牌。那麼，若干年後呢？女方那邊是不是就等於是無主的神主，將來也沒有子孫拜了？這樣的情況，很可能會在日後造成一些問題，如果你是一位思考周密的問事人員，一定要為當事人想到這一層的事，一般大眾是沒有這個概念的，比較想不到這方面的事。

於是，我對女生的姑姑說：「妳哥哥、妳大嫂、侄女、侄子全部都往生了，這個家庭可以算是正式『絕戶』了，就某種程度上來說，將來會是一種無主的神主。因此，妳應該眼光要放遠一點，如果妳願意，我順便幫妳處理妳哥哥那一戶的神主牌，不然妳哥哥那邊已經沒人可以拜神主牌了，妳又是已經嫁出去的人，是不能供奉這個娘家的神主牌的。不過，我還是會尊重妳的意願，如果妳沒有意願處理，也沒關係，隨緣就好，不用勉強。」

女生的姑姑聽我這樣說明，忍不住掉下眼淚來，「真的很感謝王老師這樣為我和我哥哥他們家設想，真的是這樣沒錯，我哥哥那一家所有的人都死了，算是絕戶了，我爸爸、媽媽一定非常難過他們的兒子、媳婦、孫子、孫女全都走了，我只要想到這邊，心裡面就很難過。」

曾太太見狀，馬上過去牽著女生的姑姑的手，安慰她說：「過去了，不要想了，別難過了。」

「好，既然妳願意處理，我會請我們的種子教師跟妳說明後續要準備什麼資料，等到對年之後，就正式來處理這件事。」（處理祖先所需要的資料，請參考「我要安神桌」裡的說明P165）

事情就是這麼玄，曾姓夫婦把護身符拿回去給他們的兒子帶在身上後，第三天開始他就沒再出現喃喃自語的情況，精神方面也恢復正常，曾姓夫婦還帶兒子來宗天宮拜拜，感謝媽祖眾神的庇佑。

當然，人非草木，面對自己深愛且論及婚嫁的女朋友之死，心裡總是會悲傷，所以當下我也安慰曾先生的兒子，逝者已矣，一切往前看才是最重要。從我跟曾先生兒子的交談過程中，我很開心看到他的精神狀態都已經正常了，不僅對答如流，眼睛也炯炯有神，最後，我對他說：「只要身心都還健康，一切都還來得及；只要身心都還健康，我們都還有機會扭轉乾坤。」

對年完成，陰陽皆大歡喜

很快的，一年就過去了，曾先生全家和女生的姑姑一起來宗天宮找我，並表示女方父女已經對完年了，接下來，就是要正式處理神壇的十二尊神明，以及女生家那邊的祖先牌位的問題。

這部分我就不做太多的著墨與解說，因為不管是跟外陰協調、談判、談判完的處理方法、核對祖先除戶技巧、除戶疑點、請示除戶等這些問法與方法，全部在第一個案件「我要安神桌」裡教授給大家了，只要按照那幾個問法和方法下去做變化運用，一定都可以處理得很圓滿。

不過，我可以講解一下這個案件的處理重點。首先，宗天宮列位眾神與南鯤鯓神明已經跟那間神壇裡面的十二個外陰協調好，南鯤鯓神明也網開一面，指示這十二個外陰先到地府報到，負它們該負的責任後，神明再收留當兵馬，日後跟隨神明修正道。這樣的做法，比較不會讓這些外陰重蹈覆轍，否則，就算是把十二個金身丟掉、燒掉，還是無法解決問題，日後還是會導致惡的循環，將來不知道哪個人或哪一戶人家會再遇到這十二個外陰——「除惡勿盡」這句話是真的很有哲理的。

當然，邏輯上來講，人（女生）與神壇都已經結束了，那麼，蓋手印的誓言自然就不會存在了。神壇裡的十二個外陰處理完成之後，就接著處理神壇一些硬體方面，如神龕、天公爐等。

神壇處理完之後，還要繼續問女生本人、爸爸、弟弟橫死的魂魄現在何處，問出之後，也是要請神把魂給帶回來依附在神主牌位裡面，這些問法我也都有教大家了，大家可以參考一下（相關問法，記得參考「我要安神桌」P105），並且還要會假設：這個案件如果是你在負責處理，你會怎麼問？這樣一來，你的問事能力就會進步得很快。

處理完成之後，我接著核對女生家的除戶，一樣是依照宗天宮處理祖先的八個基本步驟（相關問法，記得參考「我要安神桌」P85）下去一一處理，並且圓滿完成。最後，宗天宮地藏王菩薩慈悲為懷，收留女方全家四位先在宗天宮地藏殿修行五年，五年時間一到，再進行辦理轉世。

至此，曾先生這個案件終於正式處理圓滿。

一定要增加自己的推論能力

曾先生家的這個案件，同樣是一個著重思考與推論能力的案件。最初，是這位女生出現一連串怪異的行為，原本我並沒有想太多，只以為是一般被外陰附身的案件，慢慢才知道女方家有自己的神壇。此時，我的思考邏輯是這樣的：家裡既然有神壇，也有神明，為什麼還會讓這個女孩子出現怪異的行為？於是，我開始懷疑起這間神壇了——只是，當時我沒有說出來。

問事人員一定要有這種敏感度與觀察力。家裡既然開宮或神壇，照裡來說，應該會有神明保佑，既然有神明保佑，為什麼還會讓家人出現這種不應該出現的行為——這個時候，問題就出來了。什麼是問題？問題就是「**應有的景象與現狀有差距**」。

每當應有的景象跟現狀搭配不起來的時候，我就會意識到：問題出現了。後來，我又知道女方的弟弟在神壇內自殺、死亡（並且是眼睛睜大、手握拳頭手指發黑的死狀），後來父女倆還是車禍橫死的，這又是一個「應有的景象跟現狀有差距」的狀況，雖然每個人都會死亡，但大部分的人都會覺得，家裡面開宮或神壇應該不至於是這種死法。

進一步跟女方姑姑了解神壇的由來之後，運用時機辨識法開始推論，這一切的不幸事件，都是從女生的爸爸接下這間神壇後開始發生的。

來到這個案例的最末，希望除了學會問事的態度、原則和技巧，各位讀者也都有學到另一個重要基本常識：**如果有人要給你來歷不明的神明，請大家千萬慎重再重；來歷不明的神明就已經要慎重考慮了，更何況是一整間來歷不明的「神壇」！**

事出必有因，除了藉由這個案件讓大家學到問事法、處理法和邏輯推論法，更希望可以讓大家培養出一些觀察力，去觀察到哪些是合邏輯、那些是不合邏輯，甚至有能力觀察到哪些是「應有的景象與現狀有差距」的情況，只要具有這種基本的觀察力與洞察力，就可以減少很多像這位女生家裡所發生的這種令人悲痛欲絕的憾事。

宗天宮實在處理過太多類似的案件了，我們已將所有案件教材一一做了整理歸納並匯集成檔案，等待將來開課時，我會傳授更深入的系統思考法、邏輯推論法給大家——推廣教育也是宗天宮建廟的基本核心之一，我們一起加油，一起讓這個社會變得更美好！

PART

3 媽咪，妳不要哭……來自醫院的病危通知

王老師手機收到緊急連環 call，因為有孩子生命正急速流逝，醫院發出了病危通知……

從故事中你將學到……

接下來的這個案件非常重要，老一輩的人大部分都聽說過這種案件，無奈的是，遇到這種案件時，大部分的人幾乎都束手無策，我看過有些發生過這種情形的家庭，父母傷心欲絕、家人悲痛萬分，甚至終日以淚洗面，久久無法走出內心的傷痛。

每次想到這種情形，內心就有如刀割般的痛苦，所以，我把這個案件完整地寫出來，當中包含事情發生的狀況、來龍去脈、如何請神搶救生命、如何請示神明、問題解決的方法與步驟等等，絕對是非常珍貴的「實戰經驗教材」。這種特殊案件不一定會常遇到，然而一旦遇上了，絕大部分的人都不會處理，導致的結果就是當事人「準備辦後事」。

我不敢說照我的方式去辦，百分之百都會成功，但至少宗天宮神明和梓官城隍爺至今處理過的五件類似案件，都還沒有失敗過，也就是說——這五個孩子，到目前都還活得好好的，一個也沒走掉。

我很慶幸有上天、神明在背後相助，這種案件單靠人力絕對是無力可回天，這也是我一直強調問事人員及神職人員一定要謙卑、不要狂妄自大的原因，人其實沒有那麼厲害，如果沒有上天跟神明在背後支持及相助，人終究只是人而已。我會辦這種案件，是閉關時媽祖以及東嶽大帝就教了我入門的方法，由於夢境很長，所以我只擷取重點說明。

閉關時的夢境

我在一個地方看電視節目，節目名稱是「借花出世」，當時我還搞不懂什麼叫「借花出

世」，暗想著這個節目一定很無聊，而打算要轉臺時，一個老人突然出現在我眼前，說：「你一定要把這個節目看完，這個節目裡面講的內容你以後會用到。」

我反問他說：「你看過這個節目？」

老人家說：「對，我不只看過，而且我還要把處理這種案件的訣竅傳給你。你要把它記起來，也要學起來，以後就可以幫助很多的人——尤其是已經為人父母親的人。」

「喔，好。」我回答。

節目開始了。首先出現的是一對夫妻，先生牽著他懷孕近三個月的太太在海邊散步，先生對他太太說：「我們要當爸爸媽媽了！」太太看到先生這麼開心，臉上也洋溢著幸福又期待的表情。

後來，太太走得有點累了，坐在沙灘上休息。此時，一個男生從海裡走上岸到沙灘上，全身濕淋淋的。男生的臉色很蒼白，似乎已經在水裡浸泡很久一段時間了，整個皮膚都呈現白白皺皺的紋路。我仔細看了一下這個男生的臉。「哇，怎麼會七孔流血！」此時，電視上打出字幕寫著：此人是跳水自殺，死亡時間已三年，至今還未到地府報到，目前身分為「無主水鬼」。

我忍不住問老人家說：「這是鬼片嗎？」

老人家說：「不全是。你怕看鬼片？不會吧！我很難想像！」

我回他說：「我喜歡看鬼片，我學生時期跟同學去電影院看鬼片，都是被旁邊的人嚇到的，一下子坐我右邊的人在我右耳大聲吱吱叫、用力拉我的袖子，一下子坐我左邊的人哇哇叫、使勁扯我的衣領，看完電影出來以後，我腰部以上的衣服沒有一個地方是完整的。所以……還好這邊沒人，老人家，你不會吱吱叫、哇哇叫吧？」

「我不想跟你說話，你很難聊天，你還是趕緊把節目看完吧。」老人家無奈地說。

老人家都這樣說了，我只好繼續把節目看下去。

此時，那個「無主水鬼」悄悄走到孕婦的旁邊，這對夫妻本身是看不到無主水鬼的，所以當它靠近他們時，他們完全不知情。

那個無主水鬼伸手摸摸孕婦的肚子，然後把自己的頭頂在孕婦的肚子上，抬頭面無表情地望著她，似乎在打什麼主意。我也看不出這一段的含意。

忽然電視上又出現字幕解說：這個「無主水鬼」打算鑽進孕婦的肚子裡，藉著這名婦人的肚子讓自己出世。

我於是發問：「這樣不行嗎？這樣『無主水鬼』不就可以重新轉世了，不是很好嗎？」

老人家對我說：「不行，投胎轉世要有投胎轉世的合法程序，要遵循合法程序才可以，如果每個無主的孤魂都可以隨便鑽進孕婦的肚子裡，陰陽二界豈不是會大亂；沒有循著合法程序投胎轉世就像是偷渡，就算一時偷渡成功（被生下來），一旦將來被地府查到，就要被帶回去，而且都是在十六歲前就會被查到帶回去。因此，如果孩子在十六歲前有發生一些嚴重意外、癌症、罕見疾病而致生命危急時，就要請示神明這個孩子是不是『借花出世』。為什麼要問這個孩子是不是『借花出世』呢？因為『借花出世』的孩子處理方法跟處理欠點很不一樣，也很複雜，非常難處理，這一點你務必要特別注意。」

聽完，我馬上問老人家說：「那被地府查到會怎樣？」

「你繼續看下去，就知道『借花出世』的結果會怎樣了。」老人家說。

我接著往下看，這個無主水鬼摸一摸孕婦的肚子後，果真快速地鑽進那個肚子裡，一下子就不見了。「天啊！」這一幕看得我驚心動魄，同時也想著：「糟糕，鑽進去肚子裡了，那怎麼辦？這位太太以後如果生下這個孩子，會不會怎麼樣啊？」

我愈看愈替這名孕婦感到擔心……節目的劇情很突然地轉到孕婦臨盆並生下一個可愛的兒子，夫妻倆開心且激動得抱著可愛的兒子，逗得小孩笑不攏嘴。

時間過得很快，之前才哇哇墜地，一轉眼小孩就十歲了。小孩非常聰明，成績在班上是頂尖的，對父母也很孝順。有一次，小孩對爸爸說：「爸爸，禮拜天就是母親節了，媽咪照顧我很辛苦，我們一起送媽咪一個母親節禮物好嗎？」

他爸爸問：「你要送什麼禮物呢？」

他回答：「我想做一朵康乃馨給媽咪。」

話一說完，這孩子馬上就買了材料，準備要做一朵康乃馨送媽媽，他花了二天的時間把康乃馨做好之後，便收在抽屜裡。然後跑去洗澡，洗完澡出來後，小孩跟爸爸說：「爸爸，我好像發燒了，身體很熱，我身上怎麼有一塊一塊黑黑的？」

夫妻倆一看，趕緊帶孩子去看醫生，檢查報告的結果，竟是孩子得了血癌！這對父母親來說是非常大的打擊，媽媽日日以淚洗面，深怕有一天會失去孩子——此景，情何以堪；父母尚未呵護孩子長大成人，孩子便要承受一連串化療的痛苦——此情，心為之傷。

小孩開始接受化療，頭髮全掉光了，虛弱地躺在病床上對他爸爸說：「爸爸，你可以回家幫我拿那一朵康乃馨嗎？我還沒送給媽媽呢。」多麼懂事又孝順的孩子，身體已經這麼虛弱了，還沒忘記要送給媽媽康乃馨。

爸爸再也忍不住情緒，緊緊抱著兒子哭了出來，「乖孩子，好，爸爸回去拿，你好好睡覺喔，好乖。」

此時，媽媽就站在病床旁邊的隔簾後偷聽，卻沒有勇氣走過去。聽到寶貝兒子說這些話，早已無聲地哭到癱坐在地上。

夫妻倆早已身心俱疲，後來醫生又說孩子的病情不樂觀，更讓他們悲痛欲絕，幾乎沒有活下去的勇氣。

節目看到這邊，我也哭到滿臉都是淚，我問老人家，「孩子後來呢？」

老人家嘆了一聲氣說：「你繼續看就知道結果了。」

自醫生表示孩子的病情不樂觀之後，夫妻倆便開始到處求神問卜，問了好幾間廟，結果都說這位孩子是「借花出世」，已經無能為力了。

他們總是神情黯淡且失望地走出每一間問事的廟宇，常常開車開到一半便開不下去，停在路邊，在車上相擁大哭，太太抱著先生說：「怎麼辦，連神明都說無能為力了，怎麼辦？」先生也哭泣著，他也不知道該怎麼辦。

時間差不多過了二個月，醫生對父母說：「孩子的時間差不多已經到了尾端，你們要有心理準備。」天啊，夫妻倆最怕的一刻終於要來了，媽媽抱著孩子邊哭邊說：「不怕，不怕，我們不會痛了。」

小孩對他媽媽說：「媽媽，我要去做小天使了嗎？為什麼外面站那麼多阿兵哥，說要來帶我走。」

媽媽早已經哭到說不出話來，一直緊緊抱著孩子，重複說著：「不怕，不怕，我們不會痛了。」

「媽媽，你喜歡那朵康乃馨嗎？」小孩躺在媽媽的懷裡，虛弱的說。

「我很喜歡、很喜歡……」媽媽哭著說。

「媽媽，妳不要哭，我要去做小天使了，我做小天使之後再飛來找媽媽，媽媽……母親節快樂。」這就是這孩子留在這世上的最後一句話。

我滿臉是淚地接著看到，這對夫妻在一個櫃檯前面寫一些文件，準備幫孩子辦後事。只不過，這個辦後事的地方的牆壁上掛著一塊匾額，匾額上寫著大大的「地府」二個字。

此時，櫃檯有一位穿著像古裝戲裡將軍穿的鎧甲般的人，拿一份文件給失去孩子的父親，要他把裡面的資料寫一寫，媽媽站在旁邊，一句話也說不出，只是傷心地一直掉眼淚。

這位父親邊流著眼淚，邊把資料填好，然後拿給這位將軍，對方看了一下資料後說：「你這邊寫錯了，你兒子的『死因』不能寫血癌，要寫『借花出世被查到敕令帶回』。」

爸爸說：「我兒子是血癌往生的啊！」

將軍回覆他：「陽世間是血癌沒錯，但地府查到這位是借花出世，也就是沒有經過合法程序偷偷跑去轉世，所以先是被查到後才得血癌，這個因是借花出世，而不是血癌。」

爸爸哭著對將軍說：「難道借花出世是我們夫妻的錯嗎？為什麼要我們夫妻跟孩子來承受這種悲痛？難道天理是這樣的嗎？」

將軍說：「天理是這樣沒錯，但天理亦有法外之情；其實，事情並不是到無可挽回的地步，只是沒有人知道該如何問這種問題、如何處理這種案件。相對的，如果有人會問和處理這種借花出世的案件，一枝草、一點露，上天無絕人之路，上天、地府其實還是會開恩的，你兒子還是有機會活下來的。」

看到這邊，我轉過頭去對老人家說：「老人家，這對父母來說真的很殘忍耶，打擊也很大。我覺得這位爸爸講得沒錯，借花出世又不是他們夫妻的錯，他們也不知道是誰偷偷鑽進肚子裡，憑什麼要讓他們夫妻跟這位可憐的小孩來承擔這種痛苦？」

老人家說：「是這樣沒錯，所以剛才那位將軍才說，如果有人會問、會處理這種借花出世的案件，小孩是有機會活下來的。

弟子，看起來你的心情也受到劇中情節的影響，既然受到了影響，那你是不是應該要學會處理這種案件的竅門，以免將來再有類似的遺憾事發生，讓一些可憐的父母和孩子不必承受這種生死離別的痛苦？」

「好，好，我想學這種竅門，拜託老人家教我。」我堅決且誠懇地拜託老人家。

這時，老人家問我：「你知道我是誰嗎？」

「你是誰？」我問。

「我是東嶽大帝，天神及聖母請我來教你處理借花出世的竅門。」老人家回答。

我一聽到是東嶽大帝，嚇了一跳，馬上跪下來說：「東嶽大帝在上，為了以後不再讓這些父母以及可憐的小孩承受這種生死離別的痛苦，如不嫌棄弟子資質愚昧，弟子誠懇祈求東嶽大帝慈悲調教弟子。」

「好，很好，賢人起來。」東嶽大帝把我從地上牽起來，並叫我拿出筆記，把祂所講的話一一記起來……」

閉關夢境在此先告一段落。閉關當時，有關處理借花出世的夢境總共長達二天，內容過多，而且有些涉及天機，無法在書中一一寫下。

不過，後文這個真實案例就是借花出世的案例，裡面將會有一些如何問借花出世、處理借花出世的竅門，整個過程，其實就等於我閉關後半部的夢境內容了。

最後要跟大家說明，借花出世的案例雖然較不常見，一旦遇到了，大部分的人幾乎是束手無策，宗天第二法門「扭轉乾坤法門」，就是要把這個面臨生死關頭的局面一舉扭轉，我希望把這個竅門傳下去，讓更多有緣人及問事人員可以學到，以便未來有能力挽救更多可憐的父母和孩子。

問事二十五年來，我總共處理過五位借花出世的小孩——我真心希望這種案例能不出現就不出現，因為每個案例當事人的全家真的都嚇到魂飛魄散，好在我處理的這五個小孩都已度過那一劫，目前都很平安健康。

這五個案例當事人的小孩雖然年齡各不相同，病情也不一樣，但問法跟處理法其實大同小異，有些頂多只是針對案情狀況的不同下去修改，主要都還是運用東嶽大帝所傳授的竅門下去修改。因此，我選了其中一個案例來教大家。

二月八日下午二點五十七分，死神來敲門

那天，我的手機忽然傳來一些訊息，由於正在學校處理事情，所以沒有及時閱讀。大概經過二分鐘後，我檢視手機訊息，是梓官城隍廟的一位委員傳來的，再仔細看訊息上面的內容：「老師，我哥哥的孫子現在人在高醫住院，醫生說快沒救了！」

天啊，這個訊息真的讓我嚇一大跳，我不知道發生了什麼事，也不知道小孩子是什麼原因住院的，雖然沒看過這個小孩，但印象中他好像還在讀幼兒園，大概四、五歲而已。事態緊急，我立刻回撥電話給他。

電話一通，傳入耳裡的是急促的呼吸，以及速度快又說不清楚的話語，過了幾秒後，委員大大吐了一口氣緩和心情，告訴我：「老師，我現在正準備要去高醫，我哥哥的孫子現在人在高醫，聽我侄子說，他兒子已經快不行了，怎麼辦？老師。」

「是有發生什麼事嗎？」我緊張的問。

「實際情況我也不知道，我侄子打來電話後一直哭著說：『叔叔，我……兒子快……不行了，我不敢打給我媽，我、我……怕我媽會受不了。』

我連忙回問他：『你現在無法講話，你太太呢？我問她。』但是，她也在旁邊嚇到一直在發抖，也無法講話了。

聽到侄子嚇成這樣，我安撫說：『你不要怕，不要怕，慢慢說，小孩是發生什麼事？』

我侄子這才繼續說下去，『小孩早上發燒，我們帶他去醫院後，不知道怎麼了，血壓一直升不上去，反而七十、六十這樣一直降下來，降到急診室的醫生全都跑去幫小孩打升壓劑搶救。看到醫護人員全都跑過去時，我就覺得事情不對勁了，小孩的身體愈來愈涼、也愈來愈沒意識……』」

我問委員說：「那你出發了嗎？」

「還沒。」委員說。

——生命危急時的十六個重要祈求暨問法

由於這位委員住在梓官城隍廟附近，而且事態也非常緊急，我對他說：「好，你現在先不用去醫院，我相信醫護已經在進行專業的醫治，去醫院你也幫不了什麼忙。現在，你只能抓緊黃金時間，請神明助醫護一臂之力來搶救這孩子——現在只能這樣做拚看看了。

所以，你先去城隍廟點香，跟城隍爺稟報小孩的名字、生辰和現在在高醫的狀況，再馬上趕去宗天宮祈求上蒼、南北斗星君及地藏王菩薩（因為城隍廟裡沒有祭祀南北斗星君及地藏王菩薩等神尊，才建議去宗天宮）大發慈悲先護住孩子的命。背後有神明的幫忙，再加上醫護的搶救，這樣雙管齊下，成功率會更高，只能先這樣拚看看了。

你到宗天宮之後，一樣點香稟報小孩的名字、生辰和現在在高醫的狀況，並祈求上蒼玉皇上帝、南斗星君、北斗星君大發慈悲先保住孩子的命，千萬不要讓他走掉，如果這小孩有什麼欠點，等小孩穩定之後，會馬上來請示出什麼欠點，以及要怎麼解決這個欠點。因為事態緊急，點完香五分鐘就可以馬上擲筊。

你先去，我把問法打好之後傳給你，你再照我的問法下去請示玉皇上帝、南斗星君、北斗星君，這樣才不會浪費時間，擲筊完你再趕去醫院。還有，你現在的心情很緊張，所以開車務必要慢慢開，不要急，你們現在都不能再出什麼事了。」

委員侄子的兒子當下正處於生命危急的時刻，除了醫護搶救，現在能做的另一件事，就是趕緊祈求神明無論如何都要護住孩子，如果孩子不幸走了，那麼，再說什麼也都沒用。

接下來，就是要教大家如何在危急時刻祈求神明護住一個人——不管以後會不會遇到這種情況，學起來備而不用，至少勝過遇到臨危狀況卻毫無對策。

生命危急祈求神明的六要件

問事人員如果遇到信徒面臨危急時刻要祈求神明時，請先記住六個要件：

❶如果家附近有天公廟，最好到天公廟祈求，大部分的天公廟都會奉祀三官大帝（天官、地官、水官）、南斗星君、北斗星君等天神。上天的力量是一般人無法想像的，一件事要成、要敗，上蒼是「極大的關鍵性」，而南斗星君是掌管人的生、北斗星君是掌管人的死，一個人的生死關鍵，除了上蒼，南斗星君與北斗星君也扮演著很重要的角色。因此，如果時間上允許，面臨生命危急時刻到天公廟祈求是最適合的。

❷祈求上蒼時，不管男女都要稱自己為「蟻民」，不是弟子或信女。

❸如果不是天公廟，廟主殿上面的凌霄寶殿也是可以的。

❹當時間緊迫，到天公廟需要很長時間而擔心來不及，那麼，到家附近的「大廟」也可以。

❺生命危急並不是問欠點的好時機，應該先等生命穩定後再來問——這個觀念很重要，如果生命危急不先護住生命，反而是問欠點，搞不好欠點是什麼都還沒有問出來，人就已經走了！人如果走了，就算問出欠點也沒什麼用了——記住，**處理事情的輕重緩急，要因應事件的急迫性而定。**

❻不管是對上蒼或神明，危急時祈求後有三個聖筊，並且當事人的生命跡象之後真的穩定下來，千萬不要忘記當時你在祈求上蒼或神明時所說過的話（要回來請示欠點或在多久時間內要回來請示），因為上天或神明把一個人從生命危急時刻搶救回來，背後一定跟「各方」協調過，所以一定要遵守「說到做到」的原則。

委員立即照我的交代，先到城隍廟點香稟報城隍爺，隨即再開車到宗天宮祈求上蒼玉皇上帝、三官大帝以及南斗星君、北斗星君，而在委員到達宗天宮前，我就已經把所有的問法傳到委員的手機，等委員上香稟報完之後，再按照我的問法下去擲筊就可以。

面臨生命危急時的祈求法

問法❶

「奉請宗天宮上蒼玉皇上帝、三官大帝，以及南斗星君、北斗星君，今天蟻民的侄孫ＸＸＸ、生辰、家住ＸＸＸ，目前人在高醫已經面臨到生命危急的時刻，蟻民今天誠心祈求上蒼玉皇上帝、三官大帝以及南斗星君、北斗星君大發慈悲，護住蟻民的侄孫ＸＸＸ的生命，讓他度過這個難關，如果是因為有欠點造成，祈求上蒼玉皇上帝、三官大帝以及南斗星君、北斗星君先安撫這個欠點，等人生命跡象穩定『平安出院之後』，蟻民再來請示出什麼欠點以及如何解決。如果上蒼玉皇上帝、三官大帝以及南斗星君、北斗星君已經准許蟻民之所求，請給蟻民三個聖筊。」

備註❶如果有得到三個聖筊，就表示上蒼已經准許。

❷如果沒有聖筊、一個聖筊，或二個聖筊，就接著問下一個問法。

問法❷

「還是上蒼玉皇上帝、三官大帝以及南斗星君、北斗星君已經答應要先安撫這個欠點，等人生命跡象穩定之後，『在出院前』蟻民就要來請示出什麼欠點以及如何解決。如果上蒼玉皇上帝、三官大帝以及南斗星君、北斗星君已經准許蟻民之所求，請給蟻民三個聖筊。」

備註 ❶如果有得到三個聖筊，就表示上蒼已經准許。

❷如果沒有聖筊、一個聖筊，或二個聖筊，就接著問下一個問法。

問法❸

「還是上蒼玉皇上帝、三官大帝以及南斗星君、北斗星君已經答應要先安撫這個欠點，等人生命跡象穩定且『平安出院之後，蟻民要在三天內』來請示出什麼欠點以及如何解決。如果上蒼玉皇上帝、三官大帝以及南斗星君、北斗星君已經准許蟻民之所求，請給蟻民三個聖筊。」

備註 ❶如果有得到三個聖筊，就表示上蒼已經准許。

❷如果沒有聖筊、一個聖筊，或二個聖筊，就接著問下一個問法。

問法❹

「還是上蒼玉皇上帝、三官大帝以及南斗星君、北斗星君已經答應要先安撫這個欠點，等人生命跡象穩定且『平安出院之後，蟻民要在一個禮拜內』來請示出什麼欠點以及如何解決。如果上蒼玉皇上帝、三官大帝以及南斗星君、北斗星君已經准許蟻民之所求，請給蟻民三個聖筊。」

備註 ❶如果有得到三個聖筊，就表示上蒼已經准許。

❷如果沒有聖筊、一個聖筊，或二個聖筊，就接著問下一個問法。

問法❺

「還是上蒼玉皇上帝、三官大帝以及南斗星君、北斗星君已經答應要先安撫這個欠點，等人生命跡象穩定，『在出院前，蟻民要在人穩定後的三天內』來請示出什麼欠點以及如何解決。如果上蒼玉皇上帝、三官大帝以及南斗星君、北斗星君已經准許蟻民之所求，請給蟻民三個聖筊。」

備註❶如果有得到三個聖筊，就表示上蒼已經准許。

❷如果沒有聖筊、一個聖筊，或二個聖筊，就接著問下一個問法。

問法❻

「還是上蒼玉皇上帝、三官大帝以及南斗星君、北斗星君已經答應要先安撫這個欠點，等人生命跡象穩定，『在出院前，蟻民要在人穩定後的一個禮拜內』來請示出什麼欠點以及如何解決。如果上蒼玉皇上帝、三官大帝以及南斗星君、北斗星君已經准許蟻民之所求，請給蟻民三個聖筊。」

備註❶如果有得到三個聖筊，就表示上蒼已經准許。

❷如果沒有聖筊、一個聖筊，或二個聖筊，就接著問下一個問法。

問法❼

「還是上蒼玉皇上帝、三官大帝以及南斗星君、北斗星君已經答應要先安撫這個欠點，等人生命跡象穩定且『平安出院之後，蟻民「一定」要在三天內』來請示出什麼欠點以及如何解決。如果上蒼玉皇上帝、三官大帝以及南斗星君、北斗星君已經准許蟻民之所求，請給蟻民三個聖筊。」

備註 ❶如果有得到三個聖筊，就表示上蒼已經准許。

❷如果沒有聖筊、一個聖筊，或二個聖筊，就接著問下一個問法。

問法❽

「還是上蒼玉皇上帝、三官大帝以及南斗星君、北斗星君已經答應要先安撫這個欠點，等人生命跡象穩定且『平安出院之後，蟻民「一定」要在一個禮拜內』來請示出什麼欠點以及如何解決。如果上蒼玉皇上帝、三官大帝以及南斗星君、北斗星君已經准許蟻民之所求，請給蟻民三個聖筊。」

備註 ❶如果有得到三個聖筊，就表示上蒼已經准許。

❷如果沒有聖筊、一個聖筊，或二個聖筊，就接著問下一個問法。

問法❾

「還是上蒼玉皇上帝、三官大帝以及南斗星君、北斗星君已經答應要先安撫這個欠點，等人生命跡象穩定且『在出院前，蟻民「一定」要在人穩定後三天內』來請示出什麼欠點以及如何解決。如果上蒼玉皇上帝、三官大帝以及南斗星君、北斗星君已經准許蟻民之所求，請給蟻民三個聖筊。」

備註 ❶如果有得到三個聖筊，就表示上蒼已經准許。

❷如果沒有聖筊、一個聖筊，或二個聖筊，就接著問下一個問法。

問法⑩

「還是上蒼玉皇上帝、三官大帝以及南斗星君、北斗星君已經答應要先安撫這個欠點，等人生命跡象穩定且『在出院前，蟻民「一定」要在人穩定後一個禮拜內』來請示出什麼欠點以及如何解決。如果上蒼玉皇上帝、三官大帝以及南斗星君、北斗星君已經准許蟻民之所求，請給蟻民三個聖筊。」

備註 ❶如果有得到三個聖筊，就表示上蒼已經准許。

❷如果沒有聖筊、一個聖筊，或二個聖筊，就接著問下一個問法。

問法⑪

「還是上蒼玉皇上帝、三官大帝以及南斗星君、北斗星君已經答應要先安撫這個欠點，等人生命跡象穩定且『平安出院之後，蟻民「一定」要馬上』來請示出什麼欠點以及如何解決。如果上蒼玉皇上帝、三官大帝以及南斗星君、北斗星君已經准許蟻民之所求，請給蟻民三個聖筊。」

備註 ❶如果有得到三個聖筊，就表示上蒼已經准許。

❷如果沒有聖筊、一個聖筊，或二個聖筊，就接著問下一個問法。

問法⓬

「還是上蒼玉皇上帝、三官大帝以及南斗星君、北斗星君已經答應要先安撫這個欠點，等人生命跡象穩定且『在出院前，蟻民「一定」要在人穩定後馬上』來請示出什麼欠點以及如何解決。如果上蒼玉皇上帝、三官大帝以及南斗星君、北斗星君已經准許蟻民之所求，請給蟻民三個聖筊。」

備註 ❶如果有得到三個聖筊，就表示上蒼已經准許。
❷如果沒有聖筊、一個聖筊，或二個聖筊，就接著問下一個問法。

問法⓭

「還是上蒼玉皇上帝、三官大帝以及南斗星君、北斗星君已經答應要先安撫這個欠點，等人生命跡象穩定且『平安出院之後，蟻民「一定」要馬上』來請示出什麼欠點以及如何解決，『否則會使這件事情變得更棘手，甚至到不可收拾的局面』。如果上蒼玉皇上帝、三官大帝以及南斗星君、北斗星君已經准許蟻民之所求，請給蟻民三個聖筊。」

備註 ❶如果有得到三個聖筊，就表示上蒼已經准許。
❷如果沒有聖筊、一個聖筊，或二個聖筊，就接著問下一個問法。

問法⓮

「還是上蒼玉皇上帝、三官大帝以及南斗星君、北斗星君已經答應要先安撫這個欠點，等人生命跡象穩定且『在出院前，蟻民「一定」要在人穩定後馬上』來請示出什麼欠點以及如何解決，『否則會使這件事情變得更棘手，甚至到不可收拾的局面』。如果上蒼玉皇上帝、三官大帝以及南斗星君、北斗星君已經准許蟻民之所求，請給蟻民三個聖筊。」

備註 如果有得到三個聖筊，就表示上蒼已經准許。

以上十四幾種問法大家一樣可以再根據內容再修改搭配出「更多」的問法組合，例如可以再加上派護身符讓當事人帶身等。

還有，大家仔細看這些問法，就不難發覺有些問法會加上「一定」或「馬上」這些詞。沒錯，在面臨生命危急的時候，有時候神明、上蒼、天神要指示的就是要提醒當事人「動作要快」，面對這種緊急狀態一刻也不能延緩。注意，當「一定」出現後，表示事情很緊急，神明擔心當事人會忘記，所以才會這樣指示，如果是「一定要馬上」，則表示更加緊急了，通常人穩定後的當天或隔天，就一定要來請示。

如果問了這麼多的問法還是沒有聖筊，或者甚至也已經修改搭配出好幾個組合問法，依然沒有得到上蒼玉皇上帝、三官大帝以及南斗星君、北斗星君三個聖筊准許，接下來，也只能問以下幾種問法了，當然希望最好都不要用到這些問法。

這裡要先補充與特別說明，這樣大家才不會搞亂掉，以下的問法其實大部分是用在問那些年紀已經很大的長輩——年紀大才會有陽壽已到的問題，年紀還小其實不太可能有陽壽已到的情況。

問法⓯

「還是上蒼玉皇上帝、三官大帝以及南斗星君、北斗星君認為蟻民ＸＸＸ陽壽時間已到，上蒼與天神已經無能為力了，如果真的是陽壽時間已到無能為力的話，請給蟻民三個聖筊。」

如果問法⓯真的出現三個聖筊，我通常都會請當事人再加「問法⓰——祈求」。聽好，是「祈求」而不是「問」，此二者之間有不一樣的意義，雖然二者都要經過擲筊確認。

問法⓰

「既然上蒼玉皇上帝、三官大帝以及南斗星君、北斗星君認為蟻民ＸＸＸ陽壽時間已到，上蒼與天神已經無能為力了，那蟻民誠心祈求玉皇上帝、三官大帝以及南斗星君、北斗星君慈悲准許讓蟻民ＸＸＸ在人生最後這一段時間不要太痛苦，可以安詳地回去，如果玉皇上帝、三官大帝以及南斗星君、北斗星君已經准許的話，請給蟻民三個聖筊。」

備註「祈求」跟「問」二者有著很大的不同意義，祈求的意義就像問法⓰，而「問」意義就會變成：「請示上蒼玉皇上帝、三官大帝以及南斗星君、北斗星君，蟻民ＸＸＸ可以安詳地回去嗎？如果可以安詳地回去的話，請給蟻民三個聖筊。」

但是，沒有人會這麼問，也不要這麼問，大家當然都希望長輩可以安詳且毫無痛苦地回去，那為何還要問可不可以呢？所以，不要再問「可以嗎？」這類問題，就祈求上天慈悲准許讓長輩安詳且毫無痛苦地回去就好。

正式祈求玉皇上帝及南、北斗星君

過了約三十分鐘，我的電話響起，正是這位委員打來的，我趕緊接起電話。

「老師，我現在人在宗天宮，我剛剛已經求到三個聖筊了。」

「好，太好了！我傳給你好幾種問法，你跟我講一下你剛剛怎麼問的？」我問。

「老師，我剛剛就問：『奉請宗天宮上蒼玉皇上帝、三官大帝以及南斗星君、北斗星君，今天蟻民的侄孫ＸＸＸ、生辰、家住ＸＸＸ，目前人在高醫已經面臨到生命危急的時刻，蟻民今天誠心祈求上蒼玉皇上帝、三官大帝以及南斗星君、北斗星君大發慈悲護住蟻民的侄孫ＸＸＸ的生命，讓他度過這個難關，如果是因為有欠點造成，祈求上蒼玉皇上帝、三官大帝以及南斗星君、北斗星君先安撫這個欠點，等人生命跡象穩定且『在出院前，蟻民「一定」要在人穩定後馬上』來請示出什麼欠點以及如何解決。如果上蒼玉皇上帝、三官大帝以及南斗星君、北斗星君已經准許蟻民之所求，請給蟻民三個聖筊。』」委員接著說，「我只問這個問題就有三個聖筊了。」

「好，太好了，問第一個問法就有三個聖筊，這孩子八成有希望了。委員，你現在可以去高醫，然後看這小孩的後續狀況如何，馬上跟我講。」我交代委員。

委員回答：「好，謝謝老師，我現在馬上就去高醫，後續怎樣我會馬上回報老師。」

委員從宗天宮開往高醫的途中，也打了一通電話問他侄子：「現在小孩情況怎麼樣了？」

委員的侄子回答說：「剛剛醫生有打了升壓劑，可是血壓還是很低一直上不去，血壓一上去馬上又掉下來，情況很不好，怎麼辦？」

「你不要緊張，我剛剛已經在宗天宮求玉皇上帝、三官大帝、南斗星君、北斗星君先護住小孩，有求到三個聖筊了，所以你不要怕、不要怕喔，你要堅強，我現在要過去高醫了。」委員安慰著。

「好。」委員的侄子哭著回答。

雖然委員說他已經在宗天宮求玉皇上帝及天神得到三個聖筊，我內心其實還是會擔心，做父母親的面臨到這種危急情況，能有幾個人可以冷靜下來？現在只有祈求上天跟神明大發慈悲，千萬要護佑這個孩子度過這個難關，千萬不能讓他走掉。

三個聖筊後，命運開始產生變化

委員到達高醫時，他侄子夫妻倆臉色非常蒼白，雙眼都充滿了血絲及淚水，尤其是他太太，不只嚇到講不出話來，還全身一直在發抖。

委員連忙問他侄子：「現在小孩的情形怎麼樣了？」

侄子回答他說：「剛剛你打電話給我之前，血壓還是很低，但在你跟我說你在宗天宮求玉皇上帝及天神有得到三個聖筊且掛電話後沒多久，醫生就說孩子的血壓開始回升了。現在已經比較穩定，發炎指數約三百，斷層顯示腸炎很嚴重，肝也有小發炎，目前就怕腸壁太薄，如果整個腫脹穿孔就麻煩了。不過，現在小孩的意識比較清醒了，只是還沒有脫離危險期，目前已轉去加護病房了。」

委員聽完雙手合十直說：「太好了，太好了，上天保佑，上天保佑，你媽媽知道了嗎？」

「知道了，剛剛孩子比較穩定後，我有跟我媽講了，等一下她要趕過來——還好有穩定下來，不然我真的不知道要怎麼跟我媽講。」委員侄子擔心的說。

委員馬上打電話告訴我他在高醫了解到的情況，聽完後，我心裡的那顆大石終於落了下來，著實放心不少。雖然醫生說還沒脫離危險期，但依照委員在宗天宮求到三個聖筊的時間點來判斷，小孩血壓穩定、意識清楚是在求到三個聖筊之後開始轉變的，這點讓我至少安心了許多——求到三個聖筊前、後的結果確實有很大的不同。可以推論，求到三個聖筊後，宗天宮玉皇上帝、三官大帝、南斗星君、北斗星君已經在醞釀著扭轉某種程度的乾坤了。

「好，小孩目前有比較穩定了就好，果然求到三個聖筊之後，命運已經悄悄開始起了變化，接下來，我們就等小孩恢復的狀況，以及千萬不要忘記你剛剛對上蒼與天神在擲筊時說過的話喔！『祈求上蒼玉皇上帝、三官大帝以及南斗星君、北斗星君先安撫這個欠點，等人生命跡象穩定且「在出院前，蟻民『一定』要馬上」來請示出什麼欠點以及如何解決。』」

「好，我會記得，謝謝王老師，不然今天這個小孩不知道會怎麼樣。」委員感謝的說。

「委員，你不用客氣，人沒事最重要。」我回答說。

當晚立刻到城隍廟請示欠點

跟委員通完電話，得知小孩目前血壓穩定、意識清楚，我終於比較安心了；雖然還未脫離險境，但起碼已經不是需要搶救的地步。我邊開車邊回想剛剛宗天宮玉皇上帝及南北斗星君指示委員的內容：「等人生命跡象穩定且在出院前，蟻民『一定』要馬上來請示出什麼欠點以及如何解決。」如果這是欠點所造成的，天神也已經安撫欠點了，那麼，等小孩出院再來請示不就可以了，為什麼偏偏指示「一定要馬上來請示」？

問事二十五年的經驗告訴我，神明指示的每句話都有祂們的用意，更何況這是玉皇上帝及南北斗星君的旨意！我立刻做了一個邏輯推論：「既然會指示委員在小孩出院前就一定要請示欠點，那麼，這個欠點一定是非同小可，否則不用這麼急迫，而現在不就已經符合生命跡象穩定了嗎？」

如果你想成為一名問事人員，就應該要有這樣的敏感度與推論能力——以玉皇上帝指示的話，來推論這件事情該「何時請示」；一般人較難有這種敏感度與推論神意的能力，所以一切都是按照問事人員的交代去做，正因為如此，問事人員一定要有這樣的能力提醒當事人這件事該何時做、怎麼做。

於是我馬上撥了通電話給委員，告訴他我今晚七點就過去城隍廟幫忙請示欠點。委員家住城隍廟附近，我又是從高速公路南下，繞過去城隍廟也順路，這樣就不用特地到宗天宮，否則照道理應該還是要到宗天宮請示欠點，這是因為委員之前是向宗天宮神明祈求的，等於已經在宗天宮備過案了。

七點到城隍廟，小孩的父母和爺爺、奶奶，全家大大小小十幾個人，都已經在城隍廟口迎接我了。我請他們全家先點香稟報城隍爺後，過了大約半小時才開始請示。在等待的同時，我再次詢問小孩現在的情況，小孩的爸爸說：「老師，我兒子現在情況進步很多，剛好醫生是我的同學，他說我兒子血壓很穩定，人也有精神了，會覺得肚子餓、有食慾，並且肝指數及發炎指數都下降，發炎指數目前是二五一，雖然與標準值相比還是很高，但起碼已經慢慢在降了。目前呼吸較急促，心跳稍微快，也有腹水情形，預計在加護病房觀察三天，也會持續治療，謝謝你。」

「那不錯，人穩定就好，我看你們全家都嚇死了。」我說。

小孩的爺爺馬上說：「真的嚇死了，剛開始大家都不敢跟我說，我是後來才知道的，聽到時整個人簡直站不住，到現在全身還有一點在發抖，老師……等一下可以順便請你幫我收驚一下嗎？」

「好，等一下問完我再幫你收驚。」

沒想到話才說完，竟然全家人都說：「老師，我也要收驚……」

「啊……喔……這麼多人……」

當我正在心裡面算著現場有幾個人時，委員的侄子說：「王老師，我想了一下，我兒子的狀況剛好是在叔叔打電話跟我說他在宗天宮已經求到玉皇上帝及南北斗星君有三個聖筊後才開始穩定的，在這之前血壓還是上不去，人還是意識不清楚，我跟我太太簡直是嚇死了。這真的很奇妙，所有狀況開始好轉都是在我叔叔求到三個聖筊之後開始的，雖然這是很恐怖的經驗，但我真的是見到神蹟了，真的很不可思議，真的很感謝老師。」

「真的，老師，我們全家真的很感謝老師，因為有你的幫助才能這麼順利。」委員的大嫂握住我的手一直感謝。

「有我的幫助才能這麼順利？沒有，你們別這麼說，我沒做什麼，要感謝就感謝宗天宮玉皇上帝、三官大帝以及南斗星君、北斗星君眾天神及神明，沒有神明在背後幫忙，人的能力真的很有限。」我對他們一家人說，「好，時間也不早了，我們現在可以來正式請示城隍爺這個欠點到底是什麼了。」

借花瓶插花

請示欠點的問法

在正式開始請示城隍爺這個欠點是什麼之前，要了解這麼快就請示欠點的原因是，委員下午在宗天宮已向玉皇上帝等天神祈求，等孩子生命跡象穩定後一定要在出院前「馬上」來請示這個欠點。問事每個階段的因果關係，問事人員一定要知道。

——問事人員如何搭配神明的邏輯與智慧？

接下來要說的這個部分很重要，因為這個案例非常難問，沒有問事經驗、沒有處理過類似案件的人一定不知道怎麼問；不會問又硬要問下去，問出來的答案很有可能是錯的——甚至是錯得很離譜；問出來的答案是錯的，解決的方法就會是錯的；解決的方法是錯的，當事人的狀況就不會改善。

因此，這個部分大家一定要好好去研讀、體會、領悟我當時在問這個欠點時思考的是什麼、想的是什麼——我所問的每個問題，都代表著我的邏輯思考。

大家需要學的，不正是問事的邏輯思考嗎？真正有實戰經驗的問事邏輯思考，是有錢也買不到、學不到的寶貴教材。大家務必多花點時間研讀及體會，如能體會出心得，有朝一日你一定可以青出於藍勝於藍，如此，宗教問事就可以大大提高素質了——我堅決地深信，也衷心的期盼著。

在開始之前，我想先詢問大家，在擲筊請示神明時有沒有遇過以下這種情況：

❶有欠點沒有聖筊。

❷沒欠點沒有聖筊。

❸有欠點二個聖筊。

❹沒欠點二個聖筊。

有。一定有遇過，不要說問欠點，就算是問其他問題，也一定遇過：「可以」沒有聖筊，「不可以」也沒有聖筊；「好」沒有聖筊，「不好」也沒有聖筊。

這是最令人頭痛、也最令人害怕的情況，因為大部分的人遇到這種狀況後，就不知道接下來該怎麼問了。不用怕，現在就要傳授大家，遇到這種棘手的狀況時該怎麼問下去！

擬定問欠點的十大基本核心問法

以下是一般請示欠點的基礎核心問法，但這不是針對此案件的問法，本案件裡的孩子是特殊案例，問法更複雜。以下問法每個人都適合用，請務必熟記，再加以變化運用，延伸修改問法組合。

問法❶：欠點有三個聖筊

「這位弟子今天身體遇到這麼危急的狀態，是不是有欠點造成，如果有欠點造成的話，請給弟子三個聖筊。」並且擲筊結果是三個聖筊。

備註❶有三個聖筊就繼續問是哪個欠點，如祖先、風水、外方、孤魂、男魂、女魂、迷花等。

❷如果神明指示是祖先的欠點，就請參照宗天宮處理祖先的八大步驟 P85。

❸如果神明指示是無形的欠點，就請參照之前有關請神明出面協調談判外陰的問法 P127，以及協調談判後要如何處理的方法步驟 P132。

問法❷：沒欠點有三個聖筊

「這位弟子今天身體遇到這麼危急的狀態，不是欠點造成，而是真正身體生病引起的，是屬於真病方面，如果是屬於真病的話，請給弟子三個聖筊。」並且擲筊結果是三個聖筊。

備註有三個聖筊代表是真病，真病就要找醫生，這時問事人員就要繼續請示貴人醫院在哪，這樣才是完整的問事。請注意：問法❶、問法❷是最簡單、最單純的狀況，一下子就有三個聖筊，這沒什麼難度。最難問的情況是，有欠點沒有聖筊、沒欠點也沒有聖筊，或是有欠點二個聖筊、沒欠點也二個聖筊。接下來，我就要教大家在遇到這些情況時，要如何再繼續請示神明。

問法❸

「還是這位弟子今天身體遇到這麼危急的狀態，是有欠點造成沒錯，但弟子無法作主處理這個欠點，一旦指示出這個欠點又無法立即處理的話，神明怕會影響到弟子的身體及運勢，所以神明無法給三個聖筊，是為了要保護弟子未來不再受到欠點的影響，如果是這樣的話，請給弟子三個聖筊。」並且擲筊結果是三個聖筊。

備註 如果有三個聖筊，請當事人不用擔心，無法作主處理欠點有無法處理的解決方法，請參考安撫欠點的問法 P250。

問法❹

「還是這位弟子今天身體遇到這麼危急的狀態，是有欠點造成沒錯，但弟子無法作主處理這個欠點，要可以作主處理的長輩來，神明才要指示是什麼欠點，如果是這樣的話，請給弟子三個聖筊。」並且擲筊結果是三個聖筊。

備註 有三個聖筊，代表這個欠點極有可能是家中的欠點，如祖先、風水、神桌、神明等等，這些欠點的確需要長輩出面才能處理。如果長輩不願意處理，請當事人不用擔心，無法處理欠點有無法處理的解決方法，請參考安撫欠點的問法 P250。

問法❺

「還是這位弟子今天身體遇到這麼危急的狀態不是欠點造成，而是屬於真病，但要先出身體方面的籤詩補充說明，籤詩出來之後再指示貴人醫院在哪，如果是這樣的話，請給弟子三個聖筊。」並且擲筊結果是三個聖筊。

備註 ❶有三個聖筊，代表神明指示這位信徒的身體狀況有需要另外補充說明處，要籤詩抽出來才能知道。另一個原因可能是，此危急狀況當中含部分人為因素，如酗酒、作息不正常等，這個邏輯即神明要向當事人指出根本問題所在，根本問題不改，同樣的問題很有可能會一而再、再而三的發生，不斷地舊病復發。

❷籤詩可以再自行搭配時間點做問法上的修改組合，當中的邏輯是在這個時間點內比較能夠遇到貴人醫生，或在這個時間點內要特別注意身體方面，不能再繼續勞累或酗酒，否則在這時間點內有可能會再出問題。如：上半年、下半年、一至三月、五至七月等。

❸籤詩抽出來之後，別忘了還要再問貴人醫院，因為這是屬於真病。

問法❻

「還是這位弟子今天身體遇到這麼危急的狀態，是不是神明查到之前就已經有欠點所造成，但是一直沒處理，拖到今天才造成身體上出現真病，也就是說假病變真病，如果是這樣的話，請給弟子三個聖筊。」並且擲筊結果是三個聖筊。

備註 ❶三個聖筊表示當事人的身體既是欠點，也是真病，同時存在二種問題；而因果關係則是這麼

解釋：因為之前的欠點造成今日的真病。

❷以更深入的邏輯來看：如果神明給你「是欠點，三個聖筊」，問事人員一定會往無形外陰或祖先的方向去問；如果神明給你「不是欠點，三個聖筊」，問事人員一定會往貴人醫院的方向去問。如果你是神明，無法開口跟當事人說他有欠點，而這個欠點存在很久並且已經影響到身體，只處理欠點沒有去看醫生效果會有限，而只看醫生沒處理欠點效果也有限，那麼，這個聖筊究竟要怎麼翻動才對？要給當事人幾個聖筊，才能表達出這個既有欠點也有真病的意思？所以，請示神明只要遇到有欠點沒有聖筊，沒有欠點也沒有聖筊，或者是有欠點二個聖筊，沒有欠點也二個聖筊，就要思考這個邏輯推論。那麼，有沒有那種「有欠點三個聖筊，沒有欠點也三個聖筊」的情況呢？沒有，至少目前我還沒遇到過。

❸「既是欠點，也是真病，同時存在二種問題」，接著就要繼續問出什麼欠點、怎麼處理？（可參考協調外陰、處理外陰的步驟 P127）

❹如果請示出「既是欠點，也是真病，同時存在二種問題」的欠點，便請示出解決方法。再請繼續請示貴人醫院在哪。二種問題都得到解決了，當事人的身體狀況才會改善。

問法❼

「還是這位弟子今天身體遇到這麼危急的狀態，是不是神明查到之前就已經有欠點所造成，但是一直沒處理，拖到今天才造成身體上出現真病，也就是說假病變真病，但是神明要先出本運兼欠點方面籤詩補充說明，籤詩出來之後再指示貴人醫院在哪，如果是這樣的話，請給弟子三個聖筊。」並且擲筊結果是三個聖筊。

備註 ❶如果有三個聖筊，邏輯是，神明有查到當事人不只身體方面受欠點影響，連運勢方面也影響到了。因此，只要欠點找到並加以解決，不只身體狀況會改善，連運勢也會連帶一起改善。

❷「既是欠點，也是真病，同時存在二種問題」，接下來繼續問出是什麼欠點、怎麼處理？（可參考協調外陰、處理外陰的步驟P127）

❸如果請示出「既是欠點，也是真病，同時存在二種問題」的欠點，也請示出解決方法了，接著務必繼續請示貴人醫院在哪；二種問題都得到解決方法，當事人的身體、本運狀況才會改善，否則二種問題卻只處理其中一個，不管是哪一個，效果都會很有限。

問法❽

「還是這位弟子今天身體遇到這麼危急的狀態，是不是神明查到之前就已經有欠點所造成，但是一直沒處理，拖到今天才造成身體上出現真病，也就是說假病變真病，但是神明要先出家運兼欠點方面籤詩補充說明，籤詩出來之後再指示貴人醫院在哪，如果是這樣的話，請給弟子三個聖筊。」並且擲筊結果是三個聖筊。

備註 ❶有三個聖筊的邏輯是，神明有查到當事人不只身體方面受欠點影響，連家運也影響到了，因此，只要欠點找到並加以解決，不只身體狀況會改善，家運也會連帶一起改善。

❷「既是欠點，也是真病，同時存在二種問題」，接下來繼續問出是什麼欠點、怎麼處理？

（可參考協調外陰、處理外陰的步驟 P127）

❸ 如果請示出「既是欠點，也是真病，同時存在二種問題」的欠點，也請示出解決方法了，接著務必繼續請示貴人醫院在哪；二種問題都得到解決方法，當事人的身體、家運狀況才會改善，否則二種問題卻只處理其中一個，不管是哪一個，效果都會很有限。

問法❾

「還是這位弟子今天身體遇到這麼危急的狀態，是不是神明查到之前就已經有欠點所造成，但是一直沒處理，拖到今天才造成身體上出現真病了，也就是說假病變真病，但是神明要先出這位弟子『未來本運兼身體方面籤詩』補充說明，籤詩出來之後再指示貴人醫院在哪，如果是這樣的話，請給弟子三個聖筊。」**並且擲筊結果是三個聖筊。**

備註 ❶ 有三個聖筊的邏輯是，神明要說明：只要欠點找到並加以解決，籤詩裡會講到未來的身體狀況及本身運勢什麼時候會改善。

❷「既是欠點，也是真病，同時存在二種問題」，接下來繼續問出是什麼欠點、怎麼處理？

（可參考協調外陰、處理外陰的步驟 P127）

❸ 如果請示出「既是欠點，也是真病，同時存在二種問題」的欠點，也請示出解決方法了，接著務必繼續請示貴人醫院在哪；二種問題都得到解決方法，當事人的身體、本運狀況才會改善，否則二種問題卻只處理其中一個，不管是哪一個，效果都會很有限。

問法⑩

「還是這位弟子今天身體遇到這麼危急的狀態，是不是神明查到之前就已經有欠點所造成，但是一直沒處理，拖到今天才造成身體上出現真病，也就是說假病變真病，但是神明要先出這位弟子『未來家運兼身體方面籤詩』補充說明，籤詩出來之後再指示貴人醫院在哪，如果是這樣的話，請給弟子三個聖筊。」並且擲筊結果是三個聖筊。

備註：❶有三個聖筊的邏輯是，神明要說明：只要欠點找到並解決，籤詩裡面會講到未來的身體狀況及家運什麼時候會改善。

❷「既是欠點，也是真病，同時存在二種問題」，接下來繼續問出是什麼欠點、怎麼處理？（可參考協調外陰、處理外陰的步驟P127）

❸如果請示出「既是欠點，也是真病，同時存在二種問題」的欠點，也請示出解決方法了，接著務必繼續請示貴人醫院在哪；二種問題都得到解決方法，當事人的身體、家運狀況才會改善，否則二種問題卻只處理其中一個，不管是哪一個，效果都會很有限。

問神達人的叮嚀

如果神明指示要抽「家運籤」，表示神明看待此事，是以「整個家庭」為考量，家運籤有三個重點要留意：❶家運代表整個家庭的運勢，當然也包含了家中的每一個成員；❷神明會指示家運籤，代表所問之事受到家裡某件事情的影響；❸所問之事還會影響到家中成員。

考驗問事人員的智慧

以上十種問欠點的基本核心問法，大家可以自行運用搭配，然後再延伸出更多的問法組合。回到委員侄子的兒子這個案例，我在問小孩面臨生死關頭是什麼欠點所造成時，可就沒有那麼順利了，問了快三十分鐘才問出；以上十個基本核心問法我都問過，再加上我自己再修改搭配出更多的組合也試過，就是沒有三個聖筊。當下我其實很難相信，在這半小時內，甚至連二個聖筊也都沒有出現過！我還搭配時機辨識法，但還是沒有問出一個答案來。

這逼得我思考，難道這孩子今天發生這麼危急的情況另有原因？如果是這樣，會是什麼原因呢？

提醒大家一個重要觀念，遇到這種情況時，千萬不能心慌意亂，當然也絕對不能把剛剛那些問過沒有三個聖筊的問題再重複問一次，一心就只想趕緊得到三個聖筊——這樣絕對是錯的，重複問同樣的問題，就算有三個聖筊，這個答案也一定是錯的。

此時，我們反而要思考：「這個案件不單純，這個欠點到底是什麼？為什麼神明一直沒指示是什麼欠點？為什麼這些基本核心問法全都問過了，卻還是沒有三個聖筊，神明到底想要說什麼？」這是我當時在思考的問題。最讓我感到不單純之處在於：❶有欠點跟沒欠點其實沒有模糊地帶，二者之間只會有一個答案；❷就算欠點裡面含有真病，也應該要給我個二個聖筊，不太可能問到都三十分鐘了，神明還是連二個聖筊都沒有——這就怪了。

正當我感到不解並絞盡腦汁思考時，忽然有一位老奶奶走進城隍廟想拜拜，她手裡拿著一籃水果和一對鮮花。老奶奶把水果放在供桌上，並詢問當時值班的廟公：「廟公，請問你們這裡有沒有花瓶，借花瓶插一下花。」

聽到這位老奶奶的話，我突然有個靈感，嘴裡也冒出了一句話：「啊，難道是這個原因……」老奶奶不經意的一句話，忽然讓我整個腦袋清醒了起來，問了那麼久，城隍爺都沒有指示什麼欠點，難道是那個原因？可是，如果真的是那個原因，事情可就麻煩了！

坦白說，我的確滿怕問出來的答案跟我心裡想的答案是一樣的，可是如果不問，擲筊已經三十分鐘卻還是沒問出個所以然來，總不能讓孩子的爸爸一直跪在那邊、全家上下懷著忐忑不安的心一直站在廟裡吧！

當時時間已經晚了，我只好對委員、他侄子及其他家人說：「剛剛進來拜拜的老奶奶讓我想到有一個問題還沒問到；這個問題不是欠點，也不是真病，但卻比欠點更加嚴重，也比真病還難醫，我真的希望不是這個原因。」

話剛說完，果然，委員侄子全家人的臉色馬上沉了下來，一副憂心忡忡的模樣，委員很緊張地問：「老師，是什麼問題？」

我沒有正面回答：「還是先請示城隍爺好了，也許不是我想的那個答案。」

於是，我修正了問法：「奉請梓官城隍爺，今天這位孩子的身體面臨生死關頭差點走掉的原因，是不是因為這位孩子是『借花出世』，如果真的是『借花出世』，請給弟子三個聖筊。」

擲筊的結果是：二個聖筊。

問了半個多小時，第一次出現二個聖筊，這二個聖筊含義很大，大家一定要花點時間仔細研讀。

看到二個聖筊出現，我心裡面不由得暗想：「完了，真的跟我心中想的一樣，雖然還沒有得到三個聖筊，但八九不離十是借花出世沒錯了。」

我會這麼判斷的原因是，之前已經問了半個多小時，前前後後總共問了約三十幾個問題，不是沒有聖筊，就是只有一個聖筊，偏偏就只有這個問題有二個聖筊，如果說這是機率使然，這種機率也太小了吧！

於是，我再次修改問法：「還是今天這位孩子的身體面臨生死關頭差點走掉的原因，是因為這位孩子是『借花出世』，並且地府已經查到，要將他帶走了，如果是這樣，請給弟子三個聖筊。」

擲筊的結果是：二個聖筊。

連續二個問題都出現二個聖筊，這二個聖筊的問題都有出現同一個關鍵字——「借花出世」，其實，答案已經很明顯了！我又再次修改問法：「還是今天這位孩子的身體面臨生死關頭差點走掉的原因，是因為這位孩子是『借花出世』，並且地府已經查到，要將他帶走，帶走的時間點是不是就在農曆一月，如果是這樣，請給弟子三個聖筊。」

擲筊的結果是：叩，叩，叩，三個聖筊。

委員忍不住問我：「老師，借花出世是什麼意思？」

看到三個聖筊出現，我的心都涼了，委員又這麼問，我真的不知道要怎麼對小孩的父母及他們一家人講解借花出世的含意。

我內心不斷地在掙扎，此時，小孩爸爸的手機響了起來，他站起來走出廟門接電話，大概過了二分鐘，他一臉慌張的跑進廟裡對我說：「老師，是醫院打來的，說我兒子現在在發燒，血壓又降下來了，再這樣降下去會發病危通知，老師，怎麼辦？」

話一問完，全家人又開始緊張了起來，小孩的媽媽甚至哭了出來。我看事情的發展的確完全像是借花出世，而且神明指示的時間是農曆一月……

「現在不就是農曆一月嗎？糟糕，怎麼辦？」

我先對委員的侄子說：「你們要不要先去醫院，讓你叔叔留在這裡幫你繼續問，我來想辦法，你們不要怕，不要緊張，車子千萬要慢慢開，現在不能再出什麼事了。」

於是除了委員，其他家人全部馬上開車前往高醫。我看著他們離開，小孩的爸爸嚇到走路差點跌倒，小孩的媽媽邊走邊哭，小孩的奶奶得要人攙扶才有辦法走……此情此景，我的內心也非常難過跟緊張，「小孩要是走掉了，那……」

當委員侄子全家離開後，委員問我：「老師，現在怎麼辦？剛剛講的借花出世是什麼意思？」

我沒有回答，只是說：「我們先祈求城隍爺一件事，這件事如果沒成，說什麼都沒用……」

突發狀況的應變搶救

以現在這個小孩的突發狀況，我們只能先這樣祈求：

「奉請梓官城隍爺，今天這位孩子的身體面臨生死關頭差點走掉的原因，已經確定是『借花出世』了，今天下午這位小孩本來已經穩定下來，但剛剛醫院打來說現在孩子在發燒，血壓一直在降，如果再這樣降下去，很有可能會發病危通知。所以，現在既然知道是借花出世了，唯一只能求城隍爺，以及宗天宮上蒼玉皇上帝、南斗星君、北斗星君、地藏王菩薩大發慈悲先護住這位孩子，不要讓他走掉，既然上蒼及南北斗星君指示說，如果穩定要馬上請示出原因，弟子也馬上來請示了，推論起來應該是有機會才對，否則依照弟子的判斷，這位孩子在今天下午應該就走了，不會有穩定的機會。所以，再次祈求城隍爺大發慈悲允許弟子之所求，這位孩子今晚如能再次穩定，弟子明天馬上到宗天宮請示如何處理借花出世這個問題，如果眾神明已經准許答應的話，請給弟子三個聖筊。」

擲筊的結果是：叩，叩，叩，三個聖筊。

太好了！這三個聖筊的出現，對小孩及他們全家人太重要了！雖然還不知道現在小孩那邊的情況怎麼樣，但我對天神及神明絕對有信心。於是，我就和委員一起在城隍廟靜待小孩的爸爸打電話來告知狀況。

等了一個多小時，委員的侄子終於打電話來了！

原本，小孩的血壓一直往下降，但他真的很乖，看到媽媽在哭，還虛弱地說：「媽媽，你不要哭，我打針很勇敢，也不會哭哭喔。」

他媽媽哭著對他說：「好，你趕快好起來，媽咪帶你去動物園玩。」

小孩回答她：「好。」說完沒多久，血壓就開始回升，漸漸趨於穩定，燒也比較退了。

聽到這裡，我對委員說：「太好了，小孩沒事就好，沒事就好，太好了！」

委員接著問我：「老師，現在還要繼續問借花出世的事嗎？」

「你明天帶你侄子他們到宗天宮，一起請示要如何處理借花出世，這非常重要，孩子能不能過這一關，就看明天了。現在已經晚了，你先回去休息。」

「好，王老師，老師你也早點回去休息，明天一早我們會馬上過去宗天宮。」

延花續命

處理借花出世的竅門

天下父母心，自己的孩子受到一點點傷，父母親就已經心疼不已了，何況是面臨生命危急的狀況，那種心情，真的是比刀割都還要痛。

我在這裡把搶救的訣竅寫下來，就是希望以後不會再發生這種父母眼淚流乾都喚不回孩子生命的情況，雖然不敢保證每一件都會成功，但就如同我所說的，借花出世的案件我二十五年來只處理過五件，樣本數不多，但起碼這五個孩子都成功地從鬼門關拉了回來，到目前為止都活得好好的，有的已經上小學，有的已經上高中，有的甚至已經是大學生了，每當這些孩子來宗天宮拜拜，他們燦爛的笑容真的讓我的心感到寬慰。

回到委員侄子的孩子這個案件，前一天晚上小孩的血壓再次穩定且退燒後，按所我叮嚀的，委員及他侄子一家人今天一早就到宗天宮來請示處理借花出世的問題。只要借花出世這個問題沒有得到圓滿的解決，這孩子不知道什麼時候又會開始出現危急狀況，甚至醫院會發病危通知，所以，無論如何一定要解決這個問題。

還沒開始請示處理，委員的侄子便問我：「老師，昨天晚上城隍爺指示我兒子是借花出世，請問什麼是借花出世呢？」

我回答他說：「借花出世是指這孩子並沒有按照合法的程序來轉世。只要是沒有按照合法程序來轉世的，一旦被地府查到，都會被帶回去，而且都是在十六歲前就被查到帶回去，這種概念就像偷渡被遣返那樣。昨天城隍爺有指示，你兒子的時間是在農曆一月，現在剛好是一月，所以這個月是你兒子的關鍵時期。」

我才解釋完，小孩的奶奶馬上就哭了出來，她邊哭邊問：「老師，那我們該怎麼辦？」

「妳先不要怕，我們來請示宗天宮上蒼、天神和地藏王菩薩，看要如何處理這孩子借花出世的問題。」我回答小孩的奶奶。

——處理借花出世的六大延花續命法

依照閉關時東嶽大帝教我後半段處理借花出世的夢境，夢中我把東嶽大帝跟我講的方法記在筆記當中，六大延花續命法為：

延花續命法	說明
1 祈求上蒼與地府慈悲開恩赦罪「借花出世」的孩子	雖然孩子是借花轉世，但如果孩子小小年紀就走了，對父母及親人無疑是非常大的打擊，所以，誠心祈求上蒼地府開恩赦罪是當務之急，也是首務之要。
2 寫「延花續命疏文」	花一般指的是小孩，白花是男生，紅花是女生，以此疏文正式稟告上蒼與地府，讓這孩子留下來，好好地活下去，如果能順利度過這一關，日後定會多行善事以報答天地之恩。如果上蒼和地府准許，孩子就能化險為夷。
3 誠心之願	所謂「發願之初，成道有餘」，一般人會認為發願就是捐錢，這是膚淺的想法，上天跟地府絕對不會用金錢來衡量一個人的生命價值，所以發願不必跟金錢畫上等號。所發之願，要自己能力範圍能做到，最重要是一顆「誠心」，真誠之心感天動地，有沒有誠心，上天跟地府一清二楚，騙不了人。我處理過的案件中，有的願是「**如果孩子能平安度過這一關，我願鮮花、素果、素五牲來答謝上蒼跟地府**」，上蒼及地府同樣給了小孩的爸爸三個聖筊，由此可見，發願不一定要跟金錢有關；一旦發下大願日後又做不到，才真的會很麻煩。此外，發願後，務必請示上蒼、地府這個願是否可以，有三個聖筊才表示上蒼、地府同意了。最後再次強調，「願」不要跟金錢畫上等號，這一點很重要。
4 四柱蓋運——把當事人的四柱八字先隱藏起來	為什麼要蓋運呢？以委員侄子的兒子為例，農曆一月是最危險的時期，在身心靈最不穩的這一段期間，最容易受到無形外陰的影響，若事情還沒解決又被外陰影響到（發生意外等等），只會讓事情變得更複雜、更棘手，四柱蓋運就是為孩子建立一

		個保護網，讓外陰無法看到與找到。要特別注意的是，只要有「蓋運」，後續就一定要「掀運」。運要蓋多久，一定要請示神明，絕對不可自作主張，一旦蓋運而忘記掀運，就等於當事人的四柱八字一直被隱藏住，這會導致當事人無運可走；無運可走，代表一直無法開運，人生會很坎坷。我處理過很多蓋運沒掀運的案件，掀開之後運勢可比一飛衝天，人生道路比以往好走很多，這點非常重要，務必要注意。
5	神明誼子——蓋運之外的第二個保護網	祈求上蒼、地府准許開恩赦罪後，先建立蓋運這第一個保護網，「待掀運之後」要再建立第二個保護網——祈求神明收為誼子（男生）、誼子女（女生）。如果神明同意，祂們就一定會護佑孩子直到弱冠之年（十六歲），借花出世最關鍵的危險期是在十六歲以前，十六歲過後，就算度過危險期了，人生之後的命運自然就會平安順遂。
6	改名重生	當以上五個方法上天地府都准許同意之後，接下來就是為孩子改一個新名字，背後的意義就是幫孩子重新建立一個新的人生。不過，依據我閉關的筆記，東嶽大帝特別指出「此法，可為，亦可不為，為與不為，神意或天意是唯」，需不需要改名，一定要請示過神明或上蒼，神明或上蒼如果說不需要改名，那麼，只做前五項依然會有新的人生，不一定要改名才會有新的人生。

總之，以上六大延花續命法，不論是哪一個，要做之前一律都要請示過上蒼、地府或神明，有得

到三個聖筊才可以做；沒有經過神明或上蒼的同意就自己擅自寫疏文稟報、自己擅自蓋運、自己擅自改名，有沒有效果我不知道，但至少不是上蒼、地府或神明同意我們這麼做的。這當中的玄機和邏輯是：只要是上蒼、地府或神明同意我們這麼做，就表示做了之後成功率會很高。如果成功率不高，上蒼、地府或神明何必還要指示我們這麼做？遵照神意或天意，是必須的，也是唯一的。

回到案件本身，我根據以上六大延花續命法，開始請示宗天宮上蒼玉皇上帝、三官大帝南斗星君、北斗星君和地藏王菩薩列位眾神如何處理這孩子借花出世的問題。此時，委員、委員的侄子及其全家都跪在神明前面了，我開始請示：

第一次問法

「奉請宗天宮上蒼玉皇上帝、三官大帝、南斗星君、北斗星君、地藏王菩薩列位眾神，蟻民的兒子昨天二度差點往生，身體狀況已經面臨生命危急的非常時刻，經梓官城隍爺指示，這孩子會發生這種狀況的主要原因是借花出世，雖說借花出世是沒有合法轉世，但蟻民總不能眼睜睜看著孩子小小年紀就走掉，這樣白髮送黑髮，對父母及家人無疑是非常大的打擊與刺激。然上天有好生之德，祈求上蒼、三官大帝、南北斗星君及地藏王菩薩大發慈悲『開恩赦罪』，原諒這位借花出世的孩子，蟻民全家會誠心書寫『延花續命疏文』，以此疏文正式稟告上蒼與地府讓這孩子留下來並好好活下去，同時蟻民全家也會發『誠心之願』，日後多行善事以報上天與地府今日之恩。等孩子病情穩定之後再進行『蓋運』，至於蓋運要蓋多久，等上蒼准許之後蟻民會再繼續請示。等到蓋運期間結束掀運之後，再祈求神明將這位孩子『收為誼子』，護佑這孩子直到十六歲弱冠之年。最後蟻民再幫這位孩子『改名』，使其有新的人生開始。

因誼子書上面需要寫上小孩的名字，如果上蒼與地府准許改其名的話，那這孩子才能把新名字寫在誼子書上面。如果宗天宮上蒼玉皇上帝、三官大帝、南斗星君、北斗星君、地藏王菩薩列位眾神已經答應准許蟻民全家誠心所求之事的話，請給蟻民三個聖筊。」

擲筊的結果是：二個聖筊。

二個聖筊表示上蒼、眾天神及地藏王菩薩已經答應允許，但還有一些「不足之處」，或者有一些「多餘之處」。

我當時是先以「多餘之處」來進行第二次修改問法，也就是改名這個部分，因為東嶽大帝提醒過我改名「此法，可為，亦可不為，為與不為，神意或天意是唯」。

於是，我再次修改問法：

第二次問法

「還是宗天宮上蒼玉皇上帝、三官大帝、南斗星君、北斗星君、地藏王菩薩列位眾神已經答應准許蟻民全家誠心所求之事，但名字不用改，如果是這樣的話，請給蟻民三個聖筊。」

擲筊的結果是：叩，叩，叩，三個聖筊。

當第三個聖筊「叩」的一聲出現，委員侄子一家人都很激動與感動，尤其是委員的大嫂，也就是小孩的奶奶，雙手合十大聲哭說：「上天慈悲，感謝上天保佑，我們全家一定不會忘記上蒼、地府、宗天宮與梓官城隍爺眾神明這個恩情的，感謝上蒼。」

看到三個聖筊出現時，我心裡也非常感動，「上蒼（玉皇上帝）與地府（地藏王菩薩）慈悲為懷，有好生之德，這孩子有救了，八成真的有救了，這孩子終於可以留下來了。」我轉頭望著神殿裡的神明，內心真的很感謝當時東嶽大帝與眾神教我處理借花出世的六大延花續命法，這次派上用場，是第五次了！在前四次的案件中，孩子都成功地延花續命了，這一次當然一定也可以成功的延花續命，我對宗天宮上蒼玉皇上帝、三官大帝、南斗星君、北斗星君、地藏王菩薩、東嶽大帝與聖母列位眾神絕對有信心。

看到他們全家的心情從一開始的心驚膽戰到當下的破涕為笑，我也跟著高興起來。不過，高興歸高興，還是有很多事情要接著做。

我對委員的侄子說：「上蒼、眾天神、地藏王菩薩已經慈悲答應接受你們的祈求，對借花出世這件事也已經開恩赦罪了，接下來還有幾點重要的事我們必須接著進行。

首先，今天求上蒼及天神、地藏王菩薩已經有三個聖筊，我認為這孩子是有救的，所以你們等一下要發『誠心之願』，發願可以不用念出來，念在心裡就好，念完再請示上蒼、眾天神、地藏王菩薩這個願是否可以，可以的話給蟻民三個聖筊，有三個聖筊才可以。請記住，發的這個願一定要自己能夠做到的，並且不要跟金錢畫上等號。一旦這個願有得到三個聖筊，就一定要遵守這個承諾，對神明的願本來就不能開玩笑，何況這是對上天跟地府的願，更加不能開玩笑。

接下來，我會幫你們準備延花續命疏文，小孩的父母及家人要親自過來對上蒼及地府稟報疏文，小孩如果還在住院，不用來沒關係，記住，這件事要趕緊做，愈快愈好，因為這張疏文很重要。

接著，如果小孩身體情況漸漸好轉，你們就要趕緊來辦理蓋運，蓋運當天如果小孩能來，那是最好的，因為蓋運會用到小孩的頭髮跟指甲。如果真的不能來，你們事先從醫院將小孩的頭髮、指甲帶過來也可以，這件事是在稟報延花續命疏文後要做的，現在農曆一月是危險期，得趕緊在這幾天內辦理蓋運，等一下我會幫你請示這孩子蓋運要蓋多久。

最後一個階段就是辦理請神明收誼子的儀式，我會幫這孩子準備誼子書，這個儀式當天需要父母、孩子做一些事情，所以都要親自來。至於改名字，就不用改了。

只要把這些重要儀式都完整無誤的處理好，這件事就可以正式圓滿，只要圓滿，我相信孩子一定會活得好好的，你們也就不用再擔心了。」

建立第一個生命保護網

請示蓋運、掀運的問法與方法

我解釋完，委員的侄子全家馬上點香跪下發誠心之願，發的這個願也有得到上蒼、玉皇上帝、眾天神及地藏王菩薩三個聖筊同意，至於他們發的是什麼願，我就不知道了。下一個步驟是進行蓋運，而辦理蓋運一定要請示要蓋多久。

於是，我接著請示上蒼、眾天神及地藏王菩薩蓋運要蓋多久：

第一次問法

「奉請上蒼玉皇上帝、眾天神及地藏王菩薩，蟻民現在要請示這位孩子蓋運要蓋多久，如果要蓋一個月的話，請給蟻民三個聖筊。」

擲筊的結果是：三個聖筊。

備註 ❶時間以當天擲筊日開始算，為期一個月，假設當天是農曆一月十六日，那就是要蓋到農曆二月十六日。二月十七日之後一定要掀運，延後「幾天」掀運還可以接受，但最好不要超過一個禮拜，唯一絕對禁止的是，不可提早掀運。

❷蓋一個月沒有聖筊，第二次再問二個月、三個月以此類推，有信徒曾經蓋過一年半的運，是少數要蓋運蓋那麼久的。總之，不管多久，一切都要請示神明，時間是神明在決定的，不要自作主張。

❸關於蓋運儀式，各廟有各廟的處理方法，這個部分我就不特別說明，至於在宗天宮請示到要蓋運，我都會親自幫信徒處理蓋運的事，所以不用擔心。

❹處理掀運當天，宗天宮會請當事人準備一碗豬腳麵線擺在供桌上，把當事人蓋運的那個碗也放在供桌上，然後請示神明是否時間到了，可以正式掀運，如果可以掀運了，請神明賜三個聖筊。

❺如果有三個聖筊，把蓋運的那個碗打開，碗裡面的東西連同蓋運符化掉，然後再將蓋運的那個碗打破，象徵過去那段危險期已經破解了。

❻然後，當事人再把那碗豬腳麵線吃掉過個運，這樣整個蓋運、掀運就圓滿了。

❼如果請示神明是否時間已經到了，可以正式掀運時，沒有聖筊或只有一個聖筊，可以繼續問：「還是要再一小刻（十五分鐘）才可以掀運，如果要再一小刻的話，請給弟子三個聖筊。」如果沒有聖筊，再問二小刻、三小刻，以此類推，一定會有三個聖筊。

當時委員侄子的兒子還在住院，小孩無法親自前來，所以只好把小孩的頭髮、指甲在醫院就剪好，蓋運當天再帶過來處理。

情況變化很大

到目前為止，委員侄子全家已經求上蒼和地府開恩赦罪；發了誠心之願；延花續命法疏文也已經稟報完開化上繳天庭、地府了；蓋運、掀運也辦理好了，經過這幾道程序，接下來就等後續的情況發展，觀察這些處理完之後小孩的狀況有沒有改善，這一點是問事人員要注意的。

國曆二月二十四日中午，委員打電話告知說，小孩正式轉到一般病房。隔天中午，委員又打來說：「老師，好消息！我侄子打電話跟我說，剛剛醫生去巡房，說小孩情況已經很穩定了，預計週五可以出院，我們預計週六就帶小孩過去辦理誼子的儀式。老師，之前那幾個儀式處理完之後，小孩的情況變化真的很大，一天比一天進步，整個人都很有精神。謝謝王老師，救了這小孩和他們全家，沒有你的幫忙，我看這孩子已經不在了。」

我回答委員：「委員你別客氣，人不是我救的，我沒那麼厲害，沒有上蒼、眾天神和地藏王菩薩的慈悲為懷，我哪有那麼大的能力？小孩平安就好，恭喜你們。」

「要神，也要人！要有一個真正能夠傳達神意，把神意問出來的人，這樣神、人才能夠配合得起來啊，真的感謝王老師！」委員說。

「委員你不用客氣，現在就等星期六來辦理誼子儀式，這個儀式處理好就全部圓滿了。」

「好，我會跟我侄子講星期六過去，再一次感謝王老師。」委員說。

建立第二個生命保護網

誼子儀式的問法與方法

這個案件終於已經完成到剩下最後一個步驟——誼子儀式。誼子，就是祈求神明收這位孩子為「契子」，辦理誼子儀式之前，有幾件事必須要先確定。

一定要請示神明是否收孩子為誼子、誼子女

首先，一定要擲筊請示神明收這位孩子為誼子，委員侄子家的案例，是當時經過上蒼、眾天神及地藏王菩薩答應允許收這個孩子為誼子，所以不必再次擲筊祈求神明答應，一般人想求神明收自己的孩子為誼子，就必須要先擲筊。

祈求神明收誼子請示法如下：

＊**第一次問法：**「奉請宗天宮天官紫微大帝、觀音佛祖、天上聖母列位眾神，今天弟子的孩子ＸＸＸ誠心祈求宗天宮神明收弟子的兒子為誼子，如果宗天宮神明已經答應收弟子的兒子為誼子，請給弟子三個聖筊。」如果有三個聖筊，表示神明已經答案要收誼子，那就再繼續請示第二個問題。

＊**第二次問法：**「感謝宗天宮天官紫微大帝、觀音佛祖、天上聖母列位眾神答應收弟子的兒子為誼子，現在弟子要請示，是哪一尊神明要收弟子的兒子為誼子，如果是天官紫微大帝要收弟子的兒子為誼子的話，請給弟子三個聖筊。」如果有三個聖筊，那就確定宗天宮天官紫微大帝要收這位孩子為誼子。

＊**第一次問法若只有二個聖筊，第二次問法可以這樣問：**「奉請宗天宮天官紫微大帝、觀音佛祖、天上聖母列位眾神，二個聖筊是不是已經答應，但要指示是天官紫微大帝要收弟子的兒子為誼子，如果是這樣的話，請給弟子三個聖筊。」如果有三個聖筊，那就確定宗天宮天官紫微大帝要收這位孩子為誼子；如果沒有聖筊，那就繼續請示是不是另一尊神明要收這位孩子為誼子，參考下面第三次問法。

＊**第三次問法：**「是不是神明已經答應要收弟子的兒子為誼子，但是觀音佛祖要收弟子的兒子為誼子，如果是這樣的話，請給弟子三個聖筊。」如果再沒有聖筊，再請示另一尊神明，直到出現三個聖筊為止，以此類推。

為什麼要確定是哪一尊神明要收孩子為誼子呢？

宗天宮是遵照神明的指示依循古禮古制來辦理誼子的儀式，只要神明答應要收孩子為誼子，首先就要正式寫誼子書（一式二分，一份燒化繳回天庭、地府，一式留著到十六歲辦理弱冠時要用到），誼子書宗天宮會幫信徒準備。誼子書上面，必須要明明白白寫上這孩子的姓名、生辰、地址、還有哪一尊神明的神號，並且父母、孩子都要蓋上手印，最後再蓋上宗天宮的宮印。

接著，還要為孩子準備一條銀牌長命鎖，銀牌上面會刻上這尊神明的神號，辦理誼子儀式的當天神明會加持銀牌，讓這位孩子外出帶身或放家裡都可以。不要小看這條銀牌的功用，這條銀牌比護身符還要好用，護身、避邪、去災、擋厄，一直護佑到孩子十六歲。那麼，十六歲後還可以繼續戴嗎？當然可以。此外，我都會交代小孩的父母注意觀察，一旦銀牌發黑，要趕緊來請示神明是不是有什麼問題要注意，這點很重要。

儀式都已經完成之後，按照宗天宮的慣例，神明都會起乩親自將銀牌戴在這位孩子的身上，意謂著父母親將禮物親自送給自己疼愛的孩子一樣，愛護他、護佑他，直到他十六歲弱冠長大成人。

——孩子滿十六歲那一年，務必辦理弱冠儀式

還有一點要特別記住，孩子滿十六歲那一年，一定要辦理弱冠儀式，依照我過去處理過的案件，當信徒忘記辦理弱冠，孩子大部分都會有幾個共同點：心智不成熟；想法幼稚；行為幼稚；智慧一直無法開竅；讀書再怎麼認真用功，成績還是有限。當我幫孩子處理好弱冠儀式之後，孩子的想法智慧會有明顯的不一樣，智慧成長得很快，就好像是頭上原本有一塊阻擋物，想要長高卻被這塊阻擋物擋

住，一旦把這塊阻擋物拿掉之後，身高就長得很快了。因此，有讓自己的孩子給神明收為誼子的父母親，務必要特別記住：十六歲時要辦理弱冠儀式。

辦理弱冠儀式

辦理弱冠儀式時，要帶著當初那張誼子書，準備鮮花、素果到辦理誼子儀式的那間廟。如果那張誼子書不見了，也沒有關係，只要記得哪間廟就可以；如果連廟都忘記了（這是有可能的，有些是爺爺、奶奶幫孫子求神明收為誼子，而爺爺、奶奶已經往生，所以不知道是在哪一間廟辦誼子的），這也沒有關係，可以去天公廟辦理弱冠。

一般只要是在宗天宮讓神明收為誼子的，我都會親自幫這位孩子辦理弱冠儀式，這樣才算是有頭有尾，有始有終。

到該廟之後，把花跟素果擺上供桌，點香稟報該廟神明（以宗天宮為例）：

「奉請宗天宮天官紫微大帝、觀音佛祖、天上聖母列位眾神，弟子的兒子在宗天宮承蒙天官紫微大帝慈悲收弟子的兒子為誼子，護佑弟子到今天已十六歲長大成人，今天弟子與弟子的兒子誠心到宗天宮，一來感謝神明的護佑，二來請天官紫微大帝作主辦理弟子的兒子的弱冠儀式，保佑弟子的兒子日後可以四時無災、八節有餘慶、東西南北福星高照、命運亨通、性情穩定、思想成熟、智慧晉升、學業有成。」

大約等個四十分鐘，就可以開始擲筊請示。

問法❶

「奉請宗天宮天官紫微大帝、觀音佛祖、天上聖母列位眾神，今天弟子誠心請宗天宮天官紫微大帝作主為弟子的兒子辦理弱冠儀式，如果弱冠儀式天官紫微大帝已經設法處理好的話，請給弟子三個聖筊。」

如果有三個聖筊，並沒有其他指示的話，弱冠儀式就是正式圓滿處理好了，接下來就可以把那張誼子書化掉。如果只有二個聖筊或沒有聖筊，可以依照以下幾種問法問看看。

問法❷

「奉請宗天宮天官紫微大帝、觀音佛祖、天上聖母列位眾神，還是弱冠儀式天官紫微大帝已經設法處理好，但還要出弟子的兒子的運勢籤做補充說明，如果是這樣的話，請給弟子三個聖筊。」

問法❸

「奉請宗天宮天官紫微大帝、觀音佛祖、天上聖母列位眾神，還是弱冠儀式天官紫微大帝已經設法處理好，但還要出弟子的兒子在今年上半年的運勢籤做補充說明，如果是這樣的話，請給弟子三個聖筊。」

問法❹

「奉請宗天宮天官紫微大帝、觀音佛祖、天上聖母列位眾神，還是弱冠儀式天官紫微大帝已經設法處理好，但還要出弟子的兒子在今年下半年的運勢籤做補充說明，如果是這樣的話，請給弟子三個聖筊。」

問法❺

「奉請宗天宮天官紫微大帝、觀音佛祖、天上聖母列位眾神，還是弱冠儀式天官紫微大帝已經設法處理好，但還要出弟子的兒子的學業籤做補充說明，如果是這樣的話，請給弟子三個聖筊。」

問法❻

「奉請宗天宮天官紫微大帝、觀音佛祖、天上聖母列位眾神，還是弱冠儀式天官紫微大帝已經設法處理好，但還要出弟子的兒子在今年上半年的學業籤做補充說明，如果是這樣的話，請給弟子三個聖筊。」

問法❼

「奉請宗天宮天官紫微大帝、觀音佛祖、天上聖母列位眾神，還是弱冠儀式天官紫微大帝已經設法處理好，但還要出弟子的兒子在今年下半年的學業籤做補充說明，如果是這樣的話，請給弟子三個聖筊。」

問法❽

「奉請宗天宮天官紫微大帝、觀音佛祖、天上聖母列位眾神，還是弱冠儀式天官紫微大帝已經設法處理好，但還要出弟子的兒子本運兼學業籤做補充說明，如果是這樣的話，請給弟子三個聖筊。」

問法❾

「奉請宗天宮天官紫微大帝、觀音佛祖、天上聖母列位眾神，還是弱冠儀式天官紫微大帝已經設法處理好，但還要出弟子的兒子在今年上半年本運兼學業籤做補充說明，如果是這樣的話，請給弟子三個聖筊。」

問法❿

「奉請宗天宮天官紫微大帝、觀音佛祖、天上聖母列位眾神，還是弱冠儀式天官紫微大帝已經設法處理好，但還要出弟子的兒子在今年下半年本運兼學業籤做補充說明，如果是這樣的話，請給弟子三個聖筊。」

同樣的，這幾種問法可以相互整合再延伸出更多問法組合，例如再加上個性等等。神明要出籤詩的意義，就是神明已經幫這位孩子辦理好弱冠儀式了，但未來還有一些事情需要交代當事人，與父母親在孩子要出門前總是再次叮嚀幾聲是同樣的道理。

總之，大家不用擔心，辦理弱冠儀式只要按照這幾種問法去稍做變化，神明一定會給你三個聖筊，也一定會圓滿的。

不可思議的童言童語

時間很快地就來到國曆二月二十九日星期六，要辦理這位孩子誼子儀式的當天。早上八點五十分我到達宗天宮，把車停好後走進去廟埕，一眼就看到很多人坐在廟埕的椅子上，委員跟他侄子全家也在其中。

我走到廟門口時，一個年紀約在念幼兒園的小男孩指著我說：「爸爸，那位老師，是那位老師。」只見委員侄子立刻制止他，似乎是在跟孩子說「不可以這樣，這樣沒禮貌。」我微笑著對小男孩揮揮手，猜想小男孩應該就是委員侄子的兒子——那個借花出世的孩子，人長得很可愛，也很討人喜歡。同時，我心裡也在猜，應該是大人跟孩子說過我是「那位老師」，不然我又從沒看過這孩子，今天是第一次見面，怎麼小男孩一看到我就指著我說：「那位老師，是那位老師。」

為什麼會描述這一段過程，是因為接下來即將發生不可思議的事。

宗天宮種子教師幫忙委員的侄子把今天要辦理誼子儀式的所有東西都準備好後，時間大概是早上九點五十分，宗天宮的乩身此時起乩了，第一句話就寫「吾聖駕乃是宗天宮北斗星君」，我看是宗天宮北斗星君起乩，對大家說：「哇，第一次看到宗天宮北斗星君起乩，感謝北斗星君慈悲降駕。」

北斗星君接著寫：「今天要辦理陳家弟子的誼子儀式，但在辦理儀式之前，吾聖駕有幾點重要事要指示陳家全家。」

委員及他侄子全家聽到北斗星君起乩是要指示他們家的事，全都靠過來想要仔細聽。等到全部的人都到齊了，北斗星君繼續指示：「這陣子陳家全家為了小弟子身體這件事嚇到幾乎六神無主，連話都講不太出來了。」

北斗星君才指示完，委員的大嫂便哭了出來，她對北斗星君說：「我孫子最危險的那二天，我已經嚇到軟腳而無法走路，要人扶著才能走。我孫子要是走了，我也活不下去了，信女全家真的非常感謝眾神明的保佑，讓信女的孫子可以度過這個難關。」她講完後，其他家人也都跟著哭了出來。一家子全部跪著向宗天宮玉皇上帝、眾天神、地藏王菩薩列位眾神合十感謝。

我看到委員的大嫂年紀這麼大，恐怕無法長跪，便請種子教師把她牽起來。種子教師牽起她之後，她又軟腳，差點跌坐在地上，幸好旁邊有人攙扶著，讓她慢慢坐下。她這副模樣，跟我以前在城隍廟看她走路的樣子完全不同，平常她走路很正常、很健康，可見這件事真的嚇到她了。

北斗星君繼續指示：「信女，妳不要怕，不用擔心，今天吾降駕就是要將這件事做一個說明，讓大家了解。這位孩子借花出世，當時上天與地府已經查到，所以即將要把孩子的魂魄帶回地府，依照地府所派發的勾魂敕令，是在農曆一月十五日申時（國曆二月八日下午三至五點），當時孩子的血壓升不上去了，意識不清，雙腳冰冷，其實地府陰兵已經在場準備帶孩子走入黃泉路，這一點陳家應該很清楚才對。」

委員的侄子馬上說：「對，那一天真的是下午三點出頭沒錯，小孩確實是在那個時候最危險，我摸我兒子的手腳，也確實已經是有點冰冷的狀態。」話說到這裡，他回想到當天的情況，忍不住哭了出來，站在他旁邊的太太拉著他的手，也跟著哭了。

看到這種情形，我心裡面也滿難過的，他們夫妻倆就只有這麼一個獨子，如果孩子真的走了，真不敢想像他們接下來會怎麼樣，委員的大嫂又會怎麼樣……

北斗星君繼續指示：「就在此危急時刻，吾梓官城隍賢弟趕緊到宗天宮祈求上蒼、三官大帝、南北斗星君及地藏王菩薩網開一面再緩三天執行，如果這孩子確無貴人相助，就遵照地府勾魂敕令執行。幸好在千鈞一髮之際有貴人相助，於是吾聖駕在申時六刻牽著這孩子的魂魄，又從地府的黃泉路上帶回醫院，依附在孩子的陽體內，這時血壓才慢慢升回來。隔天上天與地府慈悲為懷，也已經准許這孩子可以延花續命，如今這孩子也才能化險為夷，轉危為安。」

夫妻聽完哭著說：「對，時間點是這樣沒錯，人大概是從四點多開始血壓回穩的。」

「弟子，你的孩子當天在病房應該有夢到這些情況，當天這孩子的一句話也有感動到吾聖駕及眾神明。

這孩子對吾聖駕說：『老師，不要帶我去地府，你帶我走，我媽咪會找不到我，會哭哭喔，媽咪很辛苦，我不要我媽咪哭哭，老師帶我回去找我媽咪，好嗎？』這孩子非常孝順，感動很多神明，於是吾聖駕又把他從地府的黃泉路上帶回去。」

此時，委員忽然雙手一拍，大聲喊出一聲：「天啊，剛剛這孩子在外面對我們講的話，原來是真的！我們還以為是童言童語，竟然跟北斗星君指示的一模一樣！天啊，我真的起雞皮疙瘩了。」委員拉起袖子，讓在場的人看他的手，還真的起雞皮疙瘩。

旁邊一位在觀看的信徒也跟著說：「這件事我可以當證人，這孩子剛在廟埕椅子上講的話跟現在北斗星君指示的一模一樣，而且是北斗星君還沒起乩前，這孩子就已經在外面講了，那時王老師還沒到宗天宮，我就坐在這孩子的旁邊，我聽得一清二楚，我可以做證。天啊，要不是親眼看到，親耳聽到，我還真不敢相信，不可思議，宗天宮真的不可思議，天啊！」

我很好奇地問委員及這位信徒：「你們在講什麼，我怎麼都聽不懂，什麼孩子剛剛在廟埕講的話？剛剛這位孩子是有講什麼嗎？」

委員這才對我說：「王老師，我們全家今天早上八點半就到宗天宮了，你還沒到。這孩子坐在廟埕外的長板凳上對我們說，他在醫院夢到很多拿武器的妖魔鬼怪要進來咬他、抓他、吃他的肉，有的拿長棍，有的拿長尖刀，每位都帶武器，他一直大喊『不要，不要，不要抓我』，後來有一位老師在黃泉路上牽著他的手，走出地府。

我心想，『地府』二字是大人的用語，甚至大部分的人都講地獄，這孩子竟然講出『地府』二字，所以我開玩笑地說：『你又知道地府在哪裡了。』

沒想到孩子竟然回我：『地府就在地下啊！』

然後，老師你到達宗天宮走到廟埕時，這孩子一看到你馬上驚訝的對我們說：『那位老師，是那位老師。』

老師你進廟之後，我又問他：『你怎麼知道那位就是老師啊？』

這孩子竟然一本正經的說：『就是這位老師牽著我走出地府的，所以我認識他。』

我們全部的人都以為他是童言童語，沒想到北斗星君指示的內容，跟這孩子講的情節幾乎一模一樣，這真的是童言童語現神蹟。」

委員才剛講完，孩子的媽媽馬上對大家說：「確實在加護病房的時候，我兒子有一直大叫、大喊著說不要抓我這些話沒錯。」

聽完大家描述這孩子在我還沒到宗天宮時所說的話，我也開始覺得很不可思議，難怪剛剛北斗星君指示這孩子有夢到這些情節，真的是藉由童言童語來展現神蹟，更能讓人信服。

北斗星君接著指示：「剛剛吾聖駕就是要讓這孩子自己講出來，讓大家知道確實有這麼一回事。好，這件事的來龍去脈跟經過大家已經都知道了，陳家日後不用再擔心了，吾聖駕該指示的也已經都指示了，該讓大家知道的也讓大家知道了，現在吾聖駕要開始處理誼子儀式的事了。」

最後的誼子儀式，在宗天宮北斗星君做主之下進行。誼子書上蓋上了父母及孩子的手印，銀牌也經過北斗星君的加持，最後由北斗星君親自將銀牌戴在這孩子的脖子上後，摸摸這孩子頭開口說：「你要好好念書喔，以後長大要多做善事，不要讓我們失望喔。」

北斗星君要退駕前還指示委員的侄子：「弟子，今天的事已經全部處理圓滿，這孩子很聰明，心地又善良，一定要好好栽培，不要忘記十六歲來辦理弱冠儀式。吾聖駕指示到此，後會有期。」

北斗星君指示完後隨即退駕。

破涕為笑

北斗星君退駕之後，六大延花續命法的最後一個步驟——誼子儀式，便正式圓滿完成（這個案例不改名）。委員侄子一家人再次點香，誠心感謝宗天宮玉皇上帝、三官大帝、南斗星君、北斗星君以及地藏王菩薩列位眾神，我看到他們的表情有了笑容，終於不再像之前那樣，是極度恐懼到六神無主的神情。

在離開宗天宮前，他們一一來跟我握手道謝時，我更可以感受到孩子的父親不只是破涕為笑，雙眼更是充滿了希望；孩子的奶奶則是拉住我的手，雖然一樣是在哭泣，但我知道她絕對不是因為悲痛而哭泣，而是喜極而泣。

這樣的情景，這樣的氛圍，讓我深深感受到生命的脆弱，要不是上天有好生之德及眾神明的慈悲為懷，也許這件事情的結局不會如此圓滿。我知道他們全家經歷過這段恐怖的歷程，心理狀態還很脆弱，所以在他們回家之前，我安撫說道：「事情已經過了，大家不用擔心，也不用害怕，你們沒聽到剛剛北斗星君最後對這孩子講的那句話嗎？『你要好好念書喔，以後長大要多做善事，不要讓我們失望喔。』這句話就足以讓你們安心了，也足以證明這孩子一定會平安長大的，不是嗎？」

最後委員的侄子對我說：「王老師，謝謝你的幫忙，今天我真的開了眼界，說再多都不如親身遇上一回，我要更努力造善，才不負上蒼、眾天神、地藏王菩薩列位眾神的恩情以及你們這麼用心幫助我們，謝謝你。」

「不用客氣，不過，你剛講的『要更努力造善，才不負上蒼、眾天神、地藏王菩薩列位眾神的恩情』這句話，才是重點。」

離開前小男孩對我揮揮手說：「老師再見。」短短四個字，讓我看見一個生命的延續，大家其實不知道我內心是何等激動。

這件借花出世的案子到此，已辦理完誼子儀式，正式圓滿，從國曆二月八日到二月二十九日這二十一天，經歷了孩子從快不行要走掉，然後生命又穩定，接著再出現危險狀況，最後又再穩定，一切都要感謝上天有好生之德，地府慈悲為懷，網開一面讓這位孩子可以延花續命好好活下去，我更感謝東嶽大帝及宗天宮眾天神及眾神明教我延花續命法，讓我可以配合神明救孩子。

然而，我一個人的力量真的有限，所以我要把這套不外傳的延花續命法傳下去，希望有更多的問事人員及神職人員可以運用延花續命法來救更多的孩子，也救更多傷心悲痛的父母，這不就是宗教該做的事以及該有的作為嗎？這也是宗天宮以及宗天宮地藏王殿建廟的核心價值：「把神明所教救人的法門傳給後代去普渡眾生」、「把一個有限的力量培育化作出成千上萬力量」，「讓更多人因此法而得到生命的延續」，如果能做到這樣，我便不枉費今生來這世上走這麼一遭了。

最後，我們一起加油，一起努力，將這個世上的遺憾事減到最少，將幸事創造到最多，使得這個人世間處處有溫暖。

結語 每個人一輩子一定要擁有這本書

想要成為一位頂尖的問事人員，就必須要有與常人不一樣的思考方式，因為大部分的人所看到的，都是一些表面上的問題，而問事人員必須要看的，往往都是那些看不到的問題（被隱藏起來的問題）；要知道，那些不是真正的問題，你很容易就看得到，至於那些真正的問題，卻是很難讓你看到的。

──從靜態的資料做動態的邏輯行為推論

這就是問事人員在學習過程中，最難的地方，而要學到看到別人看不到的問題，邏輯推論能力扮演著很重要的角色。

看問題的方式❶ 起火點與遺體最後躺的地方的邏輯推論

在一本關於推理學的書上，寫著這麼這一句話：「凡事往往都不是我們所看到的那個樣貌，所以我們必須要從靜態的資料中做動態的邏輯行為推論連結。」這句話從此改變了我的思考模式，並啟發我的邏輯推論能力。這句話，來自一件自焚案件，一位法醫與一位刑事鑑定專家在現場驗屍與鑑定時，過程中二人的對話。

二人因專業的不同，看這件自焚案件的角度當然也不同，但當時二人卻有一點是持相同的看法，那就是「起火點」跟「遺體最後躺的地方」有無法連結的邏輯之處。

當時鑑定出起火點是在二樓，而遺體最後躺的地方卻是在一樓，這二位專家當時就一致認為這是一起殺人焚屍案，而不是自焚案。原因是：「既然要自焚了，為什麼在身體著火之後要跑下去一樓」、「如果著火之後很痛，後悔了想要用水把火淋滅，那麼在二樓就有水了，為什麼還要忍痛跑到一樓那麼遠，雖然一樓也有水」。

現場狀況（起火點、遺體最後躺的地方）就是一種靜態的資料，一位頂尖的專家就要有能力從靜態的資料中，開始做動態的邏輯行為推論連結，也就是為什麼遺體會離起火點這麼遠？在身體著火之後到最後遺體躺下的地方，這中間到底發生了什麼事？當然，這起案件最後檢調人員查到確實是一件殺人焚屍案件。

看問題的方式❷椅子的位置與遺體之間的邏輯推論

另一件則是上吊自殺的案件，同樣是一位法醫與一位刑事鑑定專家在現場驗屍與鑑定，現場看起來「似乎」是一件上吊自殺案件，但這二位專家同時又發現，現場的靜態資料中並無法做出合乎邏輯的行為推論連結，原因是：「在上吊現場的這把椅子為什麼會倒在遺體的前面？」、「照邏輯推論來說，椅子應該會倒在遺體的後面，因為上吊的人會把椅子往後踢才對」、「這把椅子是學生在坐的那種實木、有椅背的椅子，一個人在吊上去之後，不太會又把腳尖往後伸，然後勾住椅背，最後再用腳把椅子往前甩」。

就是因為在椅子和遺體二者之間無法做出合邏輯的連結推論，檢調便朝他殺案件偵查。果然，最後檢調人員查到這是一件先殺人、之後偽裝成上吊自殺的案件。

——想要扭轉乾坤，就一定要會邏輯推論

這二件案件會破案，都是一開始從現場的靜態資料中做出動態的邏輯推論連結開始的。從這二起案件，我所學到的，就是如何在靜態資料之間做出合邏輯的推論解釋，而這從此開啟了我對邏輯思考的興趣。

《神啊！教我如何扭轉乾坤》裡的所有案件，都充滿了豐富的邏輯思考與邏輯推論，我相信，你在閱讀過後一定會升起對邏輯思考的興趣。尤其是想要成為頂尖問事人員的讀者，如果你想要有扭轉乾坤的能力，就一定要具備與常人不同的思考方式；想要有不同的思考方式，首先就要改變你以往的思考方式，同時務必學會邏輯推論。

具備了這些能力，假以時日，你一定會成為一位非常出色的問神達人，輔佐神明濟世救人，幫助那些困苦之人走出低潮，再見光明。

37
Mystery

37
Mystery